高等职业教育物流类专业系列教材

数字化物流商业运营

主　编　张迎新

参　编　刘　玥　李梦阳　唐　烨

机械工业出版社
CHINA MACHINE PRESS

数字化物流商业运营是高等职业教育专科专业简介（2022 年修订）现代物流管理专业的专业基础课，同时也是冷链物流技术与管理、工程物流管理、采购与供应管理、供应链运营等专业的专业基础课。

本书依据高等职业教育专科现代物流管理专业教学标准（2025 年修订）编写，以扎实学生数字化商业运营能力为主线，以物流企业为对象，结合数字化转型时代物流经济活动对服务运营管理的新要求，以及学生的运营能力培养和数字素养的养成需要，深挖课程思政元素，以知识拓展、政策学习、德技并修等版块展现了运营与思政结合的思维。沿着物流企业数字化转型的思路，从数字化技术与商业应用、数字化物流服务能力、数字化选址与布局、数字化物流成本与绩效分析的逻辑脉络逐步展开，全面系统地介绍了物流企业数字化服务运营管理相关的理论与实践。素材选取既源于经典的运营管理的方法、案例，也引入了大数据、物联网等前沿技术方法，内容翔实、新颖，是学生系统掌握数字化物流商业运营管理和实务的基础工具书。

全书共八个模块，模块一为数字化物流商业运营概述，模块二为数字化技术与商业应用，模块三为数字化仓储与库存，模块四为数字化运输与配送，模块五为数字化物流服务与服务质量，模块六为数字化物流服务能力，模块七为数字化设施选址与流程优化，模块八为数字化物流成本与绩效分析。

本书同步建设在线开放课程，配备国家级教学资源库，并在"智慧职教"Mooc 平台面向社会开放资源。

本书既适用于高等职业教育专科、本科和应用型本科数字化物流商业运营基础课的教学，又可作为对物流企业数字化转型与数字化运营管理感兴趣的企业人员的参考用书。

图书在版编目（CIP）数据

数字化物流商业运营 / 张迎新主编 . -- 北京：机械工业出版社，2025. 6. --（高等职业教育物流类专业系列教材）. -- ISBN 978-7-111-78486-9

Ⅰ．F252.1-39

中国国家版本馆 CIP 数据核字第 2025N4G305 号

机械工业出版社（北京市百万庄大街 22 号　邮政编码 100037）
策划编辑：邢小兵　胡延斌　　责任编辑：邢小兵　胡延斌
责任校对：薄萌钰　张　薇　　封面设计：王　旭
责任印制：邓　博
北京中科印刷有限公司印刷
2025 年 7 月第 1 版第 1 次印刷
184mm×260mm · 12.75 印张 · 308 千字
标准书号：ISBN 978-7-111-78486-9
定价：49.00 元

电话服务　　　　　　　　网络服务
客服电话：010-88361066　　机　工　官　网：www.cmpbook.com
　　　　　010-88379833　　机　工　官　博：weibo.com/cmp1952
　　　　　010-68326294　　金　书　网：www.golden-book.com
封底无防伪标均为盗版　机工教育服务网：www.cmpedu.com

前 言
Preface

党的二十大报告指出："加快发展物联网，建设高效顺畅的流通体系，降低物流成本。加快发展数字经济，促进数字经济和实体经济深度融合，打造具有国际竞争力的数字产业集群。"《中共中央关于进一步全面深化改革、推进中国式现代化的决定》提出加快构建促进数字经济发展体制机制，完善促进数字产业化和产业数字化政策体系。加快新一代信息技术全方位全链条普及应用，发展工业互联网，打造具有国际竞争力的数字产业集群。

数字化物流是物流行业与数字技术相结合的结果，通过信息技术、互联网、物联网技术，实现物流流程的自动化、智能化和网络化，以提高物流运行的效率、透明度和响应能力。当前，数字化物流领域融合了以下主流先进技术：物联网（IoT）、大数据分析、人工智能（AI）、区块链、云计算、自动化和机器人技术，物流企业通过数字化转型，实现了物流业务优化、物流模式创新、资源配置整合、数据驱动决策、供应链物流协同等。通过数字技术，将传统线下物流业务的运行，以数据形式映射到线上，并通过对线上业务运行进行可视化监控、智能化调控，使物流运营效率效果最优化。

本书深入贯彻国务院颁布的《"十四五"数字经济发展规划》政策精神，严格落实中央网络安全和信息化委员会印发的《提升全民数字素养与技能行动纲要》。作为专业基础课教材，以高等职业教育专科现代物流管理专业教学标准（2025年修订）为编写依据，以中国特色的数据治理理念对接数字化物流转型需求，选取京东云等知名企业智慧物流典型案例作为入门导读，力求将经典的运营管理方法与前沿的运营技术相结合，以帮助学生在物流运营管理中强化数据思维，树牢降本增效高质量发展意识和数字强国的使命担当。

本书以扎实学生数字化商业运营能力为主线，以物流企业为对象，结合数字化转型时代物流经济活动对服务运营管理的新要求，以及学生的运营能力培养和数字素养的养成需要，深挖课程思政元素，以知识拓展、政策学习、德技并修等版块展现了运营与思政结合的思维。

本书涵盖了运营管理的经典理论、方法和数字技术发展的新知识，力求视角新、方法全、技术先进、适应面广，并致力于内容科学性、系统性和应用性的构建。同时，在编写过程中注意吸收国内外观点，力求博采众长。本书内容论述流畅、简练、由浅入深、易学易懂。

本书同步建设在线开放课程，配备国家级教学资源库，并在"智慧职教"Mooc平台面向社会开放资源。为方便教学，本书还配有电子课件、习题答案、课标教案、微课视频等教学资源。凡选用本书作为教材的教师均可注册登录机械工业出版社教育服务网（www.cmpedu.com）免费下载相关资源，或加群（QQ群号：962304648）索取。

本书由天津商务职业学院营销学院张迎新组织编写，本书第一、五、六、八模块由张迎新老师编写，第二、四模块由唐烨老师编写，第三模块由刘玥老师编写，第七模块由李梦阳老师编写。同时，还获得了以下企业顾问的指导（排名不分先后）：高智浩（京东物流股份有限公司 / 成本优化高级经理）；陈艺天（延锋汽车智能安全系统有限责任公司 / 生产控制及物流部高级物流规划工程师）；纪佳伟（德邦物流股份有限公司 / 包装与物资支持部总监）；谭红军（上海驮龙物流有限公司 / 营运中心高级总监）；李彦隆（河北港口集团 / 集中采购中心编码管理员）。感谢职教同行的大力支持与帮助，在此一并表示感谢。

由于编者水平有限，书中难免有不当和错误的地方，恳请广大读者批评指正。

编 者

二维码索引

QR Code

（续）

序号	名称	二维码	页码	序号	名称	二维码	页码
微课 15	服务质量差距模型		99	微课 20	流程优化		157
微课 16	物流服务能力		114	微课 21	物流服务蓝图		165
微课 17	基于大数据的设施选址		138	微课 22	物流作业成本法		182
微课 18	选址布局		138	微课 23	绩效评价方法之平衡计分卡		188
微课 19	设施现场布局规划		148				

目 录

Contents

模块一
数字化物流商业运营概述

🎯 学习目标

◎ 知识目标：
- 了解数字化物流运营的定义；
- 了解物流商业运营的内涵；
- 掌握运营管理的概念；
- 了解数字化技术的种类。

◎ 技能目标：
- 能够举例说明数字化技术的名称和作用；
- 能够结合实际案例找出企业使用的数字化技术；
- 能够结合实际案例阐述数字化物流的应用模块。

◎ 素养目标：
- 培养数字意识和数字思维；
- 培养广阔的国际视野；
- 培养创新思辨意识。

数字化物流商业
运营课程介绍

📈 导入案例

全产业链云方案综合服务供应商

京东云是京东集团的云计算服务品牌，提供全面的云服务解决方案。它利用京东在云技术、大数据、物联网和移动互联方面的专业知识，构建了一个覆盖全社会的云服务平台，为不同行业提供安全、专业的云服务。

京东云在竞争激烈的市场中定位为产业链云服务提供商，提供定制化的 IaaS、PaaS 和 SaaS 服务。其服务架构包括两个基础平台和四个行业解决方案，覆盖电商、物流、智能和产业云。

基础云平台提供私有云和公有云服务，支持京东和外部客户的 IT 基础设施。数据云平台专注于数据挖掘，帮助企业提升数据处理能力，构建大数据生态。

电商云利用京东的电商经验，帮助企业实现互联网转型，优化销售和成本。物流云提供物流解决方案，推动物流行业智能化。智能云支持"互联网＋智能"转型。产业云则针对行业客户需求提供定制化服务。

京东云服务多个行业，包括农业、制造业、服务业和政府。在农业，它可以促进信息化和消费升级；在制造业，可以推动数字化转型；在服务业，可以助力探索新模式；在政府，可以提升政务服务智能化水平。

自 2015 年，京东云开放电商资源，赋能全产业链，成为我国电商云服务的领导者之一。随着产品线和服务的成熟，以及数据中心的布局，京东云在全球云计算市场中占据重要地位。在面对高流量挑战时，京东云展现了强大的技术实力和稳定性，为我国企业的数字化转型提供了有力支持。

思考： 京东云的主要职能有哪些？京东云的结构具体包括什么？京东云给京东集团带来了哪些优势？

单元 1　数字经济与产业数字化

随着信息技术的迅猛发展，数字经济已成为推动全球经济增长的重要引擎。在这一背景下，产业数字化作为数字经济的重要组成部分，正深刻改变着各行各业的面貌。接下来，将聚焦于数字经济与产业数字化的议题，探讨其内涵、发展趋势以及对经济社会带来的深远影响。

一、数字经济的产生

从农业时代、工业时代到信息时代，纵观世界文明史，每次科技革命和产业变革都推动了生产力的大幅提升和人类文明的巨大进步，技术力量不断推动人类创造新的世界，人类正站在一个新的时代到来的前沿。数字经济作为信息时代新的经济社会发展形态，更容易实现规模经济和范围经济，日益成为全球经济发展的新动能。

1. 数字经济概念的产生

数字经济（Digital Economy）一词首次出现在 1994 年著名新经济学家唐·塔普斯科特（Don Tapscott）的著作《数字经济》中，此文引起了巨大的反响。唐·塔普斯科特被公认为"数字经济之父"。1994 年，美国 MIT 教授、MIT 媒体实验室创办人尼古拉斯·尼葛洛庞蒂（Nicholas Negroponte）出版了《数字化生存》（*Being Digital*）一书。这是一部有关数字化社会的启蒙之作，它对互联网的发展起到了推波助澜的作用。至此，数字经济理念在全世界流行开来。

1998 年，美国商务部发布报告《新兴的数字经济》，从政府角度判断美国数字经济的到来，并开始设计测量指标、搜集数据，将数字经济纳入官方统计中。此后，又陆续发布了《新兴的数字经济Ⅱ》和《数字经济 2000 年度报告》等。"数字经济"的概念在全球开始广泛使用。

2. 我国数字经济发展情况

我国数字经济的发展可以划分为三个阶段，每个阶段都有其标志性的事件。

萌芽期（1994—2002 年）：我国于 1994 年全功能接入国际互联网，标志着我国互联网时代的开始。在这一时期，互联网用户数量开始高速增长，新浪、搜狐、网易等门户网站以及阿里巴巴、京东等电子商务网站相继成立。

高速发展期（2003—2012 年）：互联网和移动通信技术的发展推动了数字经济的快速增长。2003 年淘宝网的推出、支付宝的诞生，以及随后网络零售额的快速增长，都是这一时期的重要标志。

成熟期（2013 年至今）：随着智能手机的普及和移动互联网的发展，数字经济进入成熟期。2015 年，我国提出"数字中国"概念，数字经济成为国家战略。2017 年，党的十九大报告提出建设"数字中国"。

随着我国经济从高速增长转向新常态发展，数字技术逐渐成为推动经济发展的关键力量。2017 年，国务院发布《新一代人工智能发展规划》，2019 年颁发 5G 商用牌照，5G 技术开始商用。时至 2023 年，逐渐进入智能时代，人工智能技术成为数字经济发展的新引擎。数据资产的入表、国家数据局的成立、数据交易所的揭牌等事件标志着数据要素市场化的进一步推进。

二、数字经济的概念

各国对数字经济的定义存在一定差异，但都强调了数字技术在经济活动中的应用和重要性。

二十国集团（G20）对数字经济的定义为：数字经济是指以使用数字化的知识和信息作为关键生产要素、以现代信息网络作为重要载体、以信息通信技术的有效使用作为效率提升和经济结构优化的重要推动力的一系列经济活动。

联合国对数字经济的定义为：数字经济是商业模式完全或主要依赖数字技术、数字商品或数字服务的经济活动，包括平台经济、移动支付、共享经济、零工经济等。

我国在 2022 年印发的《"十四五"数字经济发展规划》中明确提出，数字经济是以数据资源为关键要素，以现代信息网络为主要载体，以信息通信技术融合应用、全要素数字化转型为重要推动力，促进公平与效率更加统一的新经济形态。

中国信息通信研究院（CAICT）发布的《中国数字经济发展白皮书》对数字经济的定义为：数字经济是以数字化的知识和信息为关键生产要素，以数字技术创新为核心驱动力，以现代信息网络为重要载体，通过数字技术与实体经济深度融合，不断提高传统产业数字化、智能化水平，加速重构经济发展与政府治理模式的新型经济形态。

本书对于数字经济的概念界定是：数字经济是指以数据资源为关键生产要素、以现代信息网络为重要载体、以信息通信技术的有效使用为效率提升和经济结构优化的重要推动力的一系列经济活动。它涵盖了数字技术、数字产业、数字服务以及传统产业的数字化转型。

三、数字产业化与产业数字化概况

数字经济有数字产业化和产业数字化两大部分。数字产业化也称为数字经济的基础部分，即信息产业，具体包括电子信息制造业、电信业、软件和信息技术服务业、互联网行业等；产业数字化也称为数字经济的融合部分，即传统产业由于应用数字技术所带来的生产数量和生产效率提升，其新增产出构成数字经济的重要组成部分。

数字产业化通常意义上讲就是通过现代信息技术的市场化应用，将数字化的知识和信息转化为生产要素，推动数字产业的形成和发展。数字产业化是发展数字经济的重要内容，是推动经济高质量发展的重要驱动力。

政策学习

2024年《政府工作报告》中提出："深入推进数字经济创新发展。制定支持数字经济高质量发展政策，积极推进数字产业化、产业数字化，促进数字技术和实体经济深度融合。深化大数据、人工智能等研发应用，开展'人工智能+'行动，打造具有国际竞争力的数字产业集群。实施制造业数字化转型行动，加快工业互联网规模化应用，推进服务业数字化，建设智慧城市、数字乡村。深入开展中小企业数字化赋能专项行动。"

单元 2 数字化物流的概述

数字化物流是一个物流活动和信息数字化运行的全新系统，是在仿真和虚拟现实、人工智能、计算机网络、数据库、多媒体和信息等支撑技术的支持下，应用数字技术对物流所涉及的对象和活动进行表达、处理和控制，具有信息化、网络化、智能化、集成化和可视化等特征的技术系统。

数字化物流的
产生与发展

一、数字化物流的概念

数字化物流也称为"第五方物流"，是指在商贸的实际运行中应用互联网技术支持整个物流服务链，并且组合相关的执行成员协同为企业的物流需求提供高效的服务。

数字化是核心也是手段，是一种先进的物流模式。数字化物流是物流系统的提供者、优化者、组合者。物流系统的提供者是指为客户提供物流链信息作业的各个环节、为客户提供营运解决方案、收集实时资讯、提供营运作业的平台，以起到评估、监控及快速响应的作用。物流系统的优化者是指通过数字化促进物流标准化的实现。物流系统的组合者是指在物流主体之间寻求多种组合，构成多接口、多用户、跨区域、无时限的宏观物流服务平台。

数字化物流具有以下主要特点。

1. 信息化与网络化

电子商务时代，物流活动的管理平台从线下转移到线上，因此，信息化和网络化成为数字化物流管理工作的基础。信息化是数字化物流工作运转的核心。具体表现为：从订单端看，大量客户信息汇集到物流企业的信息处理平台并被批量化处理，以便及时、准确地为客户提供物流服务；从制造销售端看，大量物料和零部件半成品汇集到制造企业，经过制造将商品交给物流企业后，将自动收到来自物流公司及时更新的物流反馈信息。通过信息在各节点之间流转，制造商和销售商能够更清晰、及时地掌握自身产品的动态与货币资金回笼动态，持续维护与物流企业之间的合作；运输系统和运输路线的数字化物流则提供了物流在干线、支线之间运营的基础，车辆信息和路线信息帮助物流企业更快速、敏捷地进行运输、配送工作。销售型数字化物流场景如图 1-1 所示。

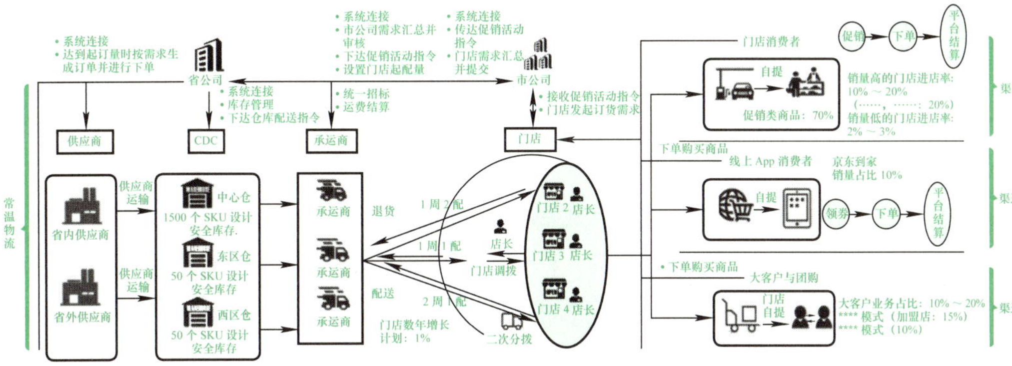

图 1-1　销售型数字化物流场景

电子商务、数字经济的发展决定了数字化物流管理活动的网络化特征。数字化物流网络化是指在物流领域综合应用现代计算机技术和通信技术，实现物流信息的电子化、数字化，完成物流信息在多媒体化、高效率的综合网络上自动采集、处理、存储、传输和交换，最终达到物流信息资源充分开发和普遍共享，以降低物流成本，提高物流效率的过程。

2. 自动化与智能化

应用人工智能，也就是赋予机器人以类似于人的思维方式来完成物流任务和工作，以降低人工成本，提高物流效率。例如，在大型智慧仓库中，货物的分拣和装卸搬运环节通过数字化物流管理系统向智能机器人下达指令，可以实现机器人 24 小时不间断工作，还可以极大避免人工分拣和搬运环节容易出现的失误和错误问题，从而极大降低企业的物流成本，推动数字化物流的高速发展。

知识拓展　基于数字孪生技术的智慧仓储

　　智慧仓储，是物流仓储管理系统平台，也是 5G 工业互联网的一个重要未来应用场景，是依托信息化、物联网和机电一体化等技术而打造出的一种物流仓储行业可视化解决方案。它结合了物流仓储领域成熟的 WCS/WMS 体系、RFID 技术、立体化 AS/RS 仓库等，以三维可视化的形式赋能企业的业务数据，实现了数据分析、货物快速搜索、人员车辆实名制定位等系统化功能，从而帮助企业降低仓储成本、提高运营效率、提升仓储管理能力。

3. 标准化与信息联通化

依据物流行业的服务标准和操作标准，对物流企业各环节的数字化改造就充分融合了标准化，从而使得物流企业管理者和相关管理部门能够有的放矢、有所依据地进行奖惩管理。一系列标准和规范的全面施行是数字化物流管理水平和服务质量的集中体现。

数字化物流的实现，是通过外部力量驱动物流企业各个部门之间快速打破信息孤岛，实现信息互联互通的系统性活动。随着新技术、新模式在物流行业的广泛应用，信息互联互通打破了空间地域局限，使得数据信息的传递更加高效、规范，为数字化物流发展奠定了信息化基础。

二、数字化物流的发展

传统物流企业向数字化物流企业转型发展，通常经历四个阶段。

1. 系统化阶段（初始期）：手工作业到作业系统化阶段

这一阶段的主要任务是系统梳理企业传统的作业种类和作业方式，以及纸质化管理过程中容易出错的问题点，通过开发自研或者采购一套或多套独立的业务系统，实现以上问题的解决。

2. 信息化阶段（发展期）：信息孤岛到系统互联

高速发展的业务使得业务数量、规模、作业人员规模陡增，独立的业务系统无法联动时就会产生内耗，降低系统整体的运营效率，此时企业需要将多个独立系统打通成为一套综合型系统，从而有效解决信息孤岛现象。

3. 数字化阶段（成熟期）：系统互联到数据互联

成熟期的业务将从粗放式向精细化运营转变，通过大量的数据汇集、筛选、处理、分析，业务运营部门可以对业务做较为系统的统计处理及趋势分析，找到不足，挖掘新机会点。

4. 智慧化阶段（突破期）：数据分析到数据决策

在以上系统中，引进并集成 AI，将数字分析任务交给 AI，决策人员只需要清晰地进行提问，设定好相关业务的运营评价指标即可，通过人工智能的自主学习能力，将生成业务的实时反馈，海量的数据将辅助业务做决策，提前避开隐患点，规避风险。

三、数字化物流的核心技术

数字化物流的核心技术包括电子航空运单、RFID 技术、机器学习、人工智能、云物流、大数据 + 云物流、物联网、区块链、数字化平台运输等。

（一）电子航空运单（e-AWB）

航空运单是承运人与发货人之间的运输合同，是承运人收到托运货物的货物收据，是承运人记账的凭证，是海关查验的单据，是承运人内部业务处理的单据。在全球贸易向无纸化发展的背景下，电子航空运单（e-AWB）系统应运而生。它提高了跟踪和处理货物数据的高效性、透明性和安全性，并减少了跟踪和处理货物数据的延误性，降低了物流运输的过程成本。其能在航空货运流程中极大地提高整个流程的自动化程度，简化运输手续，从而提高运输效率、降低运输成本。同时，还能适应当前绿色环保的发展需要，并从根本上优化运输流程，从而提高航空货物运力的利用效率，是当今社会航空货运单的标准数字化形式。

（二）RFID 技术

RFID 技术是利用射频信号通过空间耦合（交变磁场或电磁场）实现无接触信息传递，并通过所传递的信息达到自动识别的目的。该技术具有防水、防磁、穿透力强、读取速度快、可进行读写操作等优点。因此，它的出现改变了条码依靠"有形"的一维或二维几何图案来提供信息的方式，通过芯片来提供存储在其中的数量巨大的"无形"信息。

（三）机器学习

机器学习是一种生成算法的学习过程，是让机器模拟人脑学习的神经网络，主要方法包括回归算法、神经网络、推荐算法、降维算法等。机器学习技术应用领域主要包括数据中心、公共安全、压缩技术等。机器学习可帮助企业实现算法中的供应链数据模式，这些算法可找出影响其供应网络成功的最主要因素，同时持续不断地进行学习。这些模式可以与库存水平、供应商质量、预测需求、生产计划、运输管理等相关，并为公司提供知识和见解，以降低货运成本，改善供应商绩效并最大限度地降低供应商风险。

（四）人工智能

人工智能在数字化物流中的应用场景空间非常广阔。通过利用数据、筛选与分析、处理数据和识别模型，可以深入了解和模拟物流应用场景，从而为物流公司提高运营效率。

1．实现无人配送

无人配送车主要用于快运或即时配送中。低速无人驾驶车辆是由环境感知、车辆定位、路径规划决策、车辆控制、车辆执行等模块组成。无人配送车辆通过激光雷达、超声波雷达、摄像头与惯性传感器等多传感器数据融合进行数据接收与处理，再通过机器学习和深度学习对动、静态信息，如道路、标识、行人、车辆与环境等进行识别与理解，然后使用差分定位与高精地图做出路线规划与行为决策。总体而言，就是通过以上云端服务为无人车提供数据、高精地图、算法更新和后台监控，最后通过无人车的控制系统与执行系统进行导航、避让、加速、转弯、制动等操作。

例如，阿里巴巴的"小蛮驴"机器人融入了最前沿的智能技术和自动驾驶技术，能在各种恶劣的环境下进行配送，反应速度是人脑的 7 倍（见图 1-2）。顺丰速运的"方舟"无人机也在城市末端的配送中投入使用（见图 1-3）。

图 1-2　阿里巴巴的"小蛮驴"机器人

图 1-3　顺丰速运的"方舟"无人机

2．优化配送流程

配送中应用的"大数据＋算法"技术为无人配送车提供数据、高精地图、算法更新和后台监控，使货品能够更加安全快捷地送达到用户的手上。应用"大数据＋算法"技术可对快递员的轨迹、实时环境与配送业务等数据进行精准收集，结合数据中心的实时数据，通过优化、调度算法等进行分析，动态地规划出最优路径。同时通过与快递员实时高效互动，即时上报配送中出现的问题等，快速地做出各种应急反应，精准地预测快递员的配送耗时，大数据平台会与企业的信息系统相融合，提供快递员与用户的精准画像。通过计算机识别技术录入物流信息系统进行派收货物，避免了人工输入运单信息可能导致的配送错误而造成时间和人力的不必要消耗。将取件码发送给用户，使信息递送的精准度变得更高，解决用户无法及时发现取件通知等问题，同时还能让用户随时知晓包裹取件情况。人工智能还会根据任务的要求对大数据进行筛选分析，根据运力、车型、快递员的位置与空闲时间为快递员智能化地推荐任务。

配送中应用的"大数据 + 算法"也为物流配送公司提供了高效的配送方案。例如：美团外卖的订单配送时间由平均每单 41 分钟降至 28 分钟；顺丰智能穿戴设施（SFWear）支持语音签收、导航等多种功能，利用智能设施辅助快递员，通过简单的线上操作快速完成收派工作，每单能节约 28 秒左右。同时通过大数据使各种需要的运算和分析更加准确，如位置地点、对路线进行优化等在节省运输成本的同时增加了效率。

3. 数字化仓储管理

21 世纪，当人力资源愈发昂贵，全自动、高效率的智能管理仓库逐渐兴起。工人们不需要逐个搬运货物而是直接输入货品编号，由系统安排机器人存放和寻找货物，实现智能化存取货。智能化的管理模式使用户参与到商品的管理中来，通过网络实时监控货品的状态和位置。

例如，菜鸟数字化仓库拥有上百台机器人，它们可实现 500 ~ 1000 小时的无故障运营，既能协同合作又能独立运行。菜鸟数字化仓库会根据订单动态调整仓库位置，实现机器人的就近调配，最大限度地保证了运作的效率。同时，将代存的快递贴上条码，并将条码发给用户和仓库的计算机，实现智能管理，让取快递的人更加快速便捷地找到快递，以避免误发快递和方便仓库的整理。菜鸟数字化仓库每台机器人可提起近 500 千克的重物并且还能灵活旋转，使仓储利用率提高一倍多，缺乏电力时还会自动归巢充电。这使仓储、调度、搬运全程无人操作成为可能。

（五）云物流

随着我国经济的高速发展，社会各产业对资源的流转速度要求越来越高，各经济主体对物流产业的依赖性也越来越高，云物流模式因此诞生。云物流是依托云计算所建立的现代物流商业模式，是一种特殊的物流平台，提供了多样化的物流服务。从本质来说，云物流建立于云计算的基础上。受到云平台的影响，物流供应链各方面通过密切配合，共同构建资源池并且整合关键资源。从功能上来说，云物流本身具有很强的互动性和便捷性，可实时进行信息交互。云物流模式集成了各个主体，如行业协会、制造商、代理商以及物流公司等，因此构成了资源集中与资源整合的关键基地。

云物流的主要目的是增强物流信息和物流资源之间的传递性，并利用现代互联网及大数据技术对传统的物流模式加以不断完善与升级，以加强信息交换能力、海量数据存储能力和超规模的计算能力，从而实现高效、准确和快速的现代物流管理。云物流的内涵是通过建立由云计算物流体系、云计算服务平台和云物流运作标准化流程等组成的环节，扩大物流行业业务覆盖面以及物流企业控制各环节业务的能力；依托云计算信息处理能力，从而实现物流信息的共享和智能决策。传统物流与云物流模式差异见表1-1。

表1-1　传统物流与云物流模式差异

项目	传统物流	云物流
仓储管理	仓储商品种类单一，仓储内作业以人工为主，主要针对大型货物进行管理，流通时间长、管理成本高、效率低	主要服务电子商务，仓储场种类多、数量多，基于云计算，采用精细化管理方式，注重库内运作效率。采用现代计算机管理技术，物流效率更高
物流运输	大型物流企业使用RFID技术和路线调度系统来分配任务	利用配载路线优化技术，来解决配送路径优化问题，从而保证了物流服务质量，降低了物流成本
物流管理	大型货物的装配作业以人工为主，并需要机械化设施帮助，缺少软件系统与硬件装备的协同作业	物流设施实现自动化，包括自动分拣机和巷道堆垛机等，分拣效率较高，采用信息化软件进行运营，包括RFID信息化处理、仓库管理系统等

在云物流的辅助下，云平台呈现多样化的物流信息以及关键数据，针对不同类型的用户需求予以全方位的满足。由此可见，建立于大数据前提下的云物流模式有助于缩短物流时间并且减少各个流程消耗的物流成本，也保证了物流实效性的全面提高，整合了物流领域的资源。

随着数据转移到云端，物流IT服务以按需按使用频次付费，这表明较小的企业不必在整体IT结构上"伤筋动骨"，只需为自己使用的服务付费即可。国际运输服务商已经提供了基于云的实时运输管理系统，该系统涵盖了从采购到开票的所有物流流程，从而使整个流程对于中小型企业而言更加轻松和便宜。同时，由于拥有了云物流作为保障，物流企业不再局限于孤立与单调的物流行业业务，而是实现了相互之间的紧密配合。

（六）大数据＋云物流

大数据与云物流的结合改变了传统模式的物流供应，使物流效率得到了全方位的提高。具体来讲，物流企业借助大数据的手段收集实时性的物流信息，并对此进行筛选与抓取，从而更加符合新形势下的用户需要。大数据与云物流的结合构建了可视化的生命周期，确保不同流程的物流业务都能实现紧密衔接，并且保证了可追溯性。云物流本身也包含了云计算技术，对大数据中的有利数据进行分析，协助管理者对物流过程中的仓配过程、运输路线、人员调度等进行安排规划，以提高人员与物料的利用率，避免大量的资源和人力浪费。

近年来，各地正在致力于构建新型的生态物流、快捷物流与数字化物流。在公共平台的辅助下，云物流构建了开放程度更高的用户市场，针对实时性的用户信息进行了全面的吸收。与此同时，大数据本身也容纳了海量的物流信息，在虚拟云的配合下，物流企业汇聚更多的物流资源，通过运用虚拟的资源云查找用户信息并且实现协同配合。

目前，不同类型的物流企业都应用了大数据与云物流相结合的物流新模式，通过全过程的相互配合，以此减少成本、节约能源，进而实现了环保的物流新模式。

2020年4月，中共中央、国务院《关于构建更加完善的要素市场化配置体制机制的意见》把数据列为与土地、劳动力、资本、技术并列的生产要素。数据作为新型生产要素，具有无形性、非消耗性等特点，可以接近零成本无限复制，对传统产权、流通、分配、治理等制度提出新挑战，亟须构建与数字生产力发展相适应的生产关系，不断解放和发展数字生产力。同时，《关于构建数据基础制度更好发挥数据要素作用的意见》（以下简称"数据二十条"）也于2022年12月19日正式发布。

"数据二十条"围绕促进数据合规高效流通使用、赋能实体经济的核心主线，在维护国家数据安全、保护个人信息和商业秘密等前提下，坚持"遵循发展规律，创新制度安排""坚持共享共用，释放价值红利""强化优质供给，促进合规流通""完善治理体系，保障安全发展""深化开放合作，实现互利共赢"等五项工作原则，对数据产权、流通交易、收益分配、安全治理四大领域构建了对应的机制框架，并提出了加强组织领导、加大政策支持、鼓励试验探索、推进制度建设等保障措施，鼓励企业创新内部数据合规管理体系，不断探索完善数据基础制度。"数据二十条"的出台，将加快构建数据基础制度，充分发挥我国海量数据规模和丰富应用场景优势，激活数据要素潜能，增强经济发展新动能。

（七）物联网

将物联网应用到工业生产领域，将物体与互联网连接起来，借助传感设施对相关数据信息进行监控，便于对其进行有效的控制和管理。在应用物联网大数据技术进行工业企业管理工作时，将大量的工业真实数据提取出来，利用大数据技术对其进行处理和分析，以便提供可靠的参考依据。与传统的数据管理系统相比，物联网系统架构包括了以下几个部分。

1. 底层

底层是物联网系统中比较重要的数据存储层，通过选择云来进行数据存储，方便进行数据查询和利用。

2. 平台层

平台层提供客户需要的开发语言及工具，如Python、Hive、Hadoop等大数据开发语言。

3. 应用层

应用层提供客户需要的应用程序，方便利用设施进行客户端界面访问，如智能大屏、PC端等常见的客户端界面，实现对每个车间、每条生产线的数据信息进行监控。由于各个工业企业管理对数据信息的需求不同，所以要结合自身的情况对物联网大数据分析进行应用，对企业现有的数据资源进行系统化分析，以帮助企业发现自身存在的问题，并找出最佳的解决方案。

（八）区块链

区块链技术是通过为链中的每个成员物品提供对等的、及时的数据指令，扩展了直接性、即时性和可获得性。由于所有相关主体方都可同时跟踪产品的进度和状态，因此数字化物流中实施区块链技术会使物流效率变得更加高效、更加及时。区块链技术有如下表现。

首先，利用区块链技术的交易透明性、数据防篡改、信息分布式一致的特性和智能合约在网内应用的优势，依托于工业互联网平台，使物流企业构建平台内制造企业、物流的上下游企业和客户等产业链参与方进行分布式的产、销、用的数据融通应用。目前，物流品控证明、资金支付证明、票据真实性证明、供应链流转证明、渠道销售证明、客户使用证明等安全可信的价值链传递网络，是核心制造企业应用区块链技术的主要应用方向之一。

其次，当前区块链技术在物流溯源等方面的运用已经比较成熟，利用区块链数据防篡改的特性，建立商品的生产、流通和消费的真实性验证网络，有效地提高了商品的品牌价值。同时区块链技术运用在制造业的质检协作效率优化、产品质量控制和降低故障率等方面也都有很强的内在需求，特别是在工厂分布式的生产和质检环境中有效建立质量可信评估网络。

最后，在物流行业发展中，通过运用区块链技术的数据防篡改特性，可以提供产品质量故障、事故等数据无隐瞒、透明化的生产告警，建立责任界定和定损索赔的物流自动化机制。在物流运输以及配送过程中，基于区块链的品控告警机制，可实现低延迟、自动化、低成本和防篡改的高质量生产和安全运维。

（九）数字化平台运输

近年来兴起的网络货运平台是围绕着数字化运输的线上＋线下的综合服务体系，特别是直营式的网络货运平台，是以数字化运输为主要内容的数字化物流服务体系。经过几年来的发展，一些优秀的数字化平台运输项目已经完成了自己的业务磨合，形成了稳定的技术路线，逐渐摸索出一套稳步发展的战略战术。

数字化平台运输是采用数字化的技术和运输管理技术，将各个运输环节以及运输环节之间的协调衔接环节也纳入到运输全过程的全环节管理系统。数字化平台运输形成了对数字化供应链服务的底层支持，实现了线上化运行、管理、远程监控和线下运输相结合的运行模式。

数字化平台运输包括物流运输的各个阶段，如运输业务招投标管理，运输合同管理，运输车辆、司机、证件等信息管理，同时还包括到达装货时间管理，接货装车管理，封装起运管理，预付运费管理，运输线路及途中状况管理，卸货地址管理、时间管理，目的地检验、卸货、交接回执管理，任务完成及运费确认管理，运费结算管理，发票管理等若干环节。

数字化平台运输的另一个重要组成部分是数字化运输单证的管理，即电子提单的管理。电子提单的第一项作用是提取托运货物的唯一凭证，第二项作用是背书转让，第三项作用是质押融资或支持其他形式的金融服务。如果电子提单项下的货物被买卖，电子提单将是支持买卖行为达成并呈现达成效果的重要凭证。在数字化平台运输中，为了让电子提单所有功能得以实现，需要在相关法律条款的基础上，进一步形成提单的标准化、数字化及与其他提单、仓单衔接运行的相应规范。

四、数字化物流的应用模块

1．SaaS（软件即服务）

一种基于互联网提供软件服务的应用模式。服务商将应用软件统一部署在自己的服务器上，企业无须购买软硬件、无须建设机房、无须招聘 IT 人员，即可通过互联网使用软件服务。

2．OA（办公自动化）

一种专门为企业和机构的日常办公工作提供服务的综合性软件平台，具有信息管理、流程管理、知识管理（档案和业务管理）、协同办公等多种功能。

3．CRM（客户关系管理）

企业为提高核心竞争力，协调企业与顾客间在销售、营销和服务上的交互，从而提升其管理方式，向客户提供创新式的个性化的客户交互和服务的过程。其最终目标是吸引新客户、保留老客户以及将已有客户转为忠实客户，增加市场竞争力。

4．PM（项目管理）

以项目为对象的系统管理方法，通过一个临时性的、专门的柔性组织，对项目进行高效率的计划、组织、指导和控制，以实现项目全过程的动态管理和项目目标的综合协调与优化。

5．OMS（订单管理系统）

通过管理和分配订单，使仓储管理和运输管理有机结合的系统。主要功能包括接收订单、结合仓库管理系统库存信息实现订单分配、跟踪订单状态等。

6．TMS（运输管理系统）

基于运输作业流程的统一调度管理平台，能实现客户、车辆、人员的信息管理，订单处理，调度配载，运输跟踪以及费用、收付款的财务管理。

7．WMS（仓库管理系统）

用于管理仓库或物流配送中心的计算机软件系统，用来计划、组织、引导和控制仓库内的资源，以及管理货物的存储与移动。

8．SRM（供应商关系管理）

帮助企业管理供应商信息、跟踪供应商绩效、评估供应商风险，并通过供应商协作来提高采购效率、降低采购成本、规范采购流程。

9．BMS（核算与结算管理系统）

满足完整的业务财务管理需要，提供计费、核算、对账、结算、应收应付、实收实付、核销、发票等管理功能；系统可根据不同客户自定义个性化的计费方案，在业务过程中触发自动计费，根据费用形成应收应付账款，并将收入核算到对应利润和将费用核算到成本主体；系统可根据客户的对账周期，自动生成对账单，对账完成没有差异的自动产生结算单用于财务开发票和收款。

10．BI（商业智能）

将原始数据转化为有用的信息，以支持更明智的商业决策，包括数据收集、数据处理、数据存储、数据分析和数据展示等。通过这些技术，企业可以更好地理解其业务性能并做出更有效的决策。

单元 3　商业运营与数字化运营

随着信息技术的飞速进步和互联网的广泛渗透，商业运营与数字化运营之间的界限日益模糊，两者相辅相成，共同推动着现代企业的蓬勃发展。从传统的市场营销、供应链管理到新兴的大数据分析、人工智能应用，数字化运营为商业运营注入了新的活力与可能。

数字化运营的产生及
与商业运营的关系

一、商业运营的界定

商业运营即商业化运营，对此尚未形成统一的概念，但是可以从商业化视角理解其内涵。

商业化的本质是将为企业带来利润或增加企业价值而从事的活动，通过企业每天的日常运营和产生营收的所有活动，以某种形式解决用户需求（情感需求、体验需求、数值需求等）来获取收入的过程。

物流商业运营是指物流企业深度了解用户需求（包括潜在用户），以数字化手段，专业的商业运营团队，对日常运营和产生的营收活动进行专业化的计划、组织、协调和控制，以便实现企业价值增值。专业的商业运营职能的发挥既可以是企业内部具体的职能部门，也可以以项目形式外包给独立的商业运营团队。本书侧重企业内部职能部门视角。

二、数字化物流商业运营

（一）内涵

数字化物流商业运营首先是一种数字化运营，是指通过数字化的方式将用户、企业内部管理链条和企业上下游价值链条完全贯通，以数据驱动业务流转和推进，形成数据驱动型的智慧运营方式和产业生态，并利用数字化技术驱动业务重构、管理变革，重塑业务价值。

物流企业实现数字化运营的关键是要完成企业各个要素之间的数字化连接。物流企业各个要素之间不仅是一种串联关系，而且需要通过数字化形成各个要素之间的价值发挥，构建数字化的业务体系。

敏捷和创新是数字化业务能力的体现，5G、云计算、AI 等数字化技术可以打破企业以往的管理体制、管理模式和生产方式，支撑业务创新和敏捷迭代，重构数字化的业务体系和运营体系，带来全新的业务体验。例如，京东物流在效率提升环节依靠强大的 AI 等数字化技术，将物流中心内人员的动作通过传感器、数字摄像头等进行实时捕捉，通过动作产生大量的数据，通过算法对实时数据进行分析，从而快速地发现物流现场工作人员的效率"洼地"，从而进行人员岗位调整、人员班次优化，极大地提高了工作效能。

数字化物流商业运营则是指物流企业以实现企业价值增值为目标，通过运用 5G、云计算、AI 等数字化方式，**重塑企业上下游业务**，以数据驱动业务，重构业务流程，形成数据驱动的智慧运营模式。

（二）特点

数字化物流商业运营是通过重构服务流程实现的，因此其特点满足服务运营的特点。

1．顾客的参与性

在提供服务时，顾客在服务过程中可以发挥积极作用，顾客的知识、经验、动机乃至诚信会直接影响服务运营的效果。

例如，在配送末端的菜鸟驿站，顾客在拿取包裹的过程中，凭借手机上的取件码，自主地在驿站取走自己的包裹。驿站的工作人员只需要对取件系统里特别提出"送货上门"的顾客进行上门送件服务即可。这种运营模式是顾客扮演了临时员工的角色，在需要的时候登场，柔性地扩展了服务人员数量，满足了顾客的快捷服务需求。

以上做法是让顾客参与进来，将顾客从服务过程中排除出去也是一种普遍的做法，例如顺丰送货上门、京东到家、丹鸟海外购包裹送货到家等，顾客无须亲自跑到驿站，在购物交易时，系统分配（撮合洽谈的）商家、计算机交易程序、物流服务商即构成了服务运营系统。电子商务、商业互联网都给"逛商场"赋予了新的含义，也有效地将服务运营系统的前段交易环节效率高效地提升上来。

2．服务的易逝性

服务的易逝性，也就是服务的不可存储性。对于物流仓储与运输而言，需求呈现出很强的季节性。正如许多人知道的，在春节期间或者电商购物节期间，容易出现爆仓以及运力紧张问题。面对需求的变化和服务能力的易逝性，可以采用三种方式应对。

（1）稳定需求：如采用预约式、价格诱因（限时打折促销）、高峰期间反营销（如根据大数据进行趋势预判）。

（2）调整服务能力：如高峰期启用临时雇员、根据需要安排工作班次、增加顾客自我服务的部分。

（3）让顾客等候：如利用以往销售数据，分析不同品类、行业的顾客以往销售后愿意等待的最长时限，再重新调配和均衡分配服务能力。

3．服务生产与消费的同时性

服务的生产和消费同时进行，不能储存。产成品库存作为制造企业的系统分界线，将内部计划的实施和控制与外部环境分隔开来，工厂是封闭系统，库存把生产系统与顾客需求分离开。制造商将产成品库存外包转移到第三方物流仓储中心进行存储。对于物流服务而言，服务是开放系统，库存受到上游传递系统和下游顾客需求变化的全面影响。服务能力选择、设施使用效率及空余时间利用都受顾客需求和顾客等候时间的影响。服务生产与消费同时进行，减少了干预质量控制的机会，服务必须通过其他指标来保证服务质量，如物流行业的妥投率就是该类指标之一。

4．服务的异质性

服务是一个有机整体并非单个要素，所以其中任何一个要素水平的不同，都会造成整个服务的差异。服务的对象是人，人与人之间是有差异的。即使是同类型公司的服务，每个人的服务过程及每个顾客的服务感受都是有差异的。服务由人来完成，而不是机器，这就决定了服务不是标准化生产。服务的异质性导致服务质量具有不确定性，顾客满意度预测准确性难。大部分服务不能用统一的标准来衡量，所以应尽量多样化及细致化满足顾客的需求。

单元 4　数字化物流商业运营的架构分析

在深入探讨数字化物流的商业运营时，不可避免地要触及其核心架构的剖析。这一架构不仅是数字化物流高效运作的基石，更是连接技术、流程与客户需求的关键纽带。

企业组织结构及
运营架构

一、物流企业的组织结构和运营架构

（一）常见的物流企业组织结构及职能

物流企业的组织结构一般因企业规模不同而有所区别，即根据企业现在的情况和未来发展规划，划分部门、岗位并制定职责；从纵向看，又划分为若干层次，即管理层次。所谓管理层次，是指从企业经理到基层工作人员之间体现领导隶属关系的管理环节，即经营管理工作分为几级管理。组织结构的管理层次受到管理幅度的制约。管理幅度是指一位领导者或管理者能够有效地管理下属人员的可能数量。管理幅度同管理层次成反比，即：管理幅度增大，意味着领导或管理者的下属人员增加，管理层次就减少；反之，管理幅度越少，管理层次就越多。一位领导者或管理者，因受其精力、经验、学识、能力等条件的限制，能够有效领导的下属人数是有限的，超过一定的限度就不可能实现有效的领导。一般来说，企业总是尽可能在扩大有效管理幅度的基础上，减少管理层次，降低管理费用，加快管理指令的传递速度，以提高管理工作的效率。

（二）物流企业各管理层的主要职能

1．最高管理层

最高管理层即以经理为首的领导班子，统一领导各个层次的经营管理等活动。其主要职能是制定经营目标、方针，利润的使用、分配方案，负责重大规章制度的修改和废止，指挥和协调各组织机构的工作和相互关系，确定它们的职责和权限等。

2．中间管理层

中间管理层是指根据经营管理工作的需要设置的承上启下的中间层次的机构，主要是经营业务、职能管理和行政办事机构。它们的主要任务和职责权限是依据最高管理层下达的指令和任务制定本部门的执行目标，直接从事企业的经营活动或管理活动，保证实现企业的经营和管理目标，以及向决策层提出建议和直接领导最基层机构的各项具体的经营管理工作。

3. 基层管理层

基层管理层是指经营管理工作的执行操作机构，是直接领导基层工作人员的管理层次，是企业中的最低管理层。它们的主要任务和职责权限是依据上一层机构下达的任务优化组织实施的具体方案，采取多种经营方式，实施优质服务，保证完成各自的经营目标，以及向上层的领导机构报告工作或提出建议。

物流企业不论是三级管理还是两级管理，只要是设两个以上的管理层次，就涉及授权问题。只有根据集权和分权、统一领导和分级管理相结合的组织原则，方能保证统一指挥以及充分调动和发挥中间层和基层的主动性和积极性，增强物流企业经营管理中的向心力和创造力，达到既有经营的高效益，又有管理的高效率。

（三）物流企业运营架构

架构是指构成系统或组织的各个组件及其相互关系的集合。它为企业提供了一个蓝图，展示了如何整合不同的技术、系统、数据和业务流程来支持企业目标。架构包括业务架构、应用架构、数据架构和技术架构等。

数字化物流的运营架构及运营实施过程

（1）架构源于流程：架构的设计和实施必须基于对企业业务流程的深入理解和梳理。只有充分了解流程需求，才能设计出满足实际业务需要的架构。

（2）架构指导流程设计：流程设计需要在架构定义的组件、关系和原则范围内进行，确保流程与架构保持一致，避免出现流程混乱、效率低下等问题。

（3）架构支撑流程执行：流程的有效执行离不开架构提供的技术、系统、数据等组件的支持。架构为流程提供了必要的工具和资源，是流程顺利进行的基础。

知识拓展

某公司为了支持线上销售业务，拟搭建一个电商平台，包括用户注册登录、商品浏览购买、订单支付、物流配送等。在设计架构之前，需要先梳理清楚用户下单流程，明确每个环节需要哪些系统功能支持。以"用户下单"流程为例：

第一步：用户浏览商品。

第二步：选择商品并加入购物车。

第三步：填写收货地址。

第四步：选择支付方式。

第五步：确认订单并支付（平台生成订单并通知商家）。

第六步：商家发货。

第七步：物流平台更新配送信息。

第八步：用户确认收货。

流程的每个环节都需要架构中相应系统的支持，例如用户浏览商品需要商品管理系统提供商品信息，订单支付需要支付系统完成资金交易。

为了支持流程的顺利进行，需要搭建相应的系统架构，包括：

（1）用户管理系统：负责用户注册、登录、信息管理等功能。

（2）商品管理系统：负责商品信息录入、分类、展示、库存管理等功能。

（3）订单管理系统：负责订单生成、处理、跟踪、售后等功能。

（4）支付系统：对接第三方支付平台，完成在线支付功能。

（5）物流系统：对接物流平台，实现订单发货、跟踪、信息查询等功能。

再根据系统架构，评估、调整流程，使其符合架构规范，例如用户信息需要在用户管理系统中进行维护，订单支付需要调用支付系统接口等（见图1-4）。

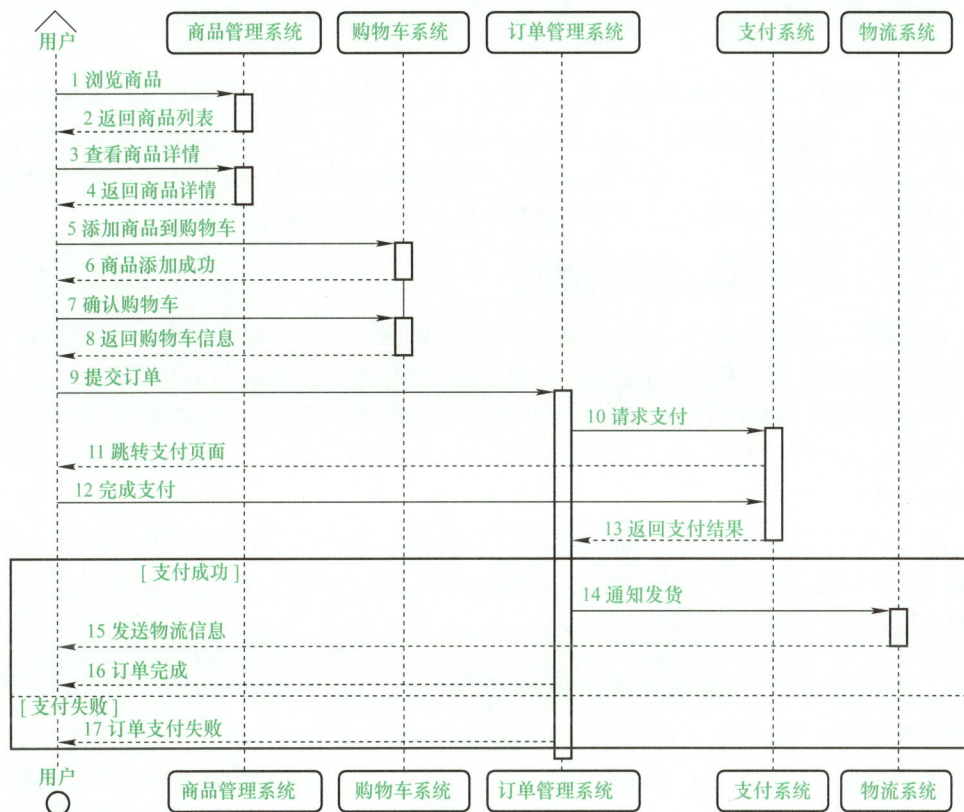

图 1-4 某物流企业运营流程图

为此，通过运行用户下单流程，可以验证架构设计是否合理，例如能否高效处理订单、及时更新物流信息等。随着数字技术的发展，用户下单流程将被不断优化，如增加消费者喜好推荐、增加优惠券功能、优化支付流程等，这些改进也反过来推动架构的升级和完善，如扩展订单管理系统功能，优化支付系统功能、消费者画像等。

二、商业模式与运营架构的匹配

商业模式与运营架构之间相互联系、相互影响。商业模式是企业在市场上创造和交换价值的方式，它决定了企业如何组织资源、构建业务体系、实现盈利目标。而运营架构则是企业为实现商业目标而设计的内部组织结构、流程和管理体系。因此，组织结构不是一成不变的，随着组织战略目标的调整，继而影响商业模式，从而决定了组织结构和运营架构。组织结构和运营架构没有优劣之分，只有与商业模式是否契合之别。

商业模式与组织结构的匹配

（一）商业模式对运营架构的影响

（1）商业模式首先明确了企业的战略方向、目标客户和价值主张，这为运营架构的设计提供了基础。运营架构需要围绕商业模式的战略导向进行构建，确保各项运营活动能够支持商业目标的实现。

（2）商业模式中的资源与能力要素决定了企业需要哪些资源来支持其运营活动。运营架构需要合理配置这些资源，包括人力、物力、财力等，以确保资源的有效利用和最大化价值创造。

（3）商业模式中的业务系统要素描述了企业达成定位所需完成的业务环节和业务活动。运营架构需要设计相应的业务流程来支持这些业务活动的顺利进行，确保业务流程的顺畅和高效。

（4）盈利模式描述了企业获得收入、分配成本和赚取利润的方法和渠道。运营架构需要围绕盈利模式进行构建，确保企业能够持续稳定地获得收益并实现盈利目标。

（二）运营架构对商业模式的支撑

（1）合理的运营架构能够为企业提供有力的组织保障，确保各项商业活动能够有序进行。通过明确各部门的职责和权限，加强部门之间的协作和沟通，提高整体运营效率。

（2）运营架构中的流程设计可以不断优化企业的业务流程，提高业务处理速度和效率。通过引入先进的管理理念和工具，如精益管理、六西格玛等，可以进一步降低运营成本、提高产品质量和客户满意度。

（3）运营架构中的风险管理机制可以帮助企业有效识别和应对各种风险，确保商业模式的稳健运行。通过建立完善的风险预警、监控和应对机制，企业可以及时发现并解决问题，避免潜在风险对企业造成的不利影响。

（三）商业模式与运营架构的协同作用

商业模式与运营架构之间的协同作用是企业实现持续发展的关键。一方面，商业模式为运营架构提供了战略导向和资源配置的依据；另一方面，运营架构为商业模式的实现提供了有力的组织保障和流程支持。两者相辅相成、相互促进，共同推动企业的持续发展和盈利能力的提升。

综上所述，商业模式与运营架构之间存在着密切而复杂的关系。企业在制定商业模式时需要考虑运营架构的支撑能力；在设计运营架构时需要围绕商业模式的战略导向进行构建。只有这样，企业才能在激烈的市场竞争中保持竞争优势并实现可持续发展。

技能实训

数字化物流应用场景

实训目标：

1. 理解数字化物流应用场景。
2. 调研收集信息与分析能力。
3. 团队协作与沟通能力。

实训内容：

1. 信息收集：包括问卷调查、社交媒体分析、访谈等方法。

2. 数据分析工具使用：学习并使用 Excel、思维导图等工具进行数据处理与归纳。

情境描述：

菜鸟集团成立于 2013 年，致力于成为全球领先的电子商务供应链解决方案提供商，以满足高速增长的复杂电商物流需求。作为菜鸟集团重要业务板块之一，菜鸟物流科技秉承菜鸟数智化的基因与扎根物流的优势，沉淀出自动化、IoT、AI、大数据等硬核技术能力，形成了丰富的科技产品和行业解决方案。在应用领域方面，菜鸟物流科技可根据不同制造业企业的需求和场景，提供个性化的产品与方案，帮助其实现数智化转型。

菜鸟面向制造领域推出了全场景优化的"数智助手"（菜鸟智慧物流管理系统）、自动化设备的"指挥中心"（菜鸟 WCS 自动化控制系统）和供应链全局优化的"智慧大脑"（菜鸟供应链控制塔）三大数智科技产品。

请以小组为单位，通过资料搜索，查阅、整理并归纳这三大数智化系统的功能。

实训总结：

1. 全场景优化的"数智助手"（菜鸟智慧物流管理系统），是一款服务于汽车行业主机厂全场景的物流管理系统解决方案。其功能覆盖零部件入厂物流、厂内物流、整车销售物流、售后备件物流等主机厂四大主流物流业务场景。该系统不仅能提升物流运作的效率，还能帮助降低运营成本，为汽车制造厂商实现智能化升级提供有力支持。

2. 自动化设备的"指挥中心"（菜鸟 WCS 自动化控制系统）被视为自动化设备的"指挥部"，在全场景物流统一管理方面发挥着重要作用。它能够控制 20 多种类型的自动化设备，并兼容物流自动化主流品牌，从而提升物流自动化应用的效率及质量。此外，相对于传统 SAPF 算法，该系统还可实现路径质量的显著提升。

3. 供应链全局优化的"智慧大脑"（菜鸟供应链控制塔），通过引入先进的数据分析和人工智能技术，能够对供应链中的各个环节进行精准预测和优化，帮助制造业企业实现更高效、更智能的供应链管理。

这三款产品构成菜鸟面向制造领域的完整解决方案，为制造业的智能化升级提供了强大的技术支撑。同时，菜鸟还推出了覆盖产配、生产、产销等环节的一站式数智化解决方案，通过在不同场景灵活应用 AGV 机器人、立体仓库、无人叉车等自动化设备，控制塔、OWTB 等数字化产品，以及以 RFID 为代表的物联网技术，帮助工业制造企业降低供应链成本，提升工业产能效率，实现产销协同，并为工业制造的全链路数智化建设奠定基础。

内容小结

本模块主要介绍了数字经济的兴起、产业数字化的表现、数字化物流的概念和核心技术。着重阐述了运营及运营管理的概念，服务运营、物流运营在数字化技术手段赋能下的新内涵。同时还介绍了契合数字化转型要求的物流企业组织结构和物流企业运营架构，并阐释运营架构与企业具体的商业模式、运营目标相一致。

课后习题

一、单选题

1. 以下（　　）被称为"数字经济之父"。
   A. 唐·塔普斯科特　　　　　　　　B. 尼古拉斯·尼葛洛庞蒂
   C. 曼纽尔·卡斯特　　　　　　　　D. 爱迪生

2. 数字经济的本质在于（　　）。
   A. 信息化　　　B. 数字化　　　C. 集成化　　　D. 平台化

3. 以下（　　）不是数字经济的特点。
   A. 快捷性　　　B. 高渗透性　　　C. 内部经济性　　　D. 可持续性

4. 物联网的定义是通过射频识别、红外感应器、全球定位系统、激光扫描器等信息传输设备，按约定的协议，把任何物品与互联网相连接，进行（　　），以实现对物品的智能化识别、定位、跟踪、监控和管理的一种网络。
   A. 信息收集与处理　　　　　　　　B. 信息交换和通信
   C. 信息收集与交换　　　　　　　　D. 信息的通讯与反馈

5. 以下（　　）不属于各个行业通过物联网技术实现数字化和智能化转型中所遇到的五大难题之一。
   A. 连接　　　B. 业务实时性　　　C. 数据简化　　　D. 数据优化

6. 5G、云计算和 AI 等技术的碰撞和融合将为社会带来数字（　　）效益。
   A. 溢出　　　B. 压缩　　　C. 叠加　　　D. 孪生

7. 数据采集与处理中数据的流动方向是（　　）。
   A. 应用层到数据层　　　　　　　　B. 数据层到应用层
   C. 平台层到应用层　　　　　　　　D. 数据层到平台层

8. 中国制造以（　　）为主攻方向。
   A. 智能制造　　　B. 高端制造　　　C. 集约制造　　　D. 环保制造

二、多选题

1. 边缘计算的价值是（　　）。
   A. 实时　　　B. 连接　　　C. 数据优化　　　D. 安全

2. 科技界一般将信息化区分为（　　）三个阶段。
   A. 数字化　　　B. 网络化　　　C. 智能化　　　D. 区块化

3. 数字经济的三大定律是（　　）。
   A. 梅特卡夫法则　　　B. 摩尔定律　　　C. 达维多定律　　　D. 彼得原理

三、判断题

1. "数字经济"一词最先是由尼葛洛庞蒂在《数字化生存》一书中提出。　　（　　）

2. 数字经济中，"数字"的含义包含数字技术和数据。　　（　　）

3. 数字经济包含数字产业化与产业数字化。　　（　　）

4. 数字化能够实现农业生产要素的精准测量及精细管理，最终实现农业产业智能化。

（　　）

5. 企业实现数字化业务体验的关键是要完成企业各个要素之间的数字化打通与连接。

（　　）

6. 数字经济是以数字化的知识和信息为关键生产要素。　　　　　　（　　）

7. 数字经济以数字技术创新为核心驱动力。　　　　　　　　　　　（　　）

四、简答题

1. 什么是数字经济？数字经济将带来哪些变革？
2. 企业、消费者、政府以及整个社会该如何迎接数字经济的到来？
3. 什么是数字产业化？什么是产业数字化？它们之间的关系是什么？

课后评价

评价项目	具体内容	分值	得分
知识目标	能够阐述数字化物流运营的定义	10	
	能够举例解释物流商业运营	10	
	能够理解数字化物流商业运营的内涵和特点	10	
	能够识别数字化技术	10	
技能目标	能够举例说明数字化技术的名称和作用	10	
	能够结合实际案例阐述数字化物流的应用场景	20	
	能够结合实际案例找出企业使用的数字化技术	10	
素养目标	团队合作意愿增强	10	
	完成小组项目时能主动运用数字物流案例	10	
合　计			
小组成员			
评阅教师			

模块二
数字化技术与商业应用

◎ 学习目标

◎ 知识目标：

- 了解大数据分析流程、大数据分析类型；
- 了解 B 端、C 端客户画像的基本定义和内容组成等；
- 了解机器人流程自动化的定义、工作原理以及部署方式；
- 掌握机器人流程自动化产品的核心功能；
- 了解机器人流程自动化在物流行业的应用场景。

◎ 技能目标：

- 能够结合实际案例进行 B 端客户画像构建；
- 能够结合实际案例进行 C 端客户画像构建。

◎ 素养目标：

- 培养学生良好的数字思维和数据分析意识；
- 培养学生形成良好的画像意识与数字化运营意识，增强学生思辨能力。

☑ 导入案例

三元食品的物流与分销管理系统

北京三元食品有限公司（简称"三元食品"）具有几十年的乳品加工史，具有产供销一体化的格局和乳品加工、商业、科技培训和物业管理等产业多元化的优势。三元食品作为日配企业，每日需要完成大量的日配送作业，随着市场竞争的日益激烈和生产规模的不断扩大，原有的物流和分销体系已经不能适应发展的需要。为了在日益激烈的市场竞争中保持优势，三元食品必须采取有效的管理技术来组织、协调、控制企业的经营活动，全面实现由粗放管理到精细管理的转换，向现代物流分销管理技术靠拢。

一、三元食品物流与分销管理系统的发展历程

三元食品物流与分销管理系统的发展可以分为以下几个阶段。

传统的人工管理阶段：在系统实施前，三元食品的物流与分销管理主要依靠人工进行，包括订单处理、库存管理、配送安排等方面。这种管理方式效率低下，容易出错，且无法实时掌握市场动态。

引入信息化管理阶段：为了提高管理水平，三元食品开始引入现代化的物流与分销管理系统。通过建立数据库，实现对产品从生产到销售的全程监控，提高了信息传递的及时性和准确性。

实施 LDS 系统阶段：在三元食品物流与分销管理系统的基础上，公司进一步实施了 LDS（物流分布式数据库系统）项目。LDS 系统具有数据采集、处理、分析、存储等功能，能够实时反映物流与分销的各个环节，为决策提供有力支持。

二、LDS 系统在三元食品物流与分销管理中的应用

优化库存管理：通过 LDS 系统，三元食品实现了库存的实时监控，有效降低了库存滞销风险。同时，系统还能根据销售预测，为企业制订合理的采购计划，进一步降低库存成本。

提高配送效率：LDS 系统能够实时追踪配送进度，确保产品在最短的时间内送达客户手中。通过优化配送路线，降低了运输成本，提高了客户满意度。

数据分析与决策支持：LDS 系统收集了大量的物流与分销数据，通过数据分析，为企业提供了有力的决策依据。例如，企业可以根据销售数据调整产品结构，推出更符合市场需求的品种；根据物流数据优化配送网络，提高服务水平。

实施 LDS 系统后，三元食品的物流与分销管理水平得到了显著提高。企业能够实时掌握市场动态，快速响应客户需求，提高了市场竞争力。同时，信息化管理降低了人工成本，提高了工作效率，为企业带来了明显的经济效益。

三、三元食品物流与分销管理系统的未来展望

深化数据分析：利用大数据技术，进一步挖掘物流与分销数据的价值，为决策提供更加精确的依据。

智能化物流：引入人工智能技术，实现物流环节的自动化和智能化，提高物流效率，降低运营成本。

供应链协同：加强与供应商、零售商等合作伙伴的信息化对接，实现供应链各环节的协同管理，提高整体竞争力。

客户服务升级：基于物流与分销管理系统，提供更加个性化、精准化的客户服务，提高客户满意度。

思考：总结北京三元食品有限公司通过企业数据化和信息化改造带来了哪些改变？

单元1 大数据采集与数据分析技术应用

大数据采集与数据分析技术已成为企业挖掘数据价值、指导业务决策与推动创新的重要工具。通过高效的数据采集手段，企业能够获取海量、多样化的数据资源；而借助先进的数据分析技术，这些数据则被转化为具有洞察力的信息与知识。这些信息与知识不仅为企业提供了对市场趋势、客户需求与业务绩效的深入理解，还为企业制定战略、优化运营与提升竞争力提供了科学依据。

一、常用大数据分析类型及方法

（一）大数据的概念和特征

1. 大数据的概念

信息技术与经济社会的交汇融合，引发了数据迅猛增长，遍布世界各地的各种智能移动设备、传感器、电子商务网站、社交网络，每时每刻都在生成类型各异的数据，数据已经成为国家基础性战略资源，正日益对全球生产、流通、分配、消费活动以及经济运行机制、社会生活方式及国家治理能力产生重要影响。关于大数据的定义也有多种观点出现，可以分为两类：从狭义的角度来看，大数据的定义是着眼于大数据的性质；而从广义角度来看，则着眼于大数据的存储管理、处理方式及大数据的作用。综合而言，大数据是以容量大、类型多、存取速度快、价值密度低为主要特征的数据集合，由于这些数据本身规模巨大、来源分散、格式多样，所以需要新的体系架构、技术、算法和分析方法来对这些数据进行采集、存储和关联分析，以期望能够从中抽取出隐藏的、有价值的信息。

> **政策学习**
>
> 党的二十大报告强调："加快发展数字经济，促进数字经济和实体经济深度融合，打造具有国际竞争力的数字产业集群。"当前，新一轮科技革命和产业变革正在重构全球创新版图、重塑全球经济结构，数字技术、数字经济作为世界科技革命和产业变革的先机，日益融入经济社会发展各领域全过程，全球经济数字化转型已是大势所趋。抢抓数字经济发展之先机，促进数字经济和实体经济深度融合，是把握新一轮科技革命和产业变革机遇、加快推动实体经济高质量发展和建设以实体经济为支撑的现代化产业体系的战略选择。习近平总书记强调，促进数字技术和实体经济深度融合，赋能传统产业转型升级，催生新产业新业态新模式，不断做强做优做大我国数字经济。促进数字经济和实体经济深度融合，要充分发挥数字技术、数据要素和数字平台的赋能作用，为实体经济部门带来产出增加和效率提升。

2. 大数据的特征

大数据的特征包括体量大、类型多、速度快、价值密度低。

（1）体量大：随着互联网、物联网等技术的飞速发展，数据产生速度和规模呈现出爆炸式增长。据统计，全球数据量每两年翻一番，预计到 2025 年，全球数据总量将达到 163ZB（泽字节）。如此庞大的数据量，使得大数据技术应运而生，助力企业和政府挖掘数据背后的价值。

（2）类型多：大数据中数据的类型繁多，涵盖了结构化数据、半结构化数据和非结构化数据。结构化数据主要包括关系型数据库中的数据，如表格数据；半结构化数据包括 XML、JSON 等格式的数据；非结构化数据则主要包括文本、图片、音频、视频等。这些不同类型的数据为企业和政府提供了丰富的信息资源，有助于提高决策效率。

（3）速度快：大数据时代的数据产生、传输和处理速度极快。数据流如瀑布般源源不断，对数据处理和分析提出了极高要求。高速数据处理技术得以快速发展，如实时流处理技术、分布式计算框架等。速度快的特征使得大数据在实时监控、预警、应急响应等方面具有重要应用价值。

（4）价值密度低：尽管大数据具有巨大的潜在价值，但实际价值密度相对较低。这是因为大量数据中，有用信息仅占其中一小部分。价值密度低的特征使得大数据挖掘成为一项挑战性的任务，需要采用高级数据分析、挖掘和可视化技术，从海量数据中提炼出有价值的信息。

大数据分析与传统数据分析的对比见表2-1。

表2-1　大数据分析与传统数据分析的对比

对比项	传统数据分析（BI）	大数据分析
关注点	• 描述性分析 • 诊断性分析	预测性分析
数据集	• 有限的数据集 • 干净的数据集 • 简单模型	• 大规模数据集 • 多类型原始数据 • 复杂数据模型
分析结果	事件及原因	新的规律和知识

知识拓展　云计算、人工智能和大数据的关系

云计算、人工智能和大数据的关系日益紧密，它们相互促进、共同发展，构成了当今信息技术领域的三大核心技术。

云计算为人工智能和大数据提供了基础设施支持。云计算通过资源虚拟化和池化技术，将计算、存储、网络等计算机资源进行整合，以便灵活地为各类应用分配所需资源。云计算的核心架构分为三类：基础设施即服务（IaaS）、平台即服务（PaaS）和软件即服务（SaaS）。其中，IaaS提供了基础计算资源，如虚拟机、存储和网络设备；PaaS则提供了应用开发和部署的环境，包括数据库、操作系统和开发框架等；SaaS则专注于为用户提供各种人工智能分析和应用接口。

大数据为人工智能提供了丰富的数据来源。大数据技术能够收集、存储和处理海量数据，为人工智能系统提供了宝贵的训练素材。人工智能从这些大数据中学习知识和模式，不断优化和提高自身性能。同时，人工智能技术也为大数据分析和处理带来了更智能的方法，如机器学习、深度学习等，这些技术使得大数据分析更加高效、精准。

人工智能与大数据之间的密切关系推动了云计算的发展。人工智能技术对海量数据的处理需求激发了云计算资源的进一步扩展，而云计算则为人工智能提供了更加便捷、高效的计算和存储能力。此外，人工智能通过机器学习和深度学习等技术，可以自动化地处理和分析大数据，挖掘出数据中的价值信息和知识。这进一步丰富和拓展了大数据应用场景，刺激了大数据的产生和收集。

云计算、人工智能和大数据之间形成了良性循环，三者相互依存、互相成就，共同推动了技术革新和产业升级。在未来的发展中，我们可以期待云计算、人工智能和大数据将在更多领域发挥各自优势，为人类社会带来更加智能、便捷的信息技术应用。

（二）大数据分析的概念和流程

大数据价值链中最重要的一个环节就是数据分析，它的目标是为了提取数据中隐藏的数据，而提供有意义的建议以辅助制定正确的决策。大数据分析（Big Data Analytics，BDA）是指数据收集、处理数据并获取数据隐含信息的过程，强调对数据的全局性、实时性和个性化分析。大数据分析是大数据理念与方法的核心，是伴随着数据科学的快速发展和数据密集型范式的出

现而产生的一种全新的分析思维和技术手段，极大地推动了数据挖掘、机器学习、人工智能等相关领域的技术进步。

大数据分析流程可以分为数据采集、数据清洗、数据管理、数据分析和数据呈现五个阶段。

（1）数据采集：数据采集是大数据分析流程的第一步，其主要任务是从各种渠道获取原始数据。这些数据可能来源于企业内部数据库、公开数据集、互联网爬虫抓取等。数据采集过程中需要关注数据的质量和多样性，以确保分析结果的准确性和全面性。

（2）数据清洗：数据清洗是对采集到的数据进行预处理的过程，包括补充部分数据缺失的属性值，统一数据格式、编码和度量，检测和删除异常数据等。数据清洗的目标是提高数据的准确性和一致性，为后续分析奠定基础。在此阶段，需要运用各种数据清洗技术和工具，将"脏数据"转化为"干净数据"，研究表明数据清洗大概占80%的工作量。

（3）数据管理：数据管理是指对清洗后的数据进行存储、组织和维护的过程。数据管理工具包括关系型数据库、NoSQL数据库、数据仓库等。数据管理阶段的目的是方便数据分析，提高数据访问效率。在此阶段，需要关注数据的安全性和隐私保护。

（4）数据分析：数据分析是大数据分析流程的核心阶段，主要包括描述性分析、预测性分析、统计建模等。在这一阶段，需要运用各种数据分析方法和工具，从不同角度挖掘数据中的规律和价值。分析结果可以助力优化业务流程、提高运营效率、降低成本、提升客户满意度等。

（5）数据呈现：数据呈现是将分析结果以可视化形式展示给用户的过程。需要根据业务需求和受众特点，选择合适的图表、格式和风格进行数据展示。数据呈现阶段的目标是帮助用户更好地理解和利用分析结果，为决策提供支持。

（三）大数据分析的类型

依据不同的方法和标准，数据分析可以分成不同的类型，大数据分析也遵从这些方法和标准进行分类。

1. 按数据分析深度的不同分类

根据数据分析深度的不同可以分为描述性分析、预测性分析和规则性分析三个层次。

（1）描述性分析：描述性分析是数据分析的基础层次，主要关注数据本身的统计特征和分布，通过计算各种描述性统计量（如均值、中位数、方差等）来概括数据的基本情况。描述性分析可以帮助企业和组织了解数据的整体面貌，识别数据的异常值和趋势，为后续分析提供基础。例如，在市场营销领域，描述性分析可以揭示消费者的购买行为和偏好，为制定市场策略提供依据。

（2）预测性分析：预测性分析是数据分析的中高层次，旨在基于历史数据和现有信息，对未来趋势和事件进行预测。预测性分析通常借助机器学习、统计建模等方法对数据进行挖掘和分析。预测性分析的结果可以为企业和组织提供决策参考，帮助他们更好地应对市场变化和不确定性。例如，在金融领域，预测性分析可以预测股票价格走势，为投资者提供决策依据。

（3）规则性分析：规则性分析是数据分析的最高层次，关注如何在现有数据的基础上，制定合理的策略和规则，以优化决策和过程。规则性分析侧重于从数据中挖掘规律和模式，并根据这些规律制定实际应用中的策略。规则性分析的成果可以帮助企业和组织实现自动化、智能化的决策，提高运营效率。例如，在生产制造领域，规则性分析可以优化生产流程，降低成本，提高产品质量。

2. 按数据分析的实时性分类

按照数据分析的实时性，一般将数据分析分为实时数据分析和离线数据分析。

（1）实时数据分析：实时数据分析也称在线数据分析，实时数据分析能够实时处理用户的请求，允许用户随时更改分析的约束和限制条件。实时数据分析往往要求在数秒内返回准确的数据分析结果，为用户提供良好的交互体验，一般应用于金融、电信和交通导航等领域。

（2）离线数据分析：离线数据分析通过数据采集工具将日志数据导入专用的分析平台进行分析，应用于那些对反馈时间要求不严格的场合，如精准营销、市场分析、工程建筑等。

3. 按统计学方法分类

在统计学的领域当中，数据分析可划分为描述性统计分析、探索性数据分析及验证性数据分析三种类型。

（1）描述性统计分析：主要是通过对数据进行概括和描述，以揭示数据的基本特征。这类分析方法主要包括计算数据的中心趋势、离散程度、分布形态等。中心趋势可以反映数据的一般水平，如平均数、中位数和众数等；离散程度则反映了数据的不稳定性，如方差、标准差和范围等；分布形态则描述了数据在不同区间内的分布情况。通过描述性统计分析，我们可以对数据有一个初步的了解，为后续的深入分析奠定基础。

（2）探索性数据分析：探索性数据分析是在描述性统计分析的基础上，进一步挖掘数据中的潜在规律和关系。探索性数据分析方法主要包括可视化分析、关联规则挖掘、聚类分析等。可视化分析是通过绘制各种图表，如柱状图、散点图、箱线图等，直观地展示数据的变化趋势和分布特征；关联规则挖掘则是寻找数据中的频繁项集和关联规则，以揭示变量之间的关联性；聚类分析则是将具有相似特征的数据对象划分到同一类别中，有助于发现数据中的潜在规律。

（3）验证性数据分析：主要是针对研究假设或理论进行检验。这类分析方法主要包括假设检验、回归分析等。假设检验是通过统计推断方法，对研究假设进行验证；回归分析则是研究两个或多个变量之间的依赖关系，如线性回归、逻辑回归等。验证性数据分析的目的是检验理论预测与实际观测数据之间的一致性，从而为理论的建立和修正提供依据。

（四）大数据分析方法

随着互联网、云计算和物联网等技术的迅速发展，随处可见的无线传感器、移动设备、RFID标签等，每分每秒都在产生数以亿计的数据。如今需要处理的数据量越来越大，并且数据量仍在以指数的形式增长，同时用户对数据处理的实时性、有效性、精确性等也提出了更高的要求。海量复杂的大数据带来了很多新的技术性难题，传统的数据分析处理方法已经不适合。因此，大数据分析方法在大数据领域显得尤为重要，甚至决定了最终数据信息是否具有真正的实用价值。

由于大数据复杂多变的特殊属性，目前还没有成熟的大数据分析方法体系，因为不同的学者对大数据分析方法的看法不一。但是总结来看，主要包括三种体系，分别是面向数据视角的分析方法、面向流程视角的分析方法和面向信息技术视角的分析方法。

面向数据视角的大数据分析方法主要是以大数据分析处理的对象——"数据"为依据，从数据本身的类型、数据量、数据处理方式以及数据能够解决的具体问题等方面对大数据分析方法进行分类。例如，利用历史数据及定量工具进行回溯性数据分析来对模式加以理解并对未来做出推论，或者利用历史数据和仿真模型对即将发生的事件进行预测性分析。

面向流程视角的大数据分析方法主要关注大数据分析的步骤和阶段。一般而言，大数据分析是一个多阶段的任务循环执行过程。

面向信息技术视角的大数据分析方法强调大数据本身涉及的新型信息技术，从大数据的处理架构、大数据系统和大数据计算模式等方面来探讨具体的大数据分析方法。

实际上，现实中往往综合使用这三种大数据分析方法。综合来看，大数据分析方法正在逐步从数据统计转向数据挖掘，并进一步提升到数据发现和预测。

二、大数据分析技术应用实例

1．社会网络大数据

在当今数字化时代，网络社会化已经成为人们生活的重要组成部分。越来越多的人依赖诸如微信、微博和 QQ 等社交媒体平台，这些网络行为无疑为社会创造了丰富的数据资源，社会网络已经成为联系网络信息空间和物理世界不可或缺的桥梁。

2．城市大数据

智慧城市通过大数据研究，解决城市扩张带来的诸多问题，包括智能交通、环境保护、能源管理、城市规划等。

（1）智能交通：智能交通系统的功能包括实时监控数据采集、智能疏导、公共车辆管理以及车辆辅助控制。

1）实时监控数据采集：通过收集各类交通数据为城市交通管理部门提供实时、准确的信息支持。

2）智能疏导：基于大数据分析及时发现交通拥堵等问题，并通过实时调整信号灯配时实现智能疏导，提高道路通行效率。

3）公共车辆管理：通过分析乘客需求、车辆运行状况等信息，优化公共交通线路规划，提高公共交通服务质量。

4）车辆辅助控制：为驾驶员提供实时的交通信息，辅助驾驶者避免拥堵、减少事故发生，提高行车安全。

（2）环境保护：通过收集空气质量、水质、噪声等环境数据，实时监测城市环境状况，为环保决策提供数据支持。

（3）能源管理：大数据技术可监测城市能源消耗情况，优化能源结构，提高能源利用效率，降低碳排放。

（4）城市规划：基于大数据的城市规划能够更加精准地预测人口分布、就业需求等，为城市基础设施建设提供科学依据。

3．商业大数据

关联购买行为的客户群体大数据分析，已经渗透到零售行业、餐饮行业和电信行业等。

在零售行业，使用商业大数据能够精准地分析消费者的购买习惯和偏好，从而帮助企业进行商品推荐、促销策略制定和库存管理等；在餐饮行业，通过对消费者的用餐时间、口味偏好、消费能力等信息进行分析，餐饮企业可以提供更个性化的菜品推荐和服务，提高顾客满意度。此外，大数据分析还能帮助餐饮企业优化餐厅布局、配送路线等，提高运营效率；在电信行业，通过对用户通话记录、流量使用情况等数据的分析，电信运营商可以识别出高价值客户，并制定相应的营销策略，提高客户保留率。同时，大数据技术还可以帮助电信企业预测网络需求、优化网络资源分配，确保网络稳定运行。

4. 教育大数据

通过对教育中搜集的数据进行分析，用于教育发展、创造巨大潜在价值的数据集合。例如信息化校园、智能辅导系统和在线题库、认知诊断分析或习题资源分析与挖掘、学习平台活跃度预测。

知识拓展 大数据预测分析应用案例

1. 体育赛事预测

世界杯期间，谷歌、百度、微软和高盛等公司都推出了比赛结果预测平台。百度预测结果最为亮眼，预测全程 64 场比赛，准确率为 67%，进入淘汰赛后准确率为 94%。大数据技术在未来的体育赛事预测中将发挥越来越大的作用。

2. 股票市场预测

英国华威商学院和美国波士顿大学物理系的研究发现，用户通过谷歌搜索的金融关键词或许可以预测金融市场的走向。此前则有专家尝试通过社交媒体平台上的博文情绪来预测股市波动。

3. 用户行为预测

基于用户搜索行为、浏览行为、评论历史和个人资料等数据，互联网业务可以洞察消费者的整体需求，进而进行针对性的产品生产、改进和营销。例如，百度基于用户喜好进行精准广告营销、阿里巴巴根据天猫用户特征包下生产线生产定制产品、亚马逊预测用户点击行为提前发货均是受益于互联网用户行为预测。

4. 疾病疫情预测

基于人们的搜索情况、购物行为预测大面积疫情暴发的可能性，最经典的"流感预测"便属于此类。如果来自某个区域的"流感""板蓝根"搜索需求越来越多，自然可以推测该处有流感趋势。

5. 交通行为预测

基于用户和车辆的 LBS 定位数据，分析人车出行的个体和群体特征，进行交通行为的预测。交通部门可预测不同时点、不同道路的车流量从而进行智能车辆调度，或应用潮汐车道，用户则可以根据预测结果选择拥堵概率更低的道路。

单元 2 客户标签化与画像技术应用

在当今数据驱动的市场营销与客户关系管理中，客户标签化与画像技术的应用日益成为企业精准营销、个性化服务与提升客户满意度的关键。通过收集并分析客户的交易记录、浏览行为、社交媒体互动等多维度数据，企业能够为客户打上丰富的标签，并构建出清晰的客户画像。这些标签与画像不仅有助于企业深入了解客户需求与偏好，还能为市场细分、产品设计与营销策略的制定提供有力支持。

B 端客户画像

一、B 端客户画像

1．B 端客户画像的基本定义

客户画像，即客户信息标签化，是指企业通过收集与分析客户的主要信息数据之后，完美地抽象出一个客户的商业全貌，是企业应用大数据的基本方式。客户画像可以为企业提供足够的信息基础，能够帮助企业快速找到精准客户群体以及客户需求等更为广泛的反馈信息。

B 端客户画像可以定义为是针对企业客户的一种勾画目标客户、洞察客户特征、联系客户诉求与设计目标的有效工具。它涵盖了该组织所在行业的特征、现状（包括行业类别、产业链细分等）和自身企业特征（规模、发展阶段、市场、业务情况等），有助于快速验证对产品定位的准确性，以便随时补充所在垂直领域的相关信息以更加了解客户。

2．B 端客户画像的内容组成

客户画像的内容包括基本信息、业务信息、组织架构和关键角色。

基本信息：行业属性、地理位置、企业规模。

业务信息：业务概览、经营模式、付费能力、使用目标。

组织架构：组织自上而下有哪些机构，彼此之间有何联系。

关键角色：组织中所包含的各个岗位。

根据实际情况，可以进一步细化构建客户的关键角色画像，包括角色名称、基本信息、工作目标及使用场景。

角色名称：具体职位名称或是工种。

基本信息：文化水平、办公场地、平台偏好、使用频次。

工作目标：岗位职能、岗位责任和使用期望。

使用场景：以较为简练的叙述方式对日常工作的各个场景进行描述。

3．B 端客户画像的作用

（1）提高产品设计的针对性：对于产品、产研团队而言，通过对客户画像的分析可以迅速清晰产品定位，精确地对客户的一些差异化需求进行精准把控并制订出最适合的解决方案，而在产品迭代的阶段也能更加具有针对性地对产品的功能、交互进行完善，规避偏差风险。

（2）促进市场营销策略的优化：对于市场和销售团队而言，客户画像可以更加精准地定位目标客户群体，从而制定更加有效的市场营销策略。通过对不同客户群体进行细分，企业可以针对各个细分市场的特点，制订有针对性的营销方案，提高市场推广的效果。

（3）促进企业内部协作：客户画像有助于各部门之间的沟通和协作。在企业内部，不同部门可以根据客户画像进行协同工作，共同为客户创造更大的价值。

4．B端客户画像的构建步骤

（1）明确构建目的：当业务需求发生变动或产品出现需要解决的问题时，需要对客户画像进行构建或重新设计。例如，产品投入市场后的实际效益远低于预期，可能是由于对客户需求的理解存在误差，从而导致供应与需求之间的失衡。此时企业应重新设计客户画像，深入挖掘正确的需求，以适应目标客户。

（2）收集客户信息：对B端客户画像的信息收集来源包括内部信息和外部信息。内部信息包括业务方面相关文档、企业后台数据、销售团队访谈和企业管理层访谈；外部信息包括同行交流、付费数据、公司官网及行业资讯门户网站、相关新闻。

对B端客户画像的信息收集内容包括客户企业基本信息、客户主营业务信息、客户企业产业链信息及相关业务专业术语信息。

（3）客户信息核实：信息核实阶段实质上是采取直接沟通的方式，进行目标客户调研，包括客户访谈、问卷调查、实地调研以及咨询专家用户等。借助设计精良的问题收集所需数据，力求深入挖掘用户需求，以实现客户画像的完善。

（4）筛选与整合客户信息：在完成所有调研工作之后，应对收集到的数据进行严谨的筛选和整合。目的是发掘不同客户的共性特征并提炼关键的差异性需求，从而对客户进行更为真实地还原。

（5）构建客户画像：通过对共性特征的提炼，将相应特征反映在画像的各个部分，借助收集到的数据进行具体文字描述的对应转换，逐步构建出客户画像。

5．B端客户画像的常见构建误区

（1）实用性差：过度追求客户画像的形式感，在未明确标签添加意义的前提下对其他企业的客户画像进行盲目模仿，导致客户画像与目标客户业务、实际场景的关联度较低，难以真实反映客户需求。判断客户画像是否可用的直接方法是寻找明确的目标客户，通过访谈询问，将其痛点和使用场景引入真实工作场景，从而进行实际验证。

（2）片面追求标签数量：针对用户细节进行过度标签化处理，可能导致用户核心特征模糊。由此产生的问题在于，虽然在标签库中存在大量标签，但却难以准确把握客户关键需求，造成设计资源与成本浪费。构建画像必须始终坚持关注客户核心需求，并以核心需求为出发点进行需求拓展，集中资源优先解决最为关键的问题。

（3）不注重标签更新迭代：若想使产品长期紧密契合客户需求，就必须关注客户画像标签的维护和迭代升级。客户需求和业务均呈动态变化，产品供应方对用户的认知也应始终保持动态观察。若产品无法满足客户需求，客户很可能寻找更为合适的替代产品。

德技并修

在深入探究客户需求与行为模式时，我们强调"以人为本"的核心理念，这既是商业成功的关键，也是社会责任的体现。了解并尊重客户的真实需求与痛点，意味着我们的服务与创新要始终围绕提升人类福祉和社会进步展开。

同时，B端客户画像的构建必须坚守伦理与法律底线。在数据收集与分析的过程中，保护客户隐私、确保信息安全，不仅是对法律的遵循，更是对基本人权和社会公正的尊重。这要求我们在追求商业利益的同时，始终保持高度的社会责任感，坚守职业道德规范。

二、C 端客户画像

1. C 端客户画像的基本定义

C 端客户画像是指针对消费品市场中的消费者（End Consumer），通过收集、整理、分析消费者的个人信息、消费行为数据、心理特征等，构建出具有代表性的消费者群体形象。

C 端客户画像

2. C 端客户画像的内容组成

C 端客户画像主要包括基本信息、消费行为、兴趣爱好、心理特征。

基本信息：包括年龄、性别、籍贯、职业、教育程度、收入、资产、负债、信用评分等。

消费行为：包括购买力、购买频次、购买渠道、品牌忠诚度等。

兴趣爱好：包括娱乐、旅行、运动、美食等。

心理特征：包括价值观、生活方式、个性特点等。

3. C 端客户画像的作用

（1）提高市场预测准确性：通过对 C 端客户画像的研究，企业可以准确掌握目标市场的消费者需求变化，提高市场预测的准确性。

（2）优化产品设计与定位：客户画像有助于企业深入了解消费者的需求和痛点，从而优化产品设计，提高产品的市场竞争力。

（3）制定精准营销策略：基于客户画像，企业可以制定针对性的营销策略，提高广告投放效果，降低营销成本。

（4）提升客户满意度与忠诚度：通过对客户画像的研究，企业可以提供更个性化的产品和服务，从而提高客户满意度，培养客户忠诚度。

4. C 端客户画像的构建步骤

（1）明确目标市场：在构建 C 端客户画像之前，首先需要明确目标市场，即要关注的是哪个年龄段、哪个收入阶层、哪个地域的客户。明确目标市场有助于企业更有针对性地进行客户研究，从而提高客户画像的准确性。

（2）收集基础数据：收集目标市场相关的基础数据是构建客户画像的关键环节。这些基础数据包括人口统计学数据、消费行为数据、地域文化数据等。通过这些数据，我们可以对目标市场进行深入分析，为后续的客户画像构建奠定基础。

（3）分析客户需求：客户需求是客户购买产品或服务的初衷。通过分析客户在各个场景下的需求，可以更好地了解客户的痛点，进而优化产品和服务。分析客户需求的方法包括问卷调查、访谈、网络数据分析等。

（4）挖掘客户行为：客户行为是客户在购买和使用产品或服务过程中的实际表现。挖掘客户行为有助于了解客户对产品的真实态度以及找到客户之间的差异。通过对客户行为的分析可以发现潜在的业务机会，提高客户满意度。

（5）构建客户细分模型：客户细分是将具有相似特征的客户归为一类的过程。客户细分可以更好地了解不同类型的客户需求，制定有针对性的营销策略。构建客户细分模型时，通常要考虑客户的消费习惯、购买力、忠诚度等多个维度。

（6）持续优化客户画像：客户画像并非一成不变，而是需要不断进行优化和更新。随着市场环境和客户需求的变化，企业需要定期收集新的数据，对客户画像进行修正和完善。只有不断优化客户画像，才能确保营销策略的有效性，实现业务的持续增长。

三、B端客户画像和C端客户画像的区别

1. 产品选择不同

影响C端客户购买决策的因素中，品牌倾向、商品外观以及社交信息的影响等占据重要地位，这些因素具有较强的主观性和情感色彩，原因在于终端消费品对客户而言，更多时候是通过购买来实现自我满足和个性展示。简言之，消费者购买商品的目的在于满足个人需求，因此终端消费者在选购商品时，往往表现出较大的感性和主观性。

相较而言，B端客户的购买决策更为理性、谨慎且全面。影响B端客户购买的因素包括：易用性、投入产出比、业务赋能程度以及员工学习成本等。这是由于B端产品与用户盈利和运营密切相关，直接影响他们日常工作中所需的效率和收益。客户的核心目标是通过购买产品实现自身工作和业务的赋能，提升效率和盈利。简言之，B端客户购买决策的理性在于追求工作效率和公司收益的最大化。

2. 购买决策权不同

在消费市场中，C端与B端客户在购买决策权方面存在显著差异。一般来说，C端客户的购买决策较少受到社会关系的影响，产品的购买决策往往更加随性，只要客户具备足够的经济实力，便可随时随地进行购买。而B端客户的购买决策则相对较为受制于社会关系，这里所指的社会关系主要涵盖职业和岗位等因素。举例来说，一个基层员工因对公司现有系统不满，企图自发更换整个公司的系统，这种想法实现的可能性微乎其微。原因在于，在这条决策链中，基层员工始终扮演着使用者的角色，即使经济实力允许，也无法获得出资方的地位，最多只能提出建议，而无实际的购买权。唯有决策层的领导才能拥有出资的权利，因此，这种组织结构的本质特征决定了B端与C端客户在购买决策权上的本质区别。

3. 年龄、性别等因素的影响不同

在消费行为中，C端客户的需求倾向受到年龄、性别、职业和教育水平等因素的影响，尽管C端产品的购买决策较为自由，但产品定位仍需针对特定年龄层、性别等因素进行划分，以实现精准营销。例如某些App针对年轻人打造潮流社群，明确了年轻人群体作为主要客户。

然而，在B端市场，这些因素的参考价值相对较小。因为组织、公司或门店的员工构成复杂，从上到下可能涵盖了老、中、青三个年龄层次，男女员工均有，这些属性不会影响产品购买决策。除领导层外，其他员工通常无条件地接受和使用产品。在这种状态下，年龄、性别等因素的参考价值几乎不存在。

单元 3　流程自动化技术应用

在数字化转型的大潮中，流程自动化技术正以其高效、准确、可扩展的特性，成为企业优化业务流程、提升运营效率与降低成本的重要抓手。流程自动化技术通过模拟人类的操作

行为，自动化执行重复性高、规则明确的工作任务，不仅显著提高了工作效率，还减少了人为错误的发生。接下来，我们将深入探讨流程自动化技术的核心原理、应用场景与实施策略，揭示其如何为企业带来业务流程的智能化升级与运营效能的飞跃。

一、流程自动化技术概述

1．流程自动化定义

流程自动化，即机器人流程自动化（Robotic Process Automation，RPA）是一种通过软件机器人或虚拟助手来模拟和执行人类用户在计算机系统中的操作过程，从而实现自动化完成一系列重复性、规律性任务的技术。RPA 并不是具备机械实体的机器人，而是一个基于软件的解决方案，它整合了多种现代技术，如大数据、人工智能和云计算，以提升用户体验和工作效率。

2．RPA 的技术架构和功能

典型的 RPA 平台架构至少会包含开发工具、运行工具、控制中心等三个组成部分。

（1）开发工具：RPA 开发工具主要用于建立软件机器人的配置或设计机器人。通过开发工具，开发者可以为机器人执行一系列的指令和决策逻辑进行编程。RPA 开发工具一般由记录仪、插件/扩展、可视化流程图组成。

（2）运行工具：开发工具也是运行工具，当 RPA 应用开发工作完成后，用户可使用该工具来运行已有软件机器人，也可以查阅运行结果。

（3）控制中心：主要用于软件机器人的部署与管理，包括开始/停止机器人的运行、为机器人制作日程表、维护和发布代码、重新部署机器人的不同任务、管理许可证和凭证等。

3．RPA 工作原理

（1）感知层：RPA 需要通过感知层来获取输入数据和输出结果。感知层通常包括鼠标、键盘、屏幕等硬件设备和输入输出接口。在执行任务时，RPA 会模拟人类操作这些设备和接口，从而实现与计算机系统的交互。

（2）控制层：控制层是 RPA 的核心部分，负责管理任务流程、决策逻辑和异常处理。在执行任务时，RPA 会根据预先定义好的流程图或脚本指令，按照一定的顺序进行操作，并根据不同情况进行判断和处理。

（3）智能层：智能层是 RPA 技术的重要组成部分，可以提高其自动化水平和应用范围。智能层包括机器学习、自然语言处理、图像识别等技术，在处理非结构化数据和复杂业务场景时发挥着重要作用。

（4）集成层：集成层是将 RPA 与其他系统或应用程序进行集成的关键环节。RPA 可以通过 API、Web 服务等方式与其他系统进行交互，实现数据传输和业务流程的自动化。

（5）安全层：安全层是保障 RPA 应用安全性和稳定性的重要保障。RPA 需要具备对数据加密、身份认证、访问控制等方面的能力，以确保敏感信息不被泄露或篡改，并防止未经授权的访问。

二、RPA 的部署方式

1．私有化部署

RPA 软件和数据库均部署在企业自己的服务器上，以满足对内容安全性、私密性要求较高的客户的需求。这种部署方式的优点是可以让企业根据需求灵活配置，保障安全性，内部数据和系统可成为企业私有财产；缺点是费用较高，开发周期较长，需要专业人员进行维护。

2．公有云部署

RPA 软件部署在云环境中，企业开通账户，借助互联网应用自动化功能，能够满足对上线要求较快的客户的需求。这种部署方式的优点是部署成本较低，效果转化快，不受场所限制，操作简便；缺点是自动化程度有限，受限于 Web 浏览器任务。

3．混合部署

混合部署即部分私有化部署、部分公有云部署。控制中心、OCR、NLP 等服务模块部署在云端，以便维护和更新，机器人和其他数据敏感的模块则可部署在本地。这种部署方式的优点是定制灵活，贴合需求，成本相对比较合理；缺点是管控难度较大。

三、RPA 的应用价值

1．大幅度提升企业运作效率

随着计算机技术的发展，大量企业业务操作步骤中一些原本靠人工进行的操作环节，可以通过 RPA 技术实现自动化，以此来快速处理重复性高且细节烦琐的业务流程，从而大幅度提升效率，有效节约成本。

2．降低人工操作的风险

将既定的流程改用 RPA 软件机器人来执行之后，"机器人"不会疲倦、不会犯错，而且不会受人的主观情感因素的影响，这些都能有效降低操作的风险。

3．提高系统灵活性

RPA 在对接客户的各类系统时具有非常强大的先天优势，在进行操作时不用改造原有的系统，而是直接模仿人类行为进行操作，且灵活性、保密性更好。执行全过程可留存操作和访问痕迹，以便于回溯，对接各系统时非常可靠。

四、RPA 产品的核心功能

1．模拟人工执行用户操作

RPA 的一项关键能力是可自动控制计算机，调用操作系统的底层接口，模拟人工来执行相关的操作。

2．非侵入式外挂部署

RPA 运行于更高的软件层级，它不会侵入和影响已有的软件系统，而是在表现层对这些系统进行操作，其本质就是一个"外挂"程序，可以模拟人的操作行为去访问当前系统。

3．可视化的流程设计

RPA 通过可视化的拖拽设计方法降低流程编写门槛，为那些熟练掌握业务流程但只有很少编程经验的业务人员提供便利。

4．快速灵活的运维

RPA 的开发周期短，开发好的流程可以由控制中心灵活地分配给待命状态的机器人进行处理，这种流程和执行器分离的设计原则让后续的运维工作也变得便捷了很多。

5．对接调用外部组件

为了让 RPA 的能力成倍地增长，一个很关键的能力是可以对接和调用外部的组件来扩展其功能。

> **知识拓展** RPA 行业的主要企业及软件
>
> #### 1．UiPath
> UiPath 是成立于 2005 年，是目前 RPA 行业势头最为强劲的公司之一，致力于开发机器人流程自动化（RPA）平台，其软件开发平台也被称为 UiPath。
>
> #### 2．Blue Prism
> Blue Prism（简称 BP）成立于 2001 年，是国外比较成熟的 RPA 项目开发企业。其开发平台也被称为 Blue Prism。
>
> #### 3．Automation Anywhere
> Automation Anywhere（简称 AA）成立于 2003 年，该公司产品 Automation Anywhere Enterprise 的技术特色是纯 Web 内核，采用云服务架构。
>
> #### 4．艺赛旗 RPA
> 艺赛旗 RPA 成立于 2011 年，是我国首家提供 RPA 产品的专业厂商，该公司产品为 iS-RPA Studio 开发平台，艺赛旗 RPA 以纯粹自动化的形式，快速高效地帮助企业完成各种流程化工作
>
> #### 5．新来也 UiBot
> 来也科技 2015 年创办，2019 年与 RPA 公司奥森科技 UiBot 合并成"新来也"，其开发平台叫作 UiBot。

五、RPA 在物流行业的应用场景

1．危险货品运输

RPA 可以自动登录危险货物道路运输安全监管网站，进入运单申报页面，批量按照运单申请表中的内容自动填写调度、托运等信息，并将申报结果回填到表中，高效、准确地完成当日所有表单的申请填报工作，节省了大量人力、时间成本。

2．异常件处理

RPA 可以自动将物流异常件数据上报到物流后台系统，进行异常件数据的处理。7×24 小时无间断工作，高效、稳定、准确，有效缓解业务高峰期的人手不足带来的影响，从而降低企业人力成本。

3．采购和库存流程自动化

库存需要制造商和供应商定期监控和维护，以确保他们有足够的库存水平满足客户需求。RPA 能够监控库存水平，通知库存水平何时变低，以便团队可以订购产品，并提供实时报告以优化库存需求。

4．数据查询、捕获与分析

第三方运营商和供应商在为企业提供业务发展机会的同时，也增加了多个系统的手动跟

踪等任务量。RPA 能够自动扫描和捕获运营商网站数据，如信息及发票金额跟踪，从而简化数据捕获与分析过程。借助 RPA，可以定期查询运营商跟踪系统 / 网站并检索交付信息证明。将所得数据与企业仓库管理系统中的原始订单记录相链接，以便更有效地跟踪并迅速响应客户查询。

5．运单处理

RPA 能够自动完成所有运单号进港下车扫描的操作。机器人登录物流后台系统进入派件出库页面，自动将 Excel 表中的运单号填写到扫描区中，完成运单号进港下车扫描。

部署 RPA 可以使整个物流过程变得方便快捷，显著提高运营效率和生产力，消除货物积压，改善客户体验。RPA 代替员工处理各类数据信息，不仅有效避免了人为错误，也节省了人工成本。

技能实训

构建 C 端客户画像以优化产品体验

实训目标：

1．理解客户画像概念：深刻理解 C 端客户画像的定义、构成要素及其在产品开发与营销策略中的重要性。

2．数据收集与分析能力：能够运用多种方法收集客户数据，并运用数据分析工具识别客户特征、需求及行为模式。

3．画像构建与应用：基于分析结果构建详细的 C 端客户画像，并能将其应用于产品设计、功能优化及个性化营销策略中。

4．团队协作与沟通能力：通过小组合作，提升团队协作能力和跨部门沟通技巧。

实训内容：

1．客户数据收集：包括问卷调查、社交媒体分析、用户访谈、交易记录分析等方法。

2．数据分析工具使用：学习并使用 Excel、SPSS 等工具进行数据处理与分析。

3．画像构建：根据数据分析结果，定义目标客户群体，包括基本信息、兴趣偏好、消费习惯、痛点需求等。

4．策略制定：基于客户画像，设计产品改进方案或个性化营销计划。

情境描述：

假设你是一名产品经理，负责一款面向年轻职场人士的在线健康管理 App。近期，用户增长放缓，活跃度下降，需要通过对 C 端客户进行深入分析，构建精准客户画像，以指导产品迭代和营销策略调整，提升用户体验和留存率。

实训总结：

该实训考验小组成员间的团队合作能力，实训过程涉及问卷调研、数据分析、画像构建以及报告撰写，在此提供实训流程以供参考。

第一步：小组内部讨论，确定数据收集的具体方法和目标样本量。

第二步：实施数据收集，记录过程，注意保护用户隐私。

第三步：学习并实践数据分析工具，对收集的数据进行预处理和分析。

第四步：根据分析结果，撰写客户画像报告，包含但不限于客户基本信息、行为模式、需求痛点等。

第五步：基于画像，小组讨论并提出具体的产品改进或营销策略，形成提案。

第六步：准备 PPT 或报告，进行小组展示，分享发现与提案，接受师生提问与建议。

内容小结

本模块主要介绍大数据的定义、大数据分析的概念和流程以及大数据分析的类型，进一步介绍了大数据分析的主要方法和应用场景。

画像技术部分，介绍了 B 端客户画像以及 C 端客户画像的定义、内容组成、作用，阐释了 B 端客户画像的构建误区，说明了 B 端客户画像以及 C 端客户画像的构建步骤以及两者之间的区别。

流程自动化技术应用部分，介绍了 RPA 的定义、技术架构和功能，阐释了 RPA 的工作原理和部署方式，说明了 RPA 产品的核心功能，介绍了 RPA 技术在物流行业的应用场景。

课后习题

一、单选题

1. B 端客户画像的内容组成不包括（　　　）。

　　A. 基本信息　　　　B. 业务信息　　　　C. 组织架构　　　　D. 兴趣爱好

2. C 端客户画像构建的首要步骤是（　　　）。

　　A. 明确市场目标　　　　　　　　B. 收集基础数据

　　C. 分析客户需求　　　　　　　　D. 挖掘客户行为

3. B 端客户画像和 C 端客户画像的区别不包括（　　　）。

　　A. 产品选择　　　　　　　　　　B. 购买决策权

　　C. 标签化　　　　　　　　　　　D. 年龄、性别影响

4. （　　　）是保障 RPA 应用安全性和稳定性的重要保障。

　　A. 感知层　　　　　B. 安全层　　　　　C. 控制层　　　　　D. 智能层

5. RPA（　　　）主要用于建立软件机器人的配置或设计机器人。

　　A. 开发工具　　　　B. 运行工具　　　　C. 控制中心　　　　D. 安全中心

二、多选题

1. 大数据的特征包括（　　　　）。
   A. 体量大　　　　　B. 类型多　　　　　C. 速度快　　　　　D. 价值密度低
2. 大数据分析流程包括（　　　　）阶段。
   A. 数据采集　　　　B. 数据清洗　　　　C. 数据管理　　　　D. 数据呈现
3. B 端客户画像的构建误区包括（　　　　　）。
   A. 实用性差　　　　　　　　　　　　B. 片面追求标签数量
   C. 不注重标签更新迭代　　　　　　　D. 商品外观不占据重要地位
4. C 端客户画像主要包括（　　　　　）。
   A. 基本信息　　　　B. 消费行为　　　　C. 关键角色　　　　D. 心理特征
5. RPA 的工作原理包括（　　　　）。
   A. 控制层　　　　　B. 安全层　　　　　C. 感知层　　　　　D. 智能层

三、判断题

1. 大数据具有巨大的潜在价值，因此其实际价值密度相对较高。　　　　　（　　）
2. 数据分析根据分析深度可以分为描述性分析、预测性分析、规则性分析三个层次。
   　　　　　　　　　　　　　　　　　　　　　　　　　　　　　　　　（　　）
3. C 端客户画像可以定义为是针对企业客户的一种勾画目标客户、洞察客户特征、联系客户诉求与设计目标有效的工具。　　　　　　　　　　　　　　　　　（　　）
4. C 端客户的购买决策较少受到社会关系的影响，产品的购买决策往往更加随性，只要客户具备足够的经济实力，便可随时随地进行购买。　　　　　　　　　　（　　）
5. RPA 私有化部署缺点是费用较高，开发周期较长，需要专业人员进行维护。（　　）

课后评价

评价项目	具体内容	分值	得分
知识目标	掌握 B 端客户画像的内容组成以及构建误区	15	
	掌握 C 端客户画像的内容组成	10	
	掌握机器人流程自动化产品的核心功能	10	
技能目标	能够结合实际案例进行 B 端客户画像构建	15	
	能够完成技能实训中对 C 端客户画像的构建	25	
素养目标	能够具有数字思维和数据分析意识	15	
	具有良好的团队协作与沟通能力	10	
合　　计			
小组成员			
评阅教师			

模块三
数字化仓储与库存

学习目标

知识目标：

- 理解数字化仓储管理系统发展的新趋势；
- 了解可视化工具的概况及应用过程；
- 了解单周期库存和多周期库存的异同及对应优化策略。

技能目标：

- 能够通过选用合适的可视化工具，解决实际工作中的数据可视化问题；
- 能够使用相关库存优化策略解决实践问题；
- 能够为中小规模企业设计适合的 WMS。

素养目标：

- 具有良好的职业责任感、成本意识与职业精神；
- 具有良好的数字技术实践素养；
- 具有良好的 5S 意识与物流作业成本意识。

导入案例

仓储管理 WMS 是如何集成为智慧仓库的？

随着生产任务的不断增加，某单位仓库采用的传统手工管理方式进行入库、分拣、出库、盘点等操作已无法满足现代生产的效率和质量要求。当前的作业模式缺乏系统性管理，导致物料存放位置仅能依靠人工记忆，这不仅降低了作业效率，也影响了作业质量。此外，库房的配套能力不足，已成为制约产能进一步提升的关键因素。

为解决这些问题，单位亟须建设一套仓库管理系统。该系统将实现物料出入管理的无纸化，通过扫码代替人工填写，从而简化和优化入库、分拣、出库、盘点等操作流程。此外，系统还需与立体库 WCS、AGV 调度系统以及 MES 进行集成，以实现从物料入库到产线配送的整个物流过程的数据采集和信息化管理，确保仓库运作的高效性。

仓库管理系统（WMS）处于智能仓储配送系统总体架构的中间层，其下层为各物联网技术应用子系统，本项目包括立体库系统和 AGV 系统；其上层为企业决策层，本项目为生产管理系统（MES）。WMS 与 MES 集成，获得生产配套需求，按需下发出入库和配送任务给各子系统的控制层，完成对物资出入库、配送等全过程的智能管控。WMS 架构如图 3-1 所示。

生产管理系统 MES					
仓库管理系统 WMS					
物料管理	入库类型配置	出库计划管理	库存查询	实时监控	组织管理
标签管理	入库任务管理	定位与分拣任务生成	库存冻结	统计报表	人员管理
裁具管理	物料与裁具绑定	分拣容器绑定	库存转移/调整	查询分析	角色管理
仓库管理	入库库存处理	齐套检查	库存盘点	看板	系统日志
基础数据管理	入库管理	出库管理	库内管理	查询和报表	系统管理

立体库 WCS 系统			AGV 调度系统		
堆垛机	输送机	穿梭车	AGV1	AGV2	AGV...

图 3-1　WMS 架构

在现代智能仓储配送系统中，WMS 作为架构中的核心部分，承担着连接物联网技术应用子系统和决策层的重要任务。通过与 MES 的集成，WMS 能够实时捕捉生产需求，并智能地分配任务给各子系统的控制层，实现了对物资出入库、配送等全过程的智能化管控。

仓库管理系统具备全面的功能，包括基础数据管理、入库管理、出库管理、库内管理、查询报表、系统管理等多个方面。此外，它还拥有对外集成接口，能够与 WCS、AGV 调度系统、MES 进行集成，为硬件设备管理及资源调度奠定基础。

通过这些功能的实施，仓库管理系统不仅提高了工作效率，还提升了作业的精确度和质量，为单位的生产任务提供了有力的支持。

思考：与传统手工方式相比，仓库管理系统有哪些特殊功能？

单元 1　WMS 构成与应用

在竞争激烈的商业环境中，企业面临着提高仓库管理效率和降低成本的双重挑战。传统的仓库管理方式依赖于人工操作，已经无法满足现代企业对多样化、复杂化仓库作业和库存控制的需求。为了解决这一问题，仓库管理系统（WMS）应运而生。

WMS 是仓库管理系统（Warehouse Management System）的缩写，是一种综合性的管理系统，它通过入库管理、出库管理、库存调拨和虚仓

数字化仓储管理系统

管理等功能，结合批次管理、物料对应、库存盘点、质检管理、虚仓管理和即时库存管理等手段，有效地控制和跟踪仓库业务的物流和成本管理全过程。此外，WMS 不仅能够独立执行库存操作，还可以与其他系统的单据和凭证结合使用，提供全面的企业业务流程和财务管理信息，如图 3-2 所示。

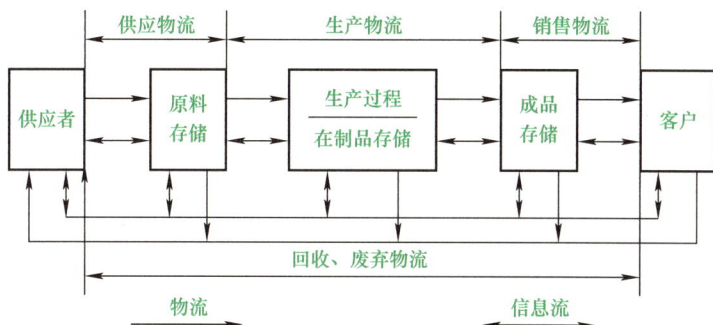

图 3-2 供应链中企业内部物流与信息流的流动

当 WMS 与企业资源计划（ERP）系统以及供应链管理（SCM）模块集成时，它能够促进企业与贸易伙伴和贸易联盟之间的轻松交流合作，从而创造更多的商机。

WMS 的应用范围广泛，涵盖了原材料、在制品和成品的存储管理，为企业的仓储信息管理提供了完善的解决方案。

一、WMS 构成

1. 仓库管理模块

一个城市可能存在多个仓库，所以需要对应获取订单管理系统的城市数据。仓库数据包含：

（1）仓库编码：系统按照编码规则，自动生成编码，不可二次编辑。

（2）仓库名称：系统或者一个城市有多个仓库的时候，便于查询和管理。

（3）仓库所属城市：按照城市对仓库进行划分。

（4）仓库位置：仓库实际所在位置。

（5）仓库状态：可设置为可用或不可用。如果设置仓库为不可用，则需确定该仓库下无商品库存。

2. 库区管理模块

在城市—仓库的树状结构下，每个仓库会有不同的库区划分。

库区所属类型需根据仓库实际情况设定，一般包含常温区、冷冻区、冷藏区、分拣区、收货区等。

3. 库位管理模块

在城市—仓库—库区的树状结构下，每个库区会有不同的库位划分。库位是仓库中的最小储存单位。在仓库存放商品时，每个商品都会定位到对应存放的库位下，生成唯一的基本条码序列号标签，用户可以根据自己的需要定义序列号。每种型号的产品都有固定的编码规则，在数据库中可以对产品进行添加、删除和编辑等操作。

4．采购管理模块

（1）采购订单：当需要采购的时候，可以填写采购订单，此时并不影响库存。

（2）采购收货：当采购订单被批准，完成采购后到货的时候，首先需要给货物贴上条码序列号标签，然后在采购收货单上扫描此条码，保存之后库存自动增加。

（3）其他入库：包括借出货物归还、退货等只需要填写采购收货单。

5．仓库管理模块

（1）产品入库：采购入库或者其他入库可自动生成入库单号，同时可以区分正常入库、退货入库等不同的入库方式。

在商品上架过程中，系统可以根据 ABC 分类法，自动计算最佳上架货位，提供给系统控制者。在此基础上，系统支持人工干预，系统提供已存放同品种的货位和仓库剩余空间。系统可以根据避免存储空间浪费的原则，给出建议的上架货位并按优先度排序，排列优先放置的库位和物品。

（2）产品出库：销售出库或者其他出库，可以自动生成出库单号，可以区分正常出库、赠品出库等不同的出库方式。

（3）库存管理：不需要手动管理，当有入库和出库发生时，系统自动生成每类产品的库存数量，查询方便；系统支持自动补货，通过自动补货算法，不仅确保了拣选面存货量，也能提高仓储空间利用率，降低货位蜂窝化现象出现的概率。此外，系统能够对货位进行逻辑细分和动态设置，在不影响自动补货的同时，有效地提高了空间利用率和控制精度。

（4）调拨管理：针对不同的库之间需要调拨，可以自动生成调拨单号，支持货品在不同的仓库中任意调拨。

（5）盘点管理：用户随时可以盘点仓库，自动生成盘点单据，使盘点工作方便快捷。

（6）库存报警：当库存数量低于某个量的时候，系统报警。

6．销售管理模块

当销售出库的时候，首先填写销售出库单，此时不影响库存。之后，将销售出库产品序列号扫描至该出库单上，保存之后，库存报表自动减少该类产品。

7．报表生成模块

月末、季度末以及年末销售报表、采购报表以及盘点报表可自动生成，用户可自定义需要统计的报表。

8．查询模块

查询模块功能包括采购单查询、销售单查询、单个产品查询、库存查询等（用户定义）。查询都是按照某个条件进行的，如条码序列号、出库日期、出库客户等。

9．履历查询模块

可以货物、工作人员、客户为中心进行履历管理，包括货物在库履历、人员作业履历、客户业务履历。

WMS 功能模块如图 3-3 所示。

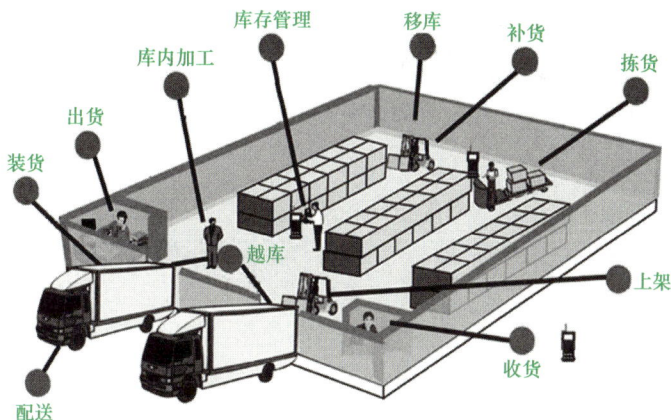

图 3-3　WMS 功能模块示意图

二、WMS 的作用及应用

（一）WMS 的作用

1．货位管理

在 WMS 中，采用数据收集器读取产品条码是一个关键步骤。这一技术手段能够帮助我们快速查询到产品在仓库中的具体位置，如 M 产品位于 X 货区的 Y 航道的 Z 货位，从而实现产品的全方位管理。通过使用终端或数据收集器，我们可以实时地查看货位的货量存储情况、空间大小以及产品的最大容量，这样的管理方式使得货仓的区域、容量、体积和装备限度得到有效的控制和规划。

2．产品质检

在生产流程中，产成品在包装完成后贴上条码，并运输到仓库的暂存区，以等待进一步的检验。到达仓库后，质检部门负责对产品进行细致的检验。对于那些不合格的产品，质检人员会使用扫描器扫描其包装上的条码，并在采集器上做出相应的记录。这一步骤是确保所有不合格的产品都能被准确地追踪和记录。

检验工作完成后，质检人员会将采集器与计算机系统相连接，将所记录的数据上传到系统中。这样，所有的检验信息都能被准确地保存在系统中，便于后续的查询和追溯。对于合格的产品，质检部门会生成质检单，详细记录产品的检验结果和相关信息。然后，这份质检单会被交给仓库的保管人员。仓库保管人员根据质检单，执行产品的生产入库操作。这一步骤确保了合格的产品能够被正确地存储在仓库中，为后续的销售和分发做好准备。

3．产品入库

在现代物流管理中，智能化的入库流程极大地提高了效率和准确性。首先，系统会从数据库中下载入库任务，并将任务信息传输到采集器中。当入库操作开始时，工作人员会扫描第一件产品的包装条码，并在采集器上输入该产品的相应数量；接着扫描指定的货位条码，采集器会自动核对入库任务中指定的货位，确保操作的准确性。

完成采集工作后，数据会被上传系统。系统会自动处理这些数据，并在数据库中记录此次入库的所有必要信息，包括品种、数量、入库人员、质检人员、货位、产品生产日期和班组等，这些信息的记录确保了库存管理的透明度和可追溯性。此外，系统还会对相应货位的产品进行累加，自动更新库存数量，避免了人为错误，提高了工作效率。

4. 物料配送

在现代化的仓库管理中，配料清单的生成和应用变得尤为重要。这些清单是根据不同的货位生成的，并且包含非常详尽的配料信息。这些信息不仅包括配料的时间和工位，还包括配料的明细和数量等关键数据。

当仓库的保管人员在拣货时，系统能够根据条码信息自动形成预警。如果出现了错误的配料，无论是明细还是数量，系统都会及时发出预警提示。这样的智能提醒功能极大地提高了仓库管理人员的工作效率，减少了人为错误，提升了作业的准确性。

5. 产品出库

在产品出库流程中，仓库管理人员根据销售部门的提货单进行操作。此流程强调先入先出的原则，以确保产品的有序出库。工作人员使用系统来获取所需产品的数据，并将其下载到采集器中，以便进行下一步的任务制定。

采集器根据下载的数据，引导工作人员到指定的货位。到达货位后，工作人员首先扫描货位条码，以确认位置的正确性。接着扫描产品条码，系统会检查是否满足出库任务的条件。如果条件满足，工作人员输入所需数量，执行出库操作；同时，系统还要求工作人员核对或记录运输单位及车辆信息，这有助于后续对产品的跟踪和追溯。

如果在检查过程中，产品不符合出库条件，采集器将发出报警提示，以便工作人员及时处理。这样的智能系统不仅提高了出库操作的效率，还确保了产品出库的准确性和可追溯性，为物流管理提供了有力的支持。

6. 仓库退货

在现代物流管理中，退货流程是一个重要的环节。首先，工作人员会根据实际的退货情况，扫描退货物品的条码。这一步骤确保了每一件退货物品都能被准确地追踪和记录。扫描条码后，系统会根据扫描信息生成退货单，退货单会详细记录退货物品的信息，如品种、数量、退货原因等。工作人员会仔细核对退货单上的信息，确认无误后，系统会进一步生成退货明细。

退货明细会包含更加详细的信息，如退货时间、退货人员、退货物品的货位等。这些信息的记录确保了退货流程的可追溯性和透明度。最后，系统会自动进行账务的核算。这一步骤确保了退货流程中财务信息的准确性和完整性。账务核算包括退货金额、退货成本等财务数据的计算和记录。

整个退货流程的智能化管理，不仅提高了退货操作的效率和准确性，也优化了库存管理和财务核算，为企业的物流和财务管理提供了强有力的支持。

7. 仓库盘点

根据企业的内部管理规范，仓库盘点是一个定期进行的必要环节。首先，工作人员会在系统中设置盘点任务，这些任务会根据需要盘点的仓库和品种等条件进行定制。一旦盘点任务制定完成，系统会将盘点信息下载到采集器中，方便工作人员在仓库中进行实时的数据采集。

接下来，仓库的工作人员会根据盘点任务的要求，前往指定的区域。他们通过扫描产品条码的方式，将产品的信息输入到采集器中，并记录产品的数量。这一过程确保了每一件产品都能被准确地盘点和记录。当采集工作完成后，工作人员会将采集器中的数据上传到系统中，系统会根据上传的数据自动生成盘点报表。这些报表会详细记录仓库中每一品种的数量，以及任何可能的差异。

生成的盘点报表对于企业来说至关重要，它们不仅提供了准确的产品库存信息，还可以帮助企业及时发现和解决库存管理中的问题。

8．库存预警

为了提高效率和减少错误，企业会采取一系列的措施来优化仓库库存管理。首先，企业可以为仓库总量和每个品种设置上下警戒线，这些警戒线是基于历史数据和未来预测进行分析得出的，它们能够帮助企业及时了解库存状况。当库存数量接近或超出这些警戒线时，系统会自动发出报警提示。这一功能确保了企业能够及时发现潜在的库存问题，从而能够快速做出反应。

在接收到报警提示后，企业可以及时进行生产、销售等的调整。例如，如果库存数量接近警戒线，企业可以增加生产或调整销售策略，以避免库存短缺或过剩的情况发生。通过这种方式，企业能够优化生产和库存管理，确保库存水平既不会因过高而导致资金占用过多，也不会因过低而导致供应不足。通过为仓库总量和每个品种设置上下警戒线，并在库存接近或超出警戒线时发出报警提示，企业能够更有效地管理库存，提高运营效率，并减少库存相关风险。

9．质量追溯

在智能化的信息管理系统中，对产品流向的追踪和控制是一个核心功能。该系统能够根据各种属性，如生产日期、品种、生产班组、质检人员、批次等，对产品的流向进行详细跟踪。此外，系统还支持向上追溯产品，以便在需要时可以查找到产品的详细信息，如产品属性、操作点等。

为了满足不同部门的需求，系统提供了多客户端设置，每个部门可以根据其职责和需求，被赋予不同的权限。这意味着无论是生产部门、质检部门、销售部门还是领导决策部门，都能在第一时间内查询到与其相关的、准确的生产、库存、销售等信息。这些信息不仅可以用于日常的运营管理，还可以用于深入的数据分析，以便于部门做出更明智的决策。

最后，系统还提供了报表生成功能。各种报表可以根据预先设定的格式生成，并且可以进行打印。这对于记录信息、汇报工作或是进行决策支持都是非常有用的。这样的信息管理系统不仅提高了工作效率，也提升了管理的精确度和有效性。

（二）WMS 应用

WMS 是企业处理物流业务体系结构的一个子系统，具有充分的可扩展性，能够与现有系统的接口集成，与其他系统协同运作，进一步提升企业的物流管理效率。

WMS 作为仓储管理信息化的实施工具，在我国市场上应用越来越广泛。本文将从应用角度概述国内企业 WMS 的应用状况。

首先，国内企业的 WMS 应用主要集中在基于配送中心业务的模型中，这包括销售物流中的连锁超市配送中心和供应物流中的生产企业零配件配送中心。以北京某医药股份有限公司的现代物流中心为例，该系统的设计目标是为了遵循国家医药物流管理标准 GSP，并通过流程优化提升作业效率。系统功能涵盖进货、库存、订单、拣选、复核、配送、RF 终端管理以及商品与货位信息管理等模块，通过网络化和数字化的手段提升库内作业控制和任务调度。实施结果表明，系统成功将配送时间缩短了 50%，订单处理能力翻倍，并实现了显著的社会效益，成为医药物流领域的示范项目。此类系统在制造业和分销业的供应链管理中广泛应用，是 WMS 中最为普遍的一类。

WMS 的分类中，第二类专注于整合仓储作业技术，主要解决自动化设备信息系统之间的整合与优化问题。例如，武钢某热轧厂的生产物流信息系统就是解决原材料库（钢坯）、半成品库（粗轧中厚板）与成品库（精轧薄板）之间协调运行的典型例子。这类系统的关键在于将物流系统与轧钢流水线的自动化设备系统无缝对接，使库存成为流水线的一个环节，同时也让流水线成为库存操作的一部分。各种专用设备均有自己的信息系统，WMS 不仅要整合设备系统，也要整合工艺流程系统，还要融入更大范围的企业整体信息化系统中去。这些系统通常涉及规范化和专业化的流程，常作为一个重要组成部分嵌入大型 ERP 系统中。

第三类 WMS 则以仓储业的经营决策为核心，具备灵活的计费系统、精准的核算系统和全面的客户管理系统，为仓储经营提供决策支持。华润物流有限公司的润发仓库管理系统就是此类系统的代表，此类系统多适用于提供公共仓储服务的企业，其流程管理、仓储作业的技术共性多、特性少，适合对多数客户提供通用的服务。通过采用适合自身特点的 WMS，公司降低了人工成本，提升了仓库利用率，实现了经济效益的增长。

WMS 的核心理念在于高效的任务执行和流程规划策略，建立在成熟的物流理念之上。高性能的 WMS、高效的管理流程和先进的设备共同构成了成功的仓储管理。WMS 通过不同的功能模块支持企业仓储配送的执行，并适应商务策略、电子商务、客户需求、现代化设备、订单大小和结构环境的变化。它提高了作业效率与资源利用率，降低了物流成本，增强了客户服务水平，实现了对大型仓库或配送中心所有执行过程的有效管理，从而使企业仓储管理策略长期处于领先地位，帮助企业建立了物流管理的核心竞争力，诠释了现代化物流管理的理念。

三、有效库存控制系统的管理要求

1. 明确自身需求，选择合适的库存控制系统

在选择库存控制系统之前，企业需要明确自己的需求，包括仓库的规模、吞吐量、货物类型、业务流程等。根据这些详细需求，企业可以更准确地选择适合自己运营的库存控制系统。

2. 选择经验丰富的库存控制系统服务商

由于库存控制系统的开发和运行涉及复杂的技术和流程，需要丰富的经验和专业知识。企业在选择库存控制系统服务商时，选择一家经验丰富、专业从事库存控制系统开发的服务商至关重要。

3. 注意与其他系统的集成

为了实现数据的无缝共享和业务流程的自动化，库存控制系统需要能够与企业的 ERP、MES、SRM 等现有系统集成。在选择库存控制系统时，企业应确保新系统能够与这些系统无缝对接。

4.完善网络基础建设

库存控制系统依赖于稳定的网络环境，因此在实施库存控制系统前，企业必须确保网络基础设施能够支持系统的运行需求。

5.重视库存控制系统培训

库存控制系统是一套复杂的软件系统，对于库存控制系统的操作人员来说，培训是非常关键的，由于系统本身较为复杂，员工需要通过专业培训来掌握正确的操作方法。企业应在系统部署后安排专门的培训课程，以确保员工能够熟练使用系统。

6.定期维护和升级库存控制系统

随着时间的推移和企业业务的发展，系统的功能和性能可能需要调整以适应新的需求。因此库存控制系统需要定期维护和升级，以确保系统能够正常运行并满足企业不断变化的需求。企业应与服务商签订长期的维护和升级协议，确保系统能够持续稳定地运行。

知识拓展

在经济全球化和电子商务蓬勃发展的双重驱动下，企业界对构建高效、透明且灵活多变的供应链体系的需求急剧攀升。技术领域的飞速进步，特别是物联网（IoT）、人工智能（AI）、机器学习及大数据分析等前沿技术的深度融合，正引领 WMS 向更高层次的智能化与自动化迈进。这些技术的协同作用，使其能够执行更为精准的库存预测、维持最优库存水平、加速订单处理流程，显著提升客户服务质量。

与此同时，云计算技术的广泛采纳为 WMS 的革新开辟了新路径，它赋予系统前所未有的灵活性与可扩展性，极大降低了系统的实施与维护成本，使企业能够轻松地根据业务需求进行快速调整与扩展。

面对瞬息万变的市场环境，WMS 展现出了强大的适应力，能够迅速响应新兴销售渠道的崛起、消费者偏好的快速变迁以及供应链网络的日益复杂化。尤为重要的是，随着企业对实时数据监控与透明度需求的不断提升，WMS 在保障食品安全、医药监管等高度敏感领域的作用愈发凸显，成为确保供应链稳健运行、严格执行行业规范的关键力量。

单元2 库存数据分析

库存数据分析可以帮助企业实时监控库存水平，确保库存处于适当的范围内。通过数据分析，企业可以准确地了解各种货物的库存量和使用情况，以便及时调配库存，避免库存积压和过度采购，从而优化库存周转率。这种实时的库存监控有助于降低库存成本，提高资金的利用效率。

一、单周期库存数据分析

单周期库存也称为一次性订货，是指产品在某一段时间或特定时间内产生的需求，产品的生命周期较短。通过对这类数据的分析，企业能够更准确地把握特定时期内的库存需求，识别出哪些库存物品在特定时期内具有较高的需求，从而避免过度库存或库存不足的情况。单周期库存商品包括：①报纸、月饼、圣诞树、新年贺卡、奥运会纪念章等；②易腐食品（如海鲜、活鱼、新鲜水果等）；③机器设备配件等。

单周期商品的特点与假设：①在一段时间之后不能再销售；②期末处理一些剩余产品或许能得到残值；③所做的决策是在期初订购多少产品；④需求是不确定的，但需求的概率分布是已知的；⑤如果需求超过订购量，就会失去潜在的销售机会，将导致缺货成本（缺货损失）；⑥假如需求量小于订货量，所有未销售出去的物品可能以低于成本的价格出售，这种损失称为过期（超储）成本。

因此单周期库存主要考虑两种成本：缺货成本和过期成本。缺货成本包括对信誉的损害与错过销售的机会成本。一般情况下，缺货成本用未实现的单位利润表示，即

$$C_u = 单位销售额 - 单位成本$$

如果短缺物品与生产过程或设备有关，则缺货成本可用延误生产的实际成本。过期成本属于期末剩余的物品发生的成本，是物品原始成本与残值之差，即

$$C_0 = 单位原始成本 - 单位残值$$

如果处置过期物品时发生了费用，会增加过期成本。

二、多周期库存数据分析

多周期库存也称为重复性订货，是指在足够长的时间内对产品的需求反复发生，其库存需求不断补充，如食品、日用品等。多周期库存数据分析关注长期、连续性的库存需求，通过对历史数据的分析，企业可以预测未来一段时间内的库存需求趋势，从而优化库存结构，确保库存物品的多样性和平衡性，制定更为合理的库存策略。

多周期库存主要考虑库存成本，库存成本是在建立库存系统时或采取经营措施时所造成的结果，与库存有关的费用通常分为两种：①随库存量增加而增加的费用，具体包括资金成本、仓储空间费用成本、物品变质成本以及税收和保险成本。②随库存量增加而减少的费用，具体包括订货费用、调整准备费用、购买费用和加工费用、生产管理费用和缺货损失费用。

计算库存总成本一般以年为时间单位，年库存成本包括以下四项：

（1）存储成本（Holding Costs，C_H）：指为保持库存而发生的成本，包括固定成本和变动成本。固定成本如仓库折旧、保管员固定工资等；变动成本如空间成本、资金成本、库存服务成本以及库存风险成本等。这部分成本与物品价值和平均库存量有关。

（2）订货成本（Ordering Costs，C_O）：指企业为了实现一次订货而进行的各种活动的费用，如分析供应商、来料验收、跟踪订货等各项费用。它只与订货次数有关，一般与一次订货量多少无关。

（3）购入成本（Purchasing Cost，C_P）：指购买或生产物资需要的费用，与物资的单价与数量有关。

（4）缺货成本（Shortage loss Costs，C_S）：指由于库存中断（如停产等）造成的损失。它反映失去销售机会带来的利润损失和信誉损失等，与缺货多少、缺货次数有关。

以 C_T 表示年库存总成本，则

$$C_T = C_H + C_O + C_P + C_S$$

库存管理的目标就是要使库存总成本 C_T 最小。

单元 3　库存数据可视化

将库存数据通过图形、图表等视觉元素进行可视化处理，成为提升决策效率与精准度的有效途径。接下来，将深入探讨库存数据可视化的实践应用，揭示其如何助力企业实现库存管理的优化与升级。

物流数据可视化

一、可视化工具概况

数据可视化是指用图形的方式来展现数据，从而更加清晰有效地传递信息，它在多个领域中都有着广泛的应用。随着互联网的普及和大数据时代的到来，数据已经成为我们工作和生活不可或缺的一部分。人们越来越倾向于利用数据来说明和支持自己的观点和决策。

数据可视化作为一种有效传递信息的手段，一个典型的案例就是淘宝双十一期间的数据可视化展示。阿里巴巴使用了阿里云的 DataV 工具，在一块大屏幕上实时动态地展示了交易数据，这体现了他们用数据驱动运营的探索。为了使数据真正发挥作用，合理选择和运用数据可视化方法和工具变得尤为重要。

在数据可视化的实际应用中，统计图是一种非常常见且有效的方法。统计图是通过几何图形、事物形象和地图等形式，根据统计数字绘制出来的各种图形。它们能够以直观和生动的方式展示和分析数据。常见的统计图类型包括条形图、折线图、饼图和散点图等。这些图表类型各有特点，可以根据不同的数据分析和展示需求来选择。

1．条形图（Bar Chart）

条形图（见图3-4）是一种数据可视化工具，它通过不同高度或长度的条形来展示数据的多少，这种图表可以横放或纵放，纵放时就是我们熟知的柱形图。此外，条形图有简单条形图、复式条形图等形式，具体包括簇状、三维簇状、堆积、三维堆积、百分比堆积和三维百分比堆积等图表子类型。此外，还有水平圆柱图、圆锥图和棱锥图等变体，它们以不同的几何形状展示数据，但显示和比较数据的方式与条形图相同。

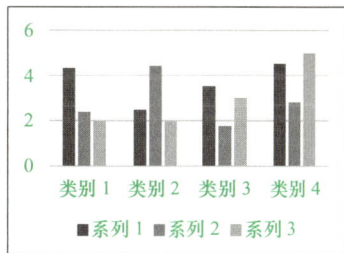

图 3-4　条形图

（1）簇状条形图和三维簇状条形图。簇状条形图用于比较各个类别的值，通常沿垂直轴组织类别，沿水平轴组织数值；三维簇状条形图以三维格式显示水平矩形，而不以三维格式显示数据。

（2）堆积条形图和三维堆积条形图。堆积条形图显示单个项目与整体之间的关系；三维堆积条形图以三维格式显示水平矩形，而不以三维格式显示数据。

（3）百分比堆积条形图和三维百分比堆积条形图。百分比堆积条形图用于比较各个类别的每一数值所占总数值的百分比大小；三维百分比堆积条形图以三维格式显示水平矩形，而不以三维格式显示数据。

（4）水平圆柱图、圆锥图和棱锥图。这类图可以使用为矩形条形图提供的簇状图、堆积图和百分比堆积图，并且它们以完全相同的方式显示和比较数据。唯一的区别是这类图显示圆柱、圆锥和棱锥形状而不是水平矩形。

条形图适用于数据规模适中的数量数据表示，如表示工业生产中不同种类产品的总产量、故障检测时不同故障的数量等。

2. 折线图（Line Chart）

折线图（见图3-5）适用于展示随时间变化的连续数据，这种图表能够清晰地反映数据随时间变化的趋势，使得我们可以更容易地理解和分析数据。在折线图中，类别数据沿水平轴均匀分布，而所有值数据则沿垂直轴均匀分布。这种布局使得折线图非常适用于显示在相等时间间隔下的数据趋势，例如在工业生产中监测设备运行状况，或者在金融领域跟踪股票价格变动等。折线图具体包括堆积折线图、百分比堆积折线图和三维折线图等图表子类型。

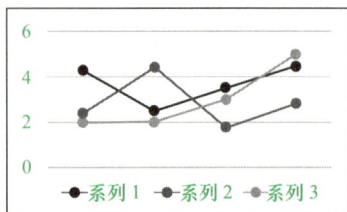

图3-5 折线图

（1）堆积折线图和带数据标记的堆积折线图。堆积折线图用于显示每一数值所占大小随时间或有序类别而变化的趋势，可能显示数据点以表示单个数据值，也可能不显示这些数据点。如果有很多类别或者数值是近似的，则应该使用无数据点堆积折线图。

（2）百分比堆积折线图和带数据标记的百分比堆积折线图。百分比堆积折线图用于显示每一数值所占百分比随时间或有序类别而变化的趋势，可显示数据点以表示单个数据值。

（3）三维折线图。三维折线图将每一行或列的数据显示为三维标记，它具有可修改的水平轴、垂直轴和深度轴。

3. 饼图（Sector Graph）

饼图（见图3-6）是一种将数据比例转换为扇形圆心角的统计图表，适用于展示单一数据系列。这种图表能够清晰地展示数据系列中各项的大小与总和的比例，其中数据点表现为整个饼图的百分比。为了更方便地查看主饼图中的小扇区数据，可以采用复合饼图或复合条饼图，它们将用户定义的数值从主饼图中提取并组合到第二个饼图或堆积条形图中。分离型饼图则显示每一数值相对于总数值的大小，并强调每个数值，还可以以三维形式显示。

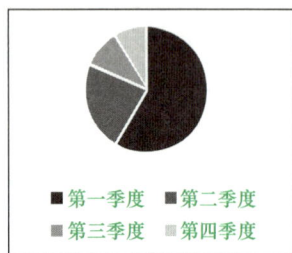

图3-6 饼图

饼图适用于分类数量较少的离散型数据集，重点揭示各组成部分在整体中的占比关系。例如，展示工业生产中各品类产量占比结构（如机械零件占总产出的32%）、故障检测中不同故障类型的发生的频率分布（如电气故障占故障总量的58%）等。与柱形图侧重数值量级对比的特性不同，饼图通过角度弧度差异直观呈现比例构成。

数据系列：在图表中绘制的相关数据点，这些数据源自数据表的行或列。图表中的每个数据系列具有唯一的颜色或图案并且在图表的图例中表示。可以在图表中绘制一个或多个数据系列。饼图只有一个数据系列。

数据点：在图表中绘制的单个值，这些值由条形、柱形、折线、饼图或圆环图的扇面、圆点和其他被称为数据标记的图形表示。相同颜色的数据标记组成一个数据系列。

4. 散点图（Scatter Plot）

散点图（见图 3-7）是一种常用的数据可视化工具，尤其在回归分析中，它能够展示因变量随着自变量变化的大致趋势。通过散点图，我们可以观察数据点在直角坐标系平面上的分布，并据此选择合适的函数对这些点进行拟合。散点图通过一组点的分布来展示数据值和类别，其中每个点的坐标代表了其在图表中的位置，而不同的标记则用来区分不同的类别。

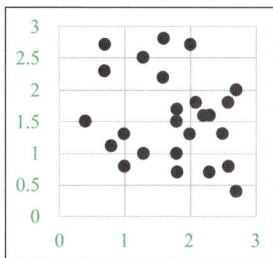

图 3-7　散点图

散点图特别适合用于比较不同类别的聚合数据，例如在生产过程中，可以利用散点图来展示不同类型产品的加工精度等关键指标。这样，我们可以通过散点图直观地观察到数据的分布情况，并从中获取有价值的信息。

数据可视化利用图形化手段来展示数据，以便更有效地传达信息。这一过程通常遵循六种基本方法。

（1）指标值图形化：通过图形的大小来直观展示数据的大小，一个指标值就是一个数据，例如，通过柱形图的高度来表示不同的数据值大小。

（2）指标图形化：一般使用与指标含义相近的图标来展示数据，从而增强数据的直观性。

（3）指标关系图形化：当存在多个指标时，挖掘指标之间的关系，并将其图形化表达，可提升图表的可视化深度。

（4）时间和空间可视化：通过时间的维度来查看指标值的变化情况，一般通过增加时间轴的形式，也就是常见的趋势图。当图表存在地域信息并且需要突出表现的时候，可用地图将空间可视化，地图作为主背景呈现所有信息点。

（5）将数据进行概念转换：对数据进行概念转换，可加深用户对数据的感知，常用方法有对比和比喻。

（6）图表动态化：数据图形化完成后，可结合实际情况，将其变为动态化和可操控性的图表，使图表具有动态性和交互性，让用户在操作过程中更好地感知数据的变化，从而提升用户体验。实现动态化主要有两种方式：交互和动画。

目前，市面上有许多数据可视化工具可供选择，其中 Excel 是最常用的工具之一。此外，Python 和 Power BI 等工具也因其灵活性和强大性而受到青睐。

二、库存数据可视化的实现过程

这里以 Power BI 为例，介绍数据可视化的实现过程。

1. 获取数据

启动 Power BI 后，我们可以通过连接目标 Excel 工作簿来获取数据。这一步骤是数据分析和可视化的基础，只有获取了数据，我们才能进行后续的操作（见图 3-8 和图 3-9）。

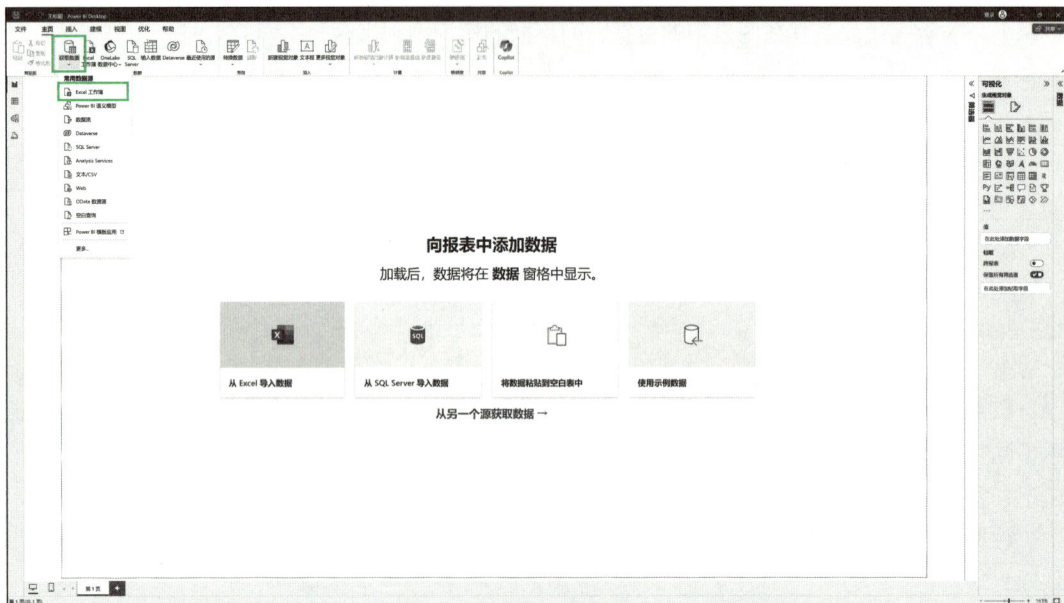

图 3-8　Power BI 主界面

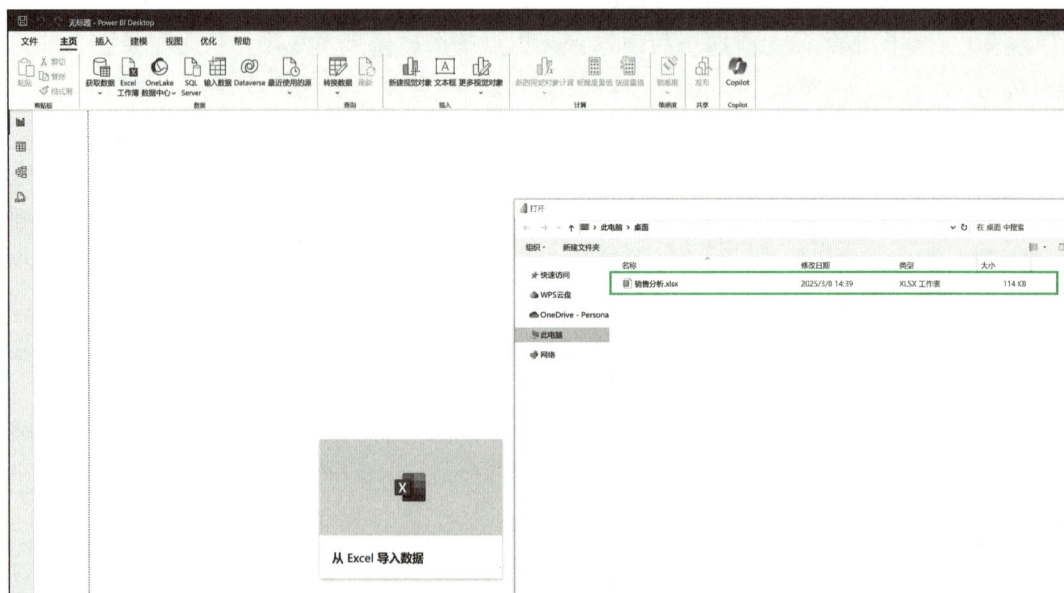

图 3-9　选择 Excel 文件

导入数据后，将得到对应的 5 张数据表，单击"转换数据"（见图 3-10），完成数据获取。

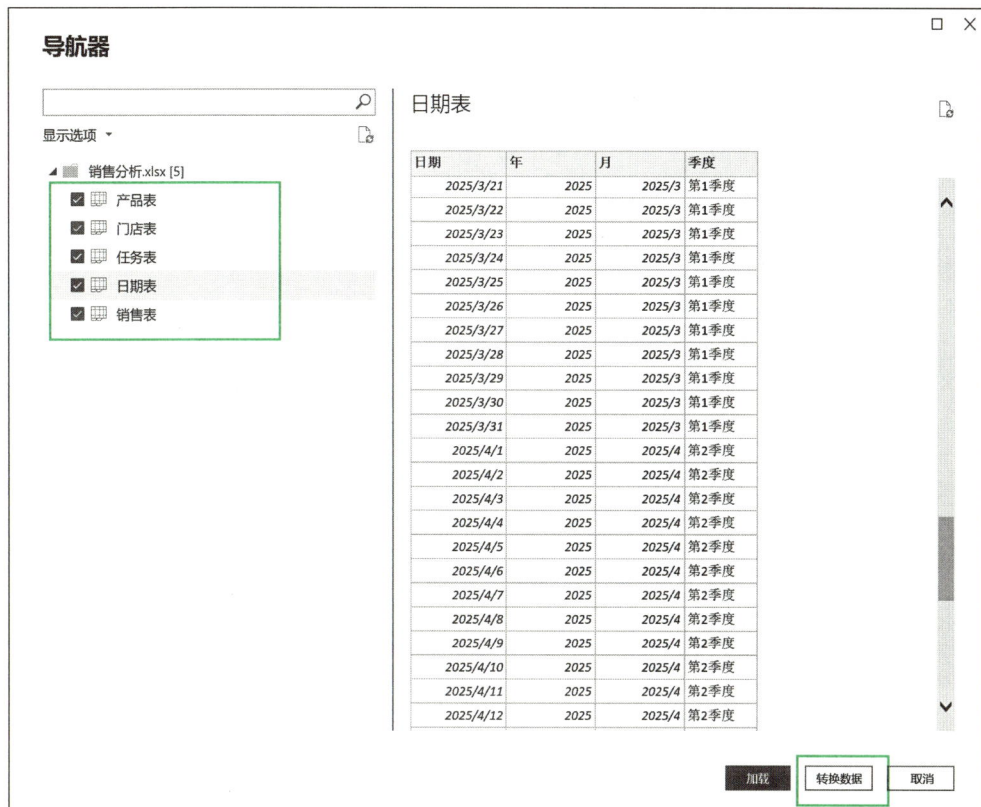

图 3-10　转换数据

2．数据清洗与整理

在处理大量数据时，常常会遇到数据导入不规范的问题，这可能会给后续的数据分析带来困扰。为解决这一问题，可以利用 Power Query 编辑器对数据进行清洗和整理。Power Query 编辑器提供了丰富的功能，可以快速地识别和修正数据中的错误，如缺失值、异常值、重复值等。通过清洗和整理，可以使得数据变得更加规范和整洁，从而方便后续的数据分析操作。这不仅能够提高数据分析的效率，还能够保证分析结果的准确性和可靠性。因此，进行数据清洗和整理是数据处理中非常重要的一步（见图 3-11）。

3．创建数据表之间的关系

Power BI 支持在多个表之间建立关系，以便创建跨表数据查询。若各个表中都包含相同的字段名称，会自动形成关系（见图 3-12）。

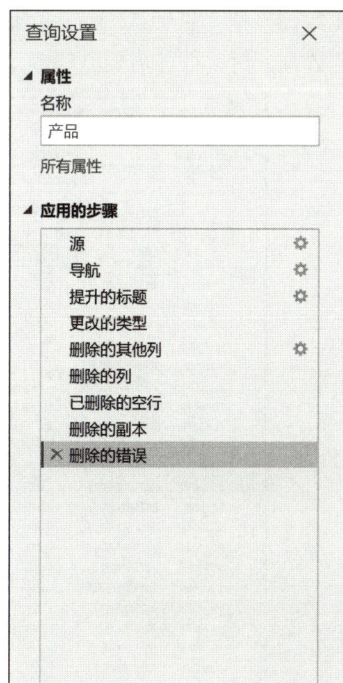

图 3-11　数据清洗与整理

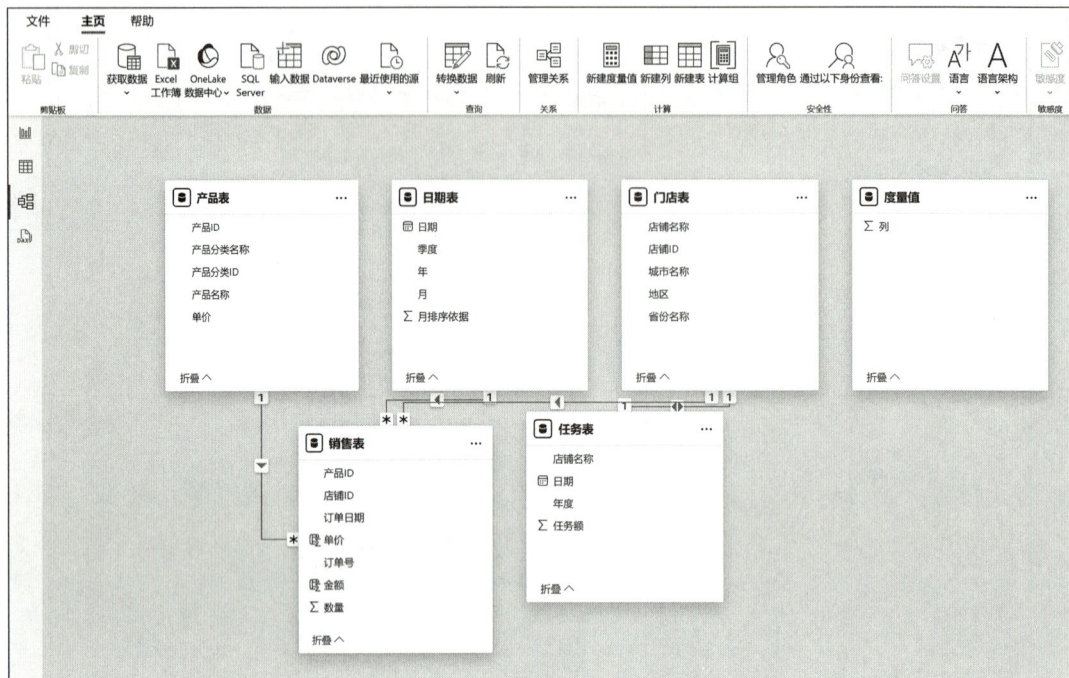

图 3-12　创建数据表之间的关系

4．创建度量值

度量值类似于 Excel 中的"命名公式"（用名称创建公式进行计算），是用 Power BI 内置的 DAX 公式创建的虚拟字段，用于返回指定计算后的数据值。使用度量值，既不改变源数据，也不改变数据模型，且一次创建后可以重复使用多次。图 3-13 中展示创建度量值的过程。为了便于进行数据分析，往往需要创建多个度量值。

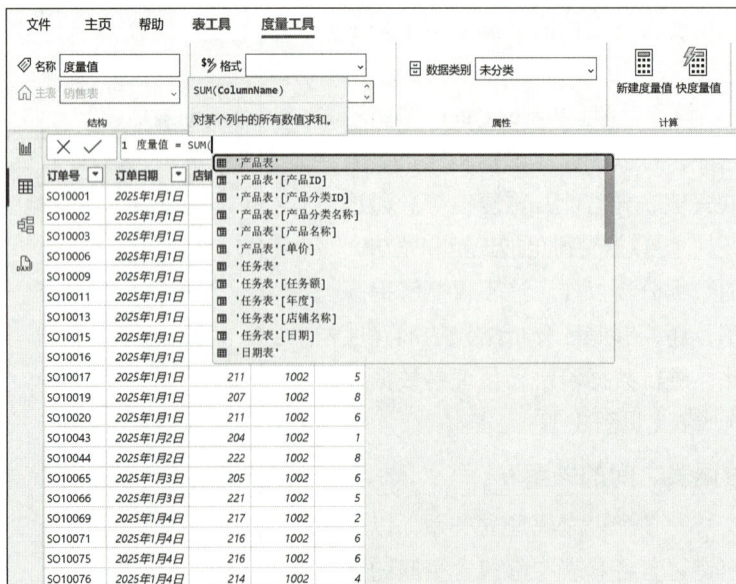

图 3-13　创建度量值

5．制作数据可视化报表

借助 Power BI 提供的一系列丰富的数据可视化控件，用户能够快速地创建交互式报表。这些控件包括柱状图、折线图、饼图等，可以满足各种数据展示需求。借助这些控件，用户可以轻松地将数据转化为直观的图表，使得数据分析和报告更加生动和易懂（见图 3-14）。

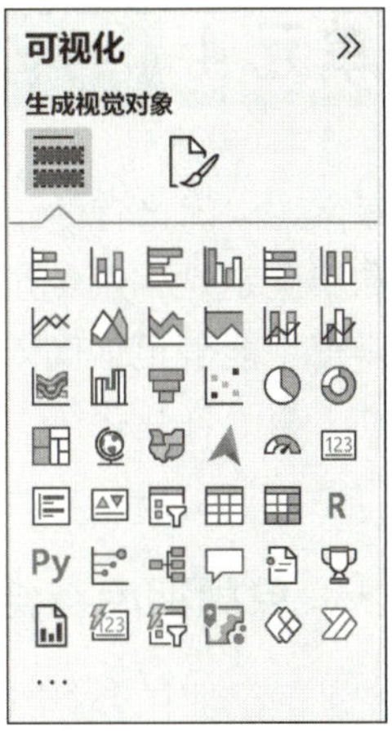

此外，还可通过 Power BI 自定义报表的交互性，如设置筛选器、切片器和书签等，使用户能够根据自己的需求进行深入的数据探索和分析。这种高度的可交互性不仅提高了数据分析的效率，还能够帮助用户更好地理解和洞察数据背后的含义。

将多个数据图表和切片器合理地排列在报表页面上，就得到一套交互式数据可视化报表（见图 3-15）。

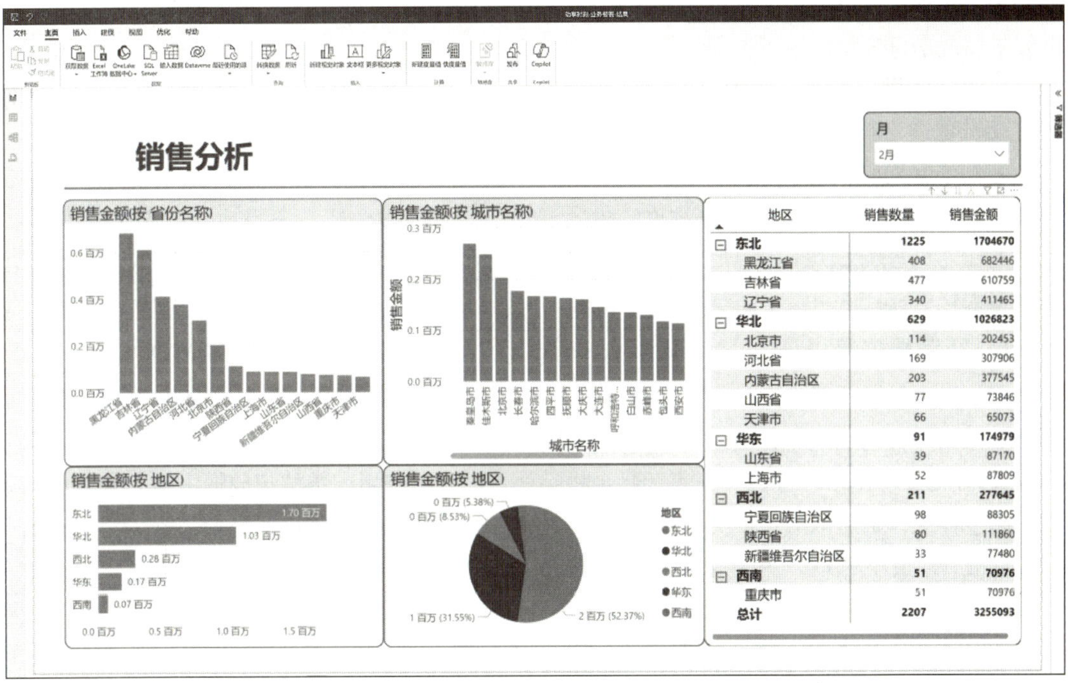

图 3-14　制作数据可视化报表

图 3-15　交互式数据可视化报表

德技并修

数字化素养是指个体在数字化环境中，有效运用信息技术，获取、处理、创新、分享信息，实现个人发展和社会进步的能力。随着数字化技术的飞速发展，数字化素养已经成为新时代管理者必备的技能。具备良好的数字化素养，有助于管理者适应数字化时代的工作环境，提升工作效率，推动组织创新和发展。

单元4 库存结构优化

库存结构优化有助于企业准确预测需求，更加清晰地了解库存状况，减少管理上的复杂性和不确定性，避免过度采购和库存积压，从而降低库存成本。同时，优化后的库存结构使得资金能够更加高效地利用在库存上，减少资金占用，提高资金周转率。而对于如需求波动、季节性变化等，库存结构优化使企业能够更加灵活地应对市场变化，提高市场适应能力。

一、单周期库存结构优化策略

在库存管理中，对于单周期需求，确定最佳的订货批量是核心问题。理想情况下，订货量应与预测的需求量相匹配。然而，由于预测的不准确性，实际需求往往与预测存在差异，这可能导致缺货或超储问题的产生。缺货会造成因失去销售机会而带来的损失，即机会（缺货）成本；而当需求量小于订货量，供过于求导致的费用称为过期（超储）成本，超储则会产生额外的费用，包括可能以低于成本的价格销售商品或是报废，以及处理过剩库存的费用。因此，最理想的情况是订货量恰恰等于需求量。

在考虑订货决策时，由于只发出一次订货和只发生一次订购费用，所以订货费用和相应的库存费用通常被视为不可变成本，即沉没成本，因为它们与单周期的实际需求不相关。因此，它们不会对最佳订货量的决策产生影响。相反，机会成本和过期成本是决定最佳订货量的关键因素。为了确定最佳的订货量，可以采用期望损失最小化、期望利润最大化或边际分析等方法。这些方法可以帮助企业在订货和库存管理上做出更明智的决策，以最小化损失使利润最大化。

1. 期望损失最小法

期望损失最小法就是比较不同订货量下的期望损失，取期望损失最小的订货量作为最佳订货量。已知库存物品的单位成本为 C，单位售价为 P。若在预定时间内卖不出去，则单价只能降为 S（$S<C$）卖出。若 S 为负，表示剩余物品处置需要的费用，单位超储损失为 $C_0=C-S$；若需求超过存货，则单位缺货损失（机会损失）$C_u=P-C$。设订货量为 Q 时的期望损失为 $E_L(Q)$，则取使 $E_L(Q)$ 最小的 Q 作为最佳订货量。$E_L(Q)$ 可通过下式计算：

$$E_L(Q) = \sum_{d>Q} C_u(d-Q)P(d) + \sum_{d>Q} C_0(Q-d)P(d)$$

2. 期望利润最大法

期望利润最大法就是比较不同订货量下的期望利润，取期望利润最大的订货量作为最佳订货量。即

$$E_P(Q) = \sum_{d<Q} \left[C_u d - C_0(Q-d) \right] P(d) + \sum_{d>Q} C_u Q P(d)$$

3. 边际分析法

假定原计划订货量为 Q，考虑追加一个单位订货的情况。由于追加了一个单位的订货，使得期望损失的变化为：

$$\Delta E_{\mathrm{L}}(Q) = E_{\mathrm{L}}(Q+1) - E_{\mathrm{L}}(Q)$$

$$= \left[\sum_{d>Q} C_{\mathrm{u}}(d-Q-1)P(d) + \sum_{d>Q} C_0(Q+1-d)P(d) \right] - \left[\sum_{d>Q} C_{\mathrm{u}}(d-Q)P(d) + \right.$$

$$\left. \sum_{d>Q} C_0(Q-d)P(d) \right] = (C_{\mathrm{u}} + C_0)\sum_{d=0}^{Q} P(d) - C_{\mathrm{u}} = 0$$

$$\sum_{d=0}^{Q^*} P(d) = 1 - P(D^*) = \frac{C_{\mathrm{u}}}{C_{\mathrm{u}} + C_0}$$

$$P(D^*) = \frac{C_0}{C_0 + C_{\mathrm{u}}}$$

式中 $P(D^*)$ 为概率分布函数，也就是服务水平，即订货水平满足需求的概率。求出 $P(D^*)$ 以后，取其与 $P(D)$ 最接近数值对应的需求量为最佳订货量。

二、多周期库存结构优化策略

多周期库存基本模型包括经济订货批量模型、经济生产批量模型和价格折扣模型。

1. 经济订货批量法（EOQ）

经济订货批量法又称整批间隔进货模型（EOQ 模型），是大多数企业最常采用的一种货物订购方式。国家标准《物流术语》（GB/T 18354—2021）中对经济订货批量（Economic Ordering Quantity，EOQ）的定义是：通过平衡采购进货成本和保管仓储成本核算，以实现总库存成本最低的最佳订货量。该方法适用于整批间隔进货、不允许缺货的存储情景。

经济订货批量法是固定订货批量模型的一种，用来确定企业一次订货的数量，以实现订货成本和存储成本之和的最小化。即设某种商品年需求量为 D，商品储备量以年消耗数量 D 的速度逐渐下降，经过时间 T 之后，库存储备量下降为零，此时开始订货并立即到货，库存量将由零上升至最高库存量 Q，随即进入下一个存储周期，以此形成多周期存储模型。

其推导过程如下：首先假设需求量已知；库存的需求率为常量；订货提前期不变；订货费用与订货批量无关；所有费用是库存量的线性函数；全部订货一次交付同时无数量折扣。则年总库存成本（见图 3-16）用下式表示：

年总库存成本 = 年购买成本 + 订货成本 + 库存保管成本

$$T_{\mathrm{C}} = DP + \frac{D}{Q}S + \frac{Q}{2}H$$

式中　T_{C}——年总库存成本；

　　　Q——每次订货批量；

　　　P——单位采购成本；

　　　D——商品年需求量；

　　　S——单位订货成本；

　　　H——单位商品年保管费用。

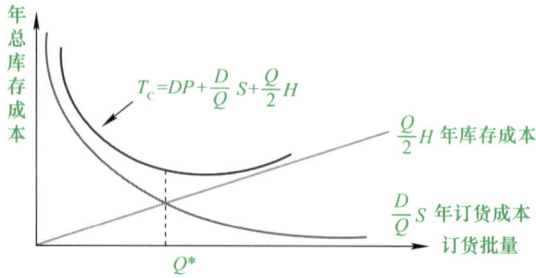

图 3-16 年总库存成本、年库存成本、年订货成本关系示意图

如使总库存成本最小，则令 $\dfrac{dT_C}{dQ}=0$，T_C 对 Q 求导，得到 $\dfrac{Q}{2}-\dfrac{DS}{Q^2}=0$，求得 $Q^*=\sqrt{\dfrac{2DS}{H}}$。

2．经济生产批量模型（EPL）

在经济活动中，为了有效管理库存和生产，理解经济生产批量（Economic Production Lot，EPL）的概念至关重要。库存的管理是一个动态过程，涉及生产的持续进行和库存的不断消耗。当生产速度超过产品需求时，库存水平会逐渐上升。然而，一旦库存水平达到一个临界点，生产活动就会暂停。这是因为生产系统的调整需要时间，不能立即响应需求的变化。

因此，就产生了一个关键问题：在重新补充成品库存时，应该一次性生产多少才能实现成本最优？这就是经济生产批量模型所要解决的问题。确定正确的生产批量对于减少成本、提高效率至关重要。合理的生产批量可以帮助企业避免过多库存造成的资金占用和存储成本，同时避免因库存不足而导致的生产中断或错过销售机会。通过精确计算和策略制定，企业可以实现库存和生产的最佳平衡，提高整体的经济效益。

经济生产批量模型的假设条件为：P 为生产率；d 为需求率（$d<P$）；T 为生产时间；I_{max} 为最大库存量；Q 为生产批量；ROP 为订货点；L_T 为生产提前期；t_p 为生产时间。

由于生产率 p 大于需求率 d，在生产时间 t_p 内，库存以 $p-d$ 的速率上升，每次生产 Q 件，生产结束时刚好达到最大库存量 I_{max}（见图 3-17）。

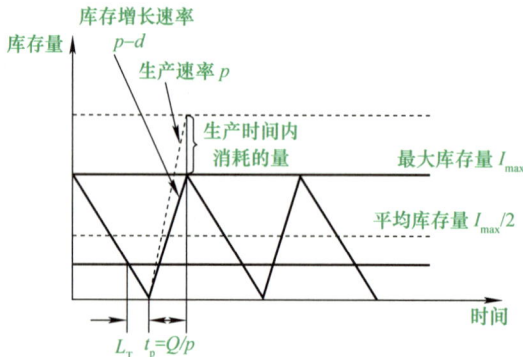

图 3-17 经济生产批量模型假设下的库存量变化

$Q-I_{max}$ 即为生产时间 t_p 内的消耗量。达到最高库存量 I_{max} 时，停止生产，开始消耗库存，库存以需求率 d 的速率开始下降；当库存降为 0 时，又开始新一轮的生产。平均库存量为 $\dfrac{I_{max}}{2}$。

在 EPL 模型假设条件下，由于补充率不是无限大，因此，平均库存量不是 $\dfrac{Q}{2}$，而是 $\dfrac{I_{max}}{2}$。

现在问题归结为求 I_{max}。生产时间 $t_p = \dfrac{Q}{p}$，所以，最大存储量 $I_{max} = t_p(p-d) = (\dfrac{Q}{2})(p-d) = Q(1-\dfrac{d}{p})$，根据 EOQ 的总成本公式，即

$$\text{库存总成本 } C_T = \text{存储成本 } C_U + \text{订货成本 } C_O + \text{购入成本 } C_P = \frac{I_{max}}{2}H + S(\frac{D}{Q}) + p \times D$$

对上式求导，并令一阶导数为 0，即

$$Q^* = EPL = \sqrt{\frac{2DS}{H\left(1-\dfrac{d}{p}\right)}} = \sqrt{\frac{2DSp}{H(p-d)}}$$

式中　Q^*——经济订货批量；

p——生产率；

d——需求率；

S——一次订货费用；

D——年需求量；

H——单位产品年存储费用。

3．价格折扣模型

价格折扣模型的假设条件为：订货量为 Q；每年需求量为 D；每次订货费为 S；每年每单位库存成本为 H；单位物资的采购价格（以三种数量级为例），当 $Q<Q_1$ 时，单价为 P_1；当 $Q_1 \leqslant Q<Q_2$ 时，单价为 P_2；当 $Q \geqslant Q_2$ 时，单价为 P_3，其中 $P_1>P_2>P_3$。

不同购买水平会导致不同价格水平，在此情况下总费用就需考虑购买费用。即

$$\text{库存总成本 } C_T = \text{存储成本 } C_U + \text{订货成本 } C_O + \text{购入成本 } C_P = \frac{Q}{2}H + \frac{D}{Q}S + P(Q) \times D$$

有数量折扣的价格曲线如图 3-18 所示。由于每种数量折扣的总成本公式只是相差常数 $P \times D$，因此，三条总成本曲线是相互平行的，其最低点就是对应的经济订货批量，都是相同的。因此，在计算中，完全可以忽略价格 P 的影响，先计算出经济订货批量 Q^*，具体的推导过程此处不再详述，请参考经济订货批量模型推导。但是，Q^* 是否在 Q_1 和 Q_2 之间是不确定的，这时就需要逐个进行计算（见图 3-19）。

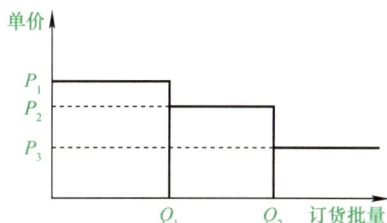

图 3-18　有数量折扣的价格曲线　　　图 3-19　有两个折扣店的价格折扣模型

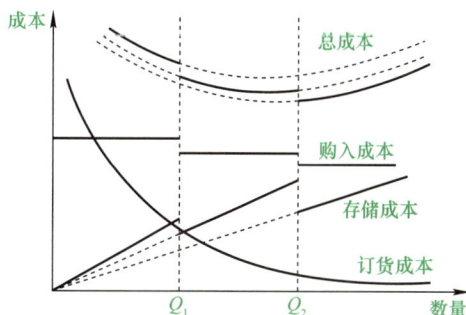

具体计算步骤如下：

第一步：取最低价格代入基本 EOQ 公式求出最佳订货批量 Q^*。若 Q^* 可行（即所求的点

在曲线 C_T 上），Q^* 即为最优订货批量。否则，转到第二步。

第二步：取次低价格代入基本 EOQ 公式求出 Q^*。如果 Q^* 可行，计算订货量为 Q^* 时的总费用和所有大于 Q^* 的数量折扣点（曲线中断点）所对应的总费用，取其中最小总费用所对应的数量，即为最优订货批量。即

$$\text{TC}\left(Q^*\right)=\frac{1}{2}Q^*H+\frac{DQ^*}{S}+DP_2$$

$$\text{TC}\left(Q_2\right)=\frac{1}{2}Q_2H+\frac{DQ_2}{S}+DP_3$$

其中的最小者即为结果，否则转入下一步。

第三步：如果 Q^* 不可行，重复第二步，直到找到一个可行的 EOQ。即

$$\text{TC}\left(Q^*\right)=\frac{1}{2}Q^*H+\frac{DQ^*}{S}+DP_1$$

$$\text{TC}\left(Q_1\right)=\frac{1}{2}Q_1H+\frac{DQ_1}{S}+DP_2$$

$$\text{TC}\left(Q_2\right)=\frac{1}{2}Q_2H+\frac{DQ_2}{S}+DP_3$$

其中的最小者即为价格折扣模型下的 EOQ。求得合适的订货批量之后，可以计算每年的订货次数和订货周期：

$$每年订货次数\ N=\frac{年需求D}{订货批量Q}\ （取整）$$

$$订货周期\ T=\frac{365}{每年订货次数N}$$

可以看到包含数量折扣的经济订货批量的计算不是一蹴而就的，但是这种计算方法可以推广到任意多种的数量折扣的计算当中。

总结其计算步骤规律如下：①计算经济订货批量 Q^*；②将 Q^* 代入最高一个数量级，若满足则取 Q^*，否则，转入下一步；③将 Q^* 代入任意一个数量级，若 $Q_i \leqslant Q^* \leqslant Q_i+1$，则计算 $T_C\left(Q^*\right)$、$T_C\left(Q_i+1\right)$、$T_C\left(Q_i+3\right)$、$T_C\left(Q_i+5\right)$…$T_C\left(Q_n\right)$，其中的最小者即为结果；否则，将 Q^* 代入更小的一个数量级进行判断计算；④重复上一步，直到得出结果为止。

> **德技并修**
>
> 　库存的管理与控制体现了可持续发展理念和企业的社会责任感。在库存控制过程中，企业需要充分考虑资源的合理利用、环境的保护以及员工的利益，如通过合理控制库存量可以降低企业资源的浪费，减少环境污染。此外，在库存控制过程中，需要企业内部全体员工形成共同的价值观念与良好的行为规范，如具有 5S 意识与物流作业成本意识，以塑造良好的企业文化氛围，促进员工的积极性和凝聚力。

技能实训

数据可视化——库存结构分析

实训目标：

1. 理解数据可视化的重要性。
2. 提升数据可视化工具使用能力。
3. 提高数据分析能力。

实训内容：

学习并使用 Excel、Power BI 等工具进行数据可视化分析，能够直观地展示库存数据，帮助决策者快速发现问题并制定相应的策略。

情境描述：

企业在库存管理上往往给予高度重视，深知仅凭总量分析难以全面洞察库存状况，因而细致化审视库存结构成为常态。在进行数据分析时，通常借助饼图、柱状图或条形图等工具来剖析库存构成，但这些工具往往聚焦于单一维度。鉴于库存分类的复杂性，包括商品大类、商品货期、商品价格区间、商品 ABC 分类及商品畅销与滞销状态等多个维度，现请思考如何在单一图表中融合所有关键分类指标，以实现库存状况的全景概览与深度理解，助力企业精准决策与高效管理。

实训总结：

1. 整理数据源。准备统计所需维度指标及其具体标签数据，同时准备标签数据源（见表 3-1 和表 3-2）。

表 3-1　各维度指标及具体标签数据

库存结构	系列 1	系列 2	系列 3	系列 4	系列 5
总库存	10000				
库存有效性	7500	2500			
商品大类结构	3500	3500	500	1750	750
商品货期结构	6000	1000	500	1500	1000
SKU 价位段	2500	4000	1000		
SKU 重要性分类	5000	1750	750		
SKU 畅滞销分类	2500	3000	2000		

表 3-2　标签数据源

系列 1 标签	系列 2 标签	系列 3 标签	系列 4 标签	系列 5 标签
总库存				
有效库存	无效库存			
男装	女装	童婴	鞋帽	配件
2024 年	2023 年	2022 年	卖场陈列	库存存放
低价位	主价位	高价位		
A 类商品	B 类商品	C 类商品		
畅销款	平销款	滞销款		

2. 打开 Excel，将全部数据源粘贴至表内，选中表 3-1 全部数据，插入一个默认的堆积柱形图（见图 3-20）。

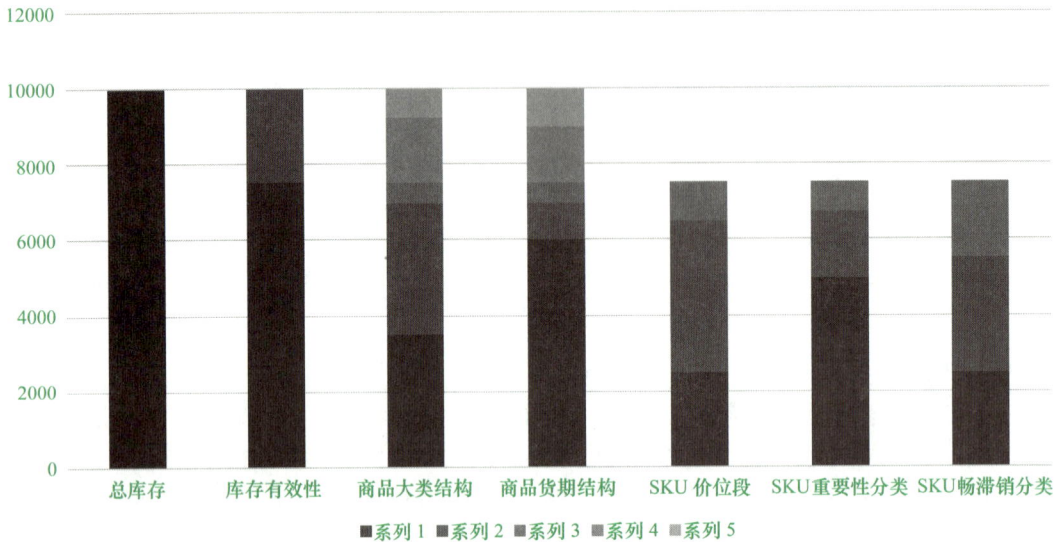

图 3-20　插入堆积柱形图

3. 为默认图表添加数据标签，设置数据标签的格式，勾选"单元格中的值"，选择对应数据标签区域（见图 3-21）。

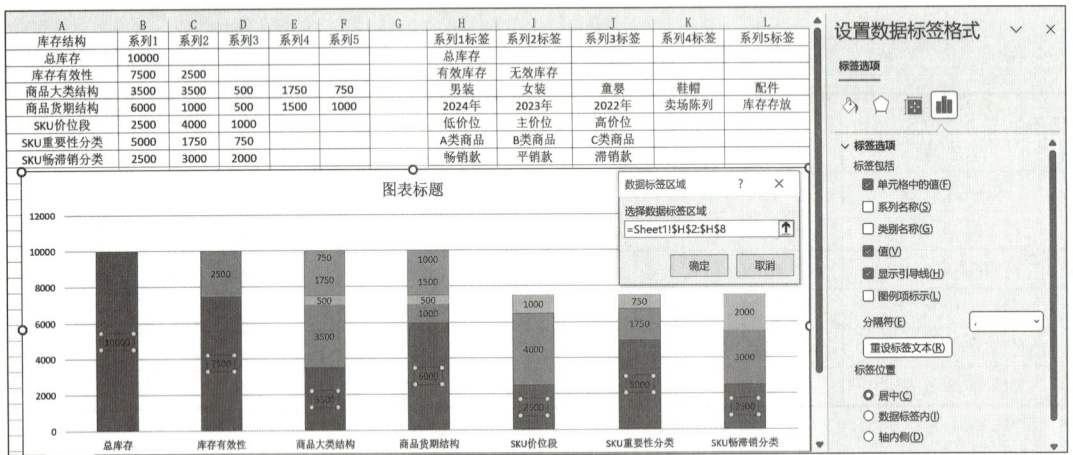

图 3-21　设置数据标签格式

一共存在 5 个数据系列，通过逐一重复先前的图表操作，即可确保所有系列的数据标签均被成功展示。

4. 调整图表柱宽。鉴于图表中圆柱间的距离过宽，为优化空间利用与提升视觉美感，确保能展示更多标签信息，需进一步压缩柱间的空隙。将间隙宽度调整至 5%，即可达到以下改进后的展示效果，如图 3-22 和图 3-23 所示。

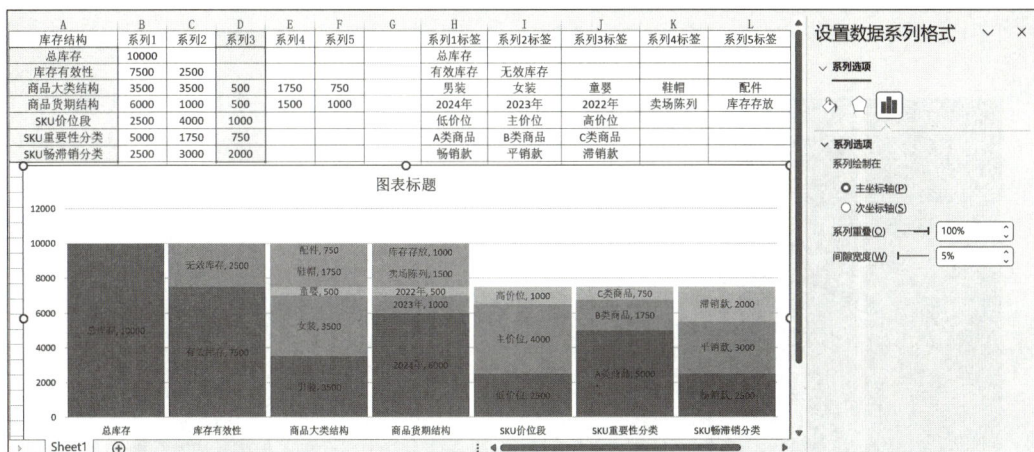

图 3-22　调整图表柱宽

商品库存结构分析图

图 3-23　商品库存结构分析展示图

5. 修改填充颜色。由于 Excel 图表默认采用内置主题配色，因此相同颜色并不代表同一业务数据系列，为提升图表的有效性和清晰度，建议根据业务逻辑和实际需求手动调整颜色分配。具体操作上，可简便地通过双击图表中的任一数据柱来直接更改其颜色，实现个性化设置。

对于图表的其余细节调整，如字体、边框、标签等，可依据个人偏好或数据分析的特定要求自由定制。最终成果如图 3-24 所示，该图表以直观的方式展现了商品库存的复杂结构，从全局视角到细节层面，均清晰呈现了库存分布的多维度特征，极大地增强了数据解读的便利性和深度。

商品库存结构分析图

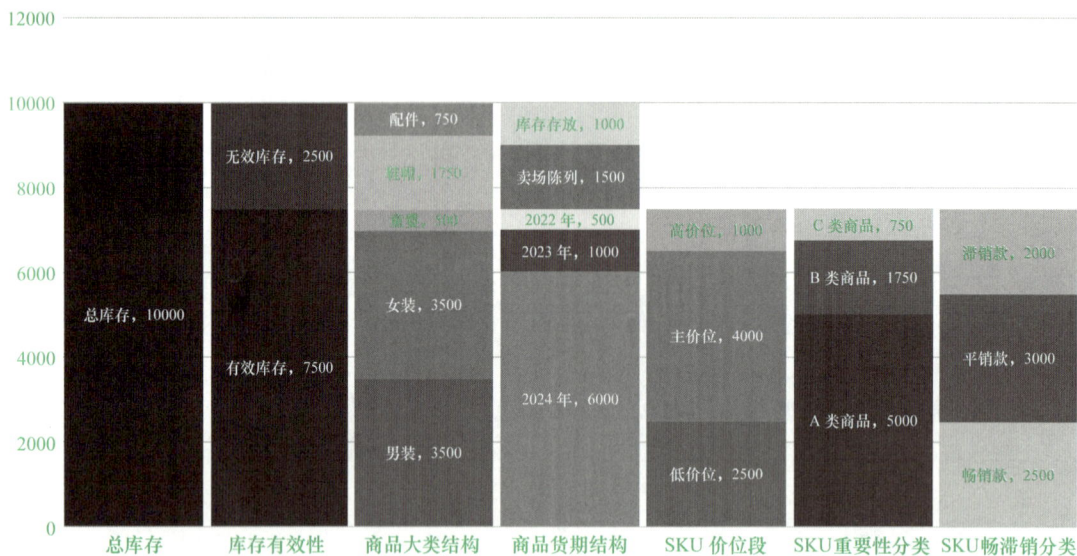

图 3-24　商品库存结构最终成果图

内容小结

本模块是数字化物流商业运营的重要组成部分，主要介绍数字化仓储与库存，包括 WMS 的构成与应用和库存数据的分析、可视化及优化，具体分为 WMS 构成、WMS 作用及实例、有效库存控制系统的管理要求、单周期和多周期库存数据分析、可视化工具概况、库存数据可视化的实现过程、单周期和多周期库存结构优化策略等。

课后习题

一、单选题

1. （　　）是通过入库业务、出库业务、库存调拨和虚仓管理等功能，综合批次管理、物料对应、库存盘点、质检管理、虚仓管理和即时库存管理等功能综合运用的管理系统。

　　A. 客户服务管理系统　　　　　　　　B. 供应链管理系统

　　C. 仓库管理系统　　　　　　　　　　D. 运输管理系统

2. 对于实现数据可视化的过程中，导入的数据有时会存在一定程度的不规范，可以借助相应工具进行相应数据的（　　），以便后续的分析操作。

　　A. 删除　　　　　B. 修改和查询　　　　C. 增加　　　　　D. 清洗和整理

3. 经济订货批量是指（　　）。

　　A. 库存保管成本最低时的订货批量　　B. 订货成本最低时的订货批量

　　C. 缺货成本最低时的订货批量　　　　D. 年总库存成本最低时的订货批量

4. （　　）可以货物、工作人员、客户为中心进行履历管理，包括货物在库履历、人员作业履历、客户业务履历。

  A. 销售管理模块   B. 采购管理模块

  C. 仓库管理模块   D. 履历查询模块

二、多选题

1. 常见的统计图有（　　　　）。

  A. 饼图   B. 散点图   C. 条形图   D. 折线图

2. 经济订货批量模型考虑的成本有（　　　　）。

  A. 机会成本   B. 缺货成本   C. 订货成本   D. 库存保管成本

  E. 购买成本

3. 仓库管理系统是物流与供应链中的（　　　　）。

  A. 库存控制中心   B. 调度中心

  C. 销售中心   D. 增值服务中心

三、判断题

1. 新鲜水果属于多周期库存商品。   （　　）

2. 条形图与柱形图的不同之处在于它侧重展示数据的比例关系。 （　　）

3. 对于单周期需求来说，库存控制的关键在于确定订货批量。订货批量就等于预测的需求量。   （　　）

课后评价

评价项目	具体内容	分值	得分
知识目标	了解数字化仓储管理系统发展的新趋势	10	
	能区分单周期库存商品与多周期库存商品	10	
	可视化图形使用合理、表述明确	10	
技能目标	可视化图形标题、图例等要素完整，图形整洁、美观	15	
	能准确使用相关库存优化策略解决实践问题	15	
	能够为中小规模企业设计适合的 WMS 系统	20	
素养目标	工作态度细致规范，按照步骤操作	10	
	具有良好的 5S 意识与物流作业成本意识	10	
合　计			
小组成员			
评阅教师			

模块四
数字化运输与配送

学习目标

◉ 知识目标：

- 了解 TMS 的定义以及功能模块；
- 了解 TMS 的特点及应用场景；
- 了解网络货运平台概念及经营申请流程；
- 了解运输需求和运输供给的关系及各自的影响因素；
- 掌握影响运输成本的因素；
- 掌握运输规划的内容、运输调度安排内容以及工作流程；
- 掌握运输绩效评价体系内容。

◉ 技能目标：

- 能够编制网络货运申报方案；
- 能够分析需求与供给的变动对均衡点的影响；
- 能够结合实际案例对企业运输成本进行核算并提出优化方案；
- 能够结合实际案例对运输绩效进行合理评价。

◉ 素养目标：

- 培养学生良好的数字思维与综合思维；
- 培养学生团结合作精神，增强学生思辨能力。

导入案例

沃尔玛降低运输成本的策略

作为全球领先的零售商业巨头，沃尔玛在物流运营中始终坚持降低成本的原则。在运输方式上，沃尔玛根据实际情况灵活选择空运、海运或卡车公路运输。在我国，沃尔玛全面采用公路运输，因此，如何降低卡车运输成本成为其物流管理的核心课题。为实现这一目标，沃尔玛采取了以下主要措施：

（1）沃尔玛选用最大型的卡车，货柜长度约 16 米，远超普通集装箱运输卡车。满载货物从车厢底部至顶部，有助于节约成本。

（2）沃尔玛拥有自有车队，驾驶员为公司员工。车队规模庞大，每周每次运输距离可达7000～8000千米。为确保安全，沃尔玛强调"安全第一，礼貌第一"，而非"速度第一"。沃尔玛定期在公路上对运输车队进行调查，如有违规驾驶，卡车上面都带有公司的号码，调查人员就可以根据车上的号码向上级报告，追溯责任人。沃尔玛认为，卡车不出事故，就是节省公司的费用，就是最大限度地降低物流成本。

（3）沃尔玛连锁商场的物流部门全天候运作，确保卡车及时卸货。利用夜间运输实现当日集货，夜间异地运输，次日送货上门，整个过程仅需15～18小时。

（4）在货物到达后可一次性卸货，无须逐个检查，节省时间和精力，加快物流循环，降低成本。这里有一个非常重要的前提条件，即沃尔玛物流系统能确保商场收到的货物与发货单完全一致。

（5）沃尔玛的运输成本低于供应商自行运输的成本，因此供应商也选择使用沃尔玛的卡车运输货物。从而做到了将货物从工厂直接运送到商场，大幅降低仓储和转运成本。

通过集中配送中心，沃尔玛将上述措施有机结合，实现低成本高效运营。

思考：沃尔玛在降低运输成本上都做了哪些举措？这些举措为沃尔玛带来了哪些优势？

单元 1 TMS 的构成与应用

在日益复杂的物流运输环境中，运输管理系统（TMS）作为提升运输效率、优化成本结构与管理运输资源的核心工具，正发挥着越来越重要的作用。TMS通过集成订单管理、调度规划、运输跟踪、成本分析等功能模块，为物流企业提供了一站式的运输管理解决方案。

一、TMS 的构成

1. TMS 的定义

运输管理系统（Transportation Management System，TMS）是指基于网络环境下，适用于物流运输行业的信息化管理软件，旨在帮助企业高效地规划、执行和优化运输操作。

2. TMS 的功能模块

TMS 的主要功能模块包括系统管理功能设置、基本信息设置、运输作业设置、财务管理设置。

（1）系统管理功能设置：TMS 的系统管理功能设置包括用户管理模块、权限角色管理模块、数据字典维护模块、日志管理模块。

1）用户管理模块：该模块负责对 TMS 的用户进行统一管理，包括新建、修改、删除用户信息以及设置用户的登录密码和权限。通过用户管理模块，企业可以确保系统安全、便捷地运行，同时方便地进行内部人员分工与合作。

2）权限角色管理模块：此模块用于设定不同用户在系统中的角色和权限，以实现分工协作和信息隔离。企业可以根据员工的职责和工作需要，为每个用户分配相应的角色和权限，确保数据安全和操作合规。

3）数据字典维护模块：数据字典是 TMS 的核心组成部分，用于存储和管理各类业务数据。数据字典维护模块负责对数据进行添加、修改、删除和查询等操作，保证数据的完整性和准确性。

4）日志管理模块：日志管理模块记录了 TMS 中的所有操作和事件，方便企业进行审计和追溯。通过分析日志，企业可以发现潜在的问题和风险，确保系统稳定、安全地运行。

（2）基本信息设置：TMS 的基本信息设置包括客户信息管理模块、车辆信息管理模块、人员信息管理模块。

1）客户信息管理模块：该模块用于存储和管理客户的详细信息，包括客户名称、联系方式、地址等。通过客户信息管理模块，企业可以方便地查找和跟进客户需求。

2）车辆信息管理模块：此模块负责收集、存储和管理车辆的相关信息，如车型、车牌号、购车日期等。企业可以通过车辆信息管理模块，实时了解车辆状况，合理调配资源，降低运营成本。

3）人员信息管理模块：人员信息管理模块涵盖了企业内部员工的个人信息，包括姓名、岗位、联系方式等。通过该模块，企业可以方便地管理员工信息，促进内部沟通和协作。

（3）运输作业设置：TMS 的运输作业设置包括订单处理模块、调度配载模块、运输跟踪模块。

1）订单处理模块：订单处理模块是 TMS 的核心功能之一，负责处理和跟踪运输订单。企业可以在此模块中新建、修改、删除订单，以及查询订单状态和详情。通过订单处理模块，企业可以实现对运输业务的实时监控和管理。

2）调度配载模块：调度配载模块负责根据订单需求和企业资源，进行车辆和人员的调度安排。企业可以通过该模块，实现运输资源的合理配置，提高运输效率。

3）运输跟踪模块：运输跟踪模块提供了实时运输位置信息和状态查询功能，使企业能够随时掌握货物和车辆的位置，便于应对突发状况和客户查询。

（4）财务管理设置：TMS 的财务管理设置包括统计报表管理模块、应收应付模块。

1）统计报表管理模块：统计报表管理模块汇集了 TMS 中的各类财务数据，如收入、支出、利润等。企业可以通过生成报表，了解运输业务的财务状况，为决策提供数据支持。

2）应收应付模块：应收应付模块负责管理企业的应收账款和应付账款，包括款项的生成、核销和查询。通过该模块，企业可以有效管理财务风险，确保资金安全。

3. TMS 的特点

（1）高度集成化：TMS 作为现代物流行业的重要管理工具，具有高度集成化的特点。通过将运输计划、运输资源、运输过程监控以及运输业务数据管理等模块集成在一个统一的平台上，企业可以实现运输业务的全方位管理，提高运输效率，降低运输成本。

（2）实时数据处理与分析：TMS 能够实时采集、处理和分析运输过程中的各种数据，如车辆位置、货物状态、驾驶员行为等。这些数据可以帮助企业实时掌握运输状况，及时发现并处理问题，提高运输安全性。同时，通过对历史数据的挖掘和分析，企业可以不断优化运输策略，提升运输管理水平。

（3）智能化与自动化：TMS 运用人工智能和自动化技术，实现运输业务的智能化和自动化。例如，通过智能算法进行路径优化、运输计划编排；利用自动化设备进行货物装卸、分拣等操作。这些智能化和自动化的应用可以大大减轻人工负担，提高运输效率，降低运营成本。

（4）网络协同与互联互通：TMS 具有网络协同和互联互通的特点，可以实现不同企业、不同区域之间的运输业务协同。通过与其他物流信息系统、电商平台、企业内部系统等互联互通，实现信息共享、资源协同，进一步优化运输网络，提高运输效率。

（5）可定制性与扩展性：TMS 具有很强的可定制性和扩展性，以满足不同企业、不同业务场景的需求。企业可以根据自身特点和需求，选择合适的 TMS 模块，进行定制化配置。同时，TMS 具有良好的扩展性，随着企业规模和业务范围的扩大，可以方便地增加功能模块和扩展业务场景。

（6）安全性与可靠性：TMS 在设计过程中充分考虑了安全性与可靠性。通过数据加密、访问权限控制、业务流程监控等技术手段，确保运输业务数据和信息的安全。同时，TMS 采用稳定可靠的硬件设备和软件平台，确保系统稳定运行，降低故障风险。

4．TMS 的发展趋势

（1）国际化进程加速：随着全球经济一体化的发展，TMS 的研发和应用需要满足国际化的需求。系统应具备多语言支持、汇率换算、国际物流线路规划等功能，以适应全球范围内的物流管理需求。

（2）与大数据、人工智能深度融合：大数据和人工智能技术的快速发展为 TMS 行业带来了新的机遇。TMS 应充分利用大数据技术，对海量的物流数据进行挖掘和分析，为企业提供更加精准、实时的物流信息。同时，通过与人工智能技术的深度融合，TMS 将实现智能化决策、自动化调度等功能，提升物流运营效率。

（3）绿色物流成为重要发展方向：TMS 应更加注重节能减排、绿色运输等方面的应用，通过优化物流线路、合理安排运输计划等措施，降低物流成本，同时减少对环境的影响。此外，TMS 还可以通过引入新能源汽车、物联网等技术，进一步推进绿色物流的发展。

（4）行业竞争加剧，企业差异化发展：随着 TMS 市场的不断扩大，行业竞争将日趋激烈。为了在竞争中脱颖而出，企业需要注重产品创新和服务升级，以满足不同客户的需求。此外，企业还可以通过差异化发展策略，专注于特定领域和市场，形成独特的竞争优势。例如，针对冷链物流、危化品运输等特殊领域，开发专业化的 TMS，以满足这些领域的特殊需求。

（5）跨行业整合与平台化发展：随着物流行业的不断整合，TMS 也将呈现出平台化的趋势。未来的 TMS 将不再局限于单一的运输管理功能，而是涵盖物流产业链的各个环节，包括仓储、配送、金融、保险等。通过平台化发展，TMS 企业可以实现与其他物流服务提供商的优势互补，为客户提供一站式、全方位的物流解决方案。

（6）信息安全成为关注焦点：TMS 将更加注重信息安全，采取多层次、多方位的安全措施，保障客户数据和信息安全。此外，TMS 企业还需要关注国家相关政策法规的变化，合规经营，确保企业可持续发展。

二、TMS 的应用场景

1．物流行业

（1）运输管理：TMS 在物流行业中的应用越来越广泛，通过实时数据监控、调度优化、路径规划等功能，提高运输效率，降低物流成本。借助 TMS，物流企业可以更好地管理运输过程中的各个环节，如货物跟踪、运输计划、配送管理等。

（2）仓储管理：TMS 在仓储管理方面的应用也具有重要意义。通过自动化设备与人工的协同作业，实现仓库内货物的快速准确出入库，提高仓库利用率。此外，TMS 还能对库存进行实时监控，帮助企业合理安排库存策略，减少库存积压与缺货风险。

（3）跨境物流：随着跨境电商的快速发展，TMS 在跨境物流领域也发挥着重要作用。通过整合各环节资源，如运输、报关、报检等，实现跨境物流的快速、高效、安全。此外，TMS 还可以根据跨境电商的特点，提供专门的解决方案，如海外仓储管理、国际运输跟踪等。

（4）快递企业：TMS 在快递企业的应用可以实现对快件的实时追踪与管理，提高运营效率，降低运营成本。借助 TMS，快递企业可以更好地管理快件运输、中转、派送等环节。

2．制造业

（1）生产物料管理：TMS 在制造业中的应用可以帮助企业实现生产物料的实时追踪与管理。通过优化供应链，降低库存成本，提高生产效率。同时，TMS 还可以与企业内部的其他系统（如 ERP、MES 等）进行集成，实现生产物料的全程追溯。

（2）成品仓储与配送：TMS 在制造业成品仓储与配送环节中也具有重要作用。通过自动化设备与人工的协同作业，实现成品的快速准确出入库，提高仓储利用率。同时，TMS 还可以优化配送路线，降低物流成本，提高客户满意度。

（3）售后服务：TMS 可以为制造业企业提供售后服务支持，包括维修配件的配送、维修人员调度等。通过 TMS，企业可以实现售后服务流程的自动化与智能化，提高服务效率，降低成本。

3．零售业

（1）门店管理：TMS 可以应用于零售业门店的管理，如商品库存管理、门店销售数据分析等。借助 TMS，门店可以实现商品库存的实时监控，避免库存积压与缺货风险。同时，TMS 还可以为门店提供数据支持，帮助企业制定合理的促销策略与库存管理方案。

（2）退换货管理：TMS 可以为零售企业提供退换货管理功能。通过自动化设备与人工的协同作业，实现退换货商品的快速准确处理。此外，TMS 还可以与企业内部的其他系统进行集成，实现退换货流程的自动化与智能化。

4．其他行业

（1）餐饮行业：TMS 在餐饮行业中的应用可以实现食材采购、库存管理、配送等环节的自动化与智能化。通过优化供应链，降低食材成本，提高餐饮企业的盈利能力。

（2）医药行业：TMS 在医药行业中的应用可以帮助企业实现对药品的全程追溯，确保药品的安全性与合规性。同时，TMS 还可以为医药企业提供温度、湿度等特殊要求的仓储与运输管理功能，确保药品的质量。

单元 2　运输监控与可视化

在物流运输领域，实时监控与可视化技术的应用正逐渐成为提升运输效率、保障货物安全与提升客户满意度的重要手段。通过集成先进的物联网技术、大数据分析以及直观的可视化平台，企业能够实现对运输过程的全面监控与精细化管理。这种能力不仅有助于及时发现并解决问题，还能为决策提供实时、准确的数据支持。

一、网络货运平台

1．网络货运平台的概念

网络货运平台是一种基于互联网技术的物流服务平台，它通过线上线下的深度融合，实现了货主与承运商的高效匹配。这种模式将物流、信息流和资金流融为一体，构建了一个高效、透明、便捷的货运服务体系。在这个体系中，物流企业、货运代理、承运人、发货人等多方角色通过网络平台实现信息共享、资源整合，从而提高货物运输的效率，降低物流成本。

网络货运经营是指经营者依托互联网平台整合配置运输资源，以承运人身份与托运人签订运输合同，委托实际承运人完成道路货物运输，承担承运人责任的道路货物运输经营活动。网络货运经营不包括仅为托运人和实际承运人提供信息中介和交易撮合等服务的行为。

实际承运人是指接受网络货运经营者委托，使用符合条件的载货汽车和驾驶员，实际从事道路货物运输的经营者。

2．网络货运线上经营申请流程

网络货运线上经营申请流程主要包含线上服务能力认定流程、行政许可流程以及平台接入流程。

（1）线上服务能力认定流程：拟申请网络货运经营者的企业可以向省级交通运输主管部门申请接入省级网络货运信息监测系统进行测评，并提交线上服务能力认定材料。

（2）行政许可流程：通过能力认定的申报企业，向所在地县级负有道路运输监督管理职责的机构提出网络货运经营申请，并提交相应材料。对符合法定条件的网络货运申请做出准予行政许可决定的，在规定日期内颁发《道路运输经营许可证》，在《道路运输经营许可证》经营范围栏目中注明"网络货运"。

（3）平台接入流程：网络货运经营者取得《道路运输经营许可证》后可以申请将网络货运平台数据正式接入省级网络货运信息监测系统。

> **德技并修**
>
> ### 警惕网络货运平台类骗局
>
> 网络货运平台的建立方便了货源和运力之间的高效对接，一些不法分子利用各类货运平台发布虚假信息或私下联系货车司机，取得货车司机信任后诈骗钱财，导致网络货运平台类诈骗屡禁不止。
>
> （1）在使用网络货运平台时，务必保持警惕，切勿轻信他人所言。任何费用支付都应通过正规渠道进行，避免使用微信、支付宝等第三方平台进行交易。
>
> （2）如果在平台交易过程中发现虚假订单，可申请退款。切勿为追求高价运费而轻易相信骗子谎言，导致财产损失。
>
> （3）在未知对方个人信息的情况下，切勿脱离平台办理货运中途转运、退费等业务。同时，应核实发货方情况并保持联系。

（4）无论货源信息发布于何处，一旦对方私下提出索要信息费，应提高警惕，以防受骗。

（5）在选择货运信息时，务必挑选具有一定规模且有诚信保障的渠道。在验证发货人身份后接单，并签订正规的运输合同，以维护自身权益。

（6）如遭遇电信网络诈骗，应及时拨打110报警电话，遵循"不轻信、不透露、不转账"的原则，守护好自己的"钱袋子"。

3．网络货运平台的特点

网络货运平台的特点包括轻资产、重合规、重技术。

（1）轻资产：网络货运企业通常很少或没有车辆资产，但拥有稳定的后勤业务来源和管理控制整个运输过程的能力。

（2）重合规：《交通运输部 国家税务总局关于印发〈网络平台道路货物运输经营管理暂行办法〉的通知》（交运规〔2019〕12号）和《交通运输部办公厅关于印发〈网络平台道路货物运输经营服务指南〉等三个指南的通知》（交办运函〔2019〕1391号）的出台，对网络货运经营的准入和运营提出了更高的要求。

（3）重技术：网络货运是利用物联网、云计算、大数据、5G、人工智能等互联网技术高效组织运力，促进了社会运力的集约化整合，提高了运输效率。

二、运输服务供需均衡状态分析

1．运输需求

运输需求是指一定时期内，社会经济活动中因各种生产和流通活动而产生的对货物和旅客位移的需求。

运输需求具有空间效用和时间效用，即通过运输活动将货物或旅客从一地转移到另一地，以满足生产和消费的需要。运输需求受到经济社会发展水平、产业结构、人口分布、资源分布、消费水平等多种因素的影响。

2．运输供给

运输供给是指在一定时期内，运输企业或运输市场能够提供的运输能力和服务，包括各种运输方式提供的运力、运输效率和服务质量等。

运输供给具有时空性、多样性和可替代性等特点，不同的运输方式在不同的时空条件下具有不同的优势和适应性。运输供给受到运输技术、设备、人力、资源、政策等多种因素的影响。

3．运输需求与运输供给的关系

运输需求与运输供给之间的均衡发展是运输业始终追求的目标。在理想情况下，运输需求与运输供给应实现完美匹配，确保运输供给能力与由经济发展产生的运输需求之间保持精确的平衡。

运输需求与运输供给之间可能出现失衡现象。一方面，运输总供给可能滞后于运输总需求，导致现有供给无法满足经济增长带来的运输需求。另一方面，运输总供给能力可能超出运输总需求的增长，造成运输业发展速度与经济增长不匹配，产生供给过剩的现象。

在实际操作中，运输供给与运输需求之间的相对均衡是较为常见的状态。这意味着运输供给能力基本能够满足运输增长的需求，或者运输供给略微滞后于经济发展，但仍能在一定程度上满足运输需求。这种状态为运输市场的稳定运行提供了基础。

运输需求与运输供给是相互联系的两个方面，两者的关系辩证而统一。一方面，运输需求的产生来自于经济的发展，而经济发展所派生的运输需求在客观上要求运输供给的发展与其相适应，这就是运输需求决定着运输供给；另一方面，运输供给一经产生就有了自身的相对独立性，并且会反作用于运输需求，从而推动经济的增长和发展。

4．运输供需均衡的调节机制

运输供需均衡的调节机制包括市场调节和政府干预两种方式，市场调节主要依靠价格机制和竞争机制实现，政府干预则通过政策引导、规划建设等方式进行。

均衡形成之后，随着时间的变化，供给与需求的各种条件也会发生变化，这种均衡状态就会被打破，从而向新的均衡发展。从长期来看，运输市场的供需状况就是属于旧的均衡被打破、新的均衡被建立起来的一个动态过程当中。均衡是暂时的、相对的，而不均衡是永恒的、绝对的。决定均衡状态变动的因素就是那些使供给曲线与需求曲线发生位移的因素，即供给条件与需求条件的变化。

（1）供给不变、需求变动对均衡点的影响：在图 4-1 中，纵轴 P 为均衡运价，横轴 Q 为均衡运量。在需求受到各种影响因素变动的影响下，假设需求有所增加，这导致需求曲线 D 向右上方移动到 D_1D_1，新需求曲线 D_1D_1 与原有的供给曲线 S 相交于新的均衡点 E_1。在这个新的均衡状态下，$P_1>P_0$，均衡运价有所上升，同时均衡运量也相应增加，$Q_1>Q_0$。这一变化表明，在供给保持不变的情况下，需求的增加会导致均衡价格的上升和均衡运量的增加。

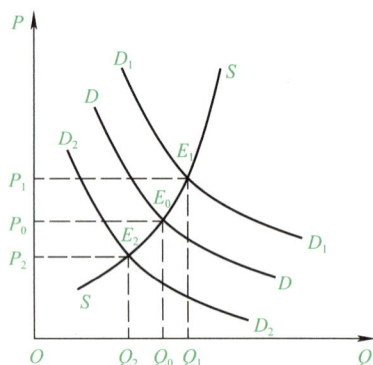

图 4-1　供给不变、需求变动的运输供需曲线

基于特定因素的影响，需求出现下滑，导致需求曲线 D 向左下方发生位移到 D_2D_2，新的需求曲线 D_2D_2 与原有的供给曲线 S 相交于 E_2，形成了新的均衡状态。在此状态下，均衡运价降低至 P_2，同时均衡运量也相应缩减至 Q_2，$P_2<P_0$，$Q_2<Q_0$，与原先的均衡状态相比，新的均衡运价和运量均有所减少。这一变化表明，在供给保持稳定的条件下，需求的减少会导致均衡价格的下降并伴随均衡运量的减少。

（2）需求不变、供给变动对均衡点的影响：在图 4-2 中，在保持运输需求 D 稳定不变的情况下，供给受到某些因素的影响而发生变化，导致供给量增加。这种变化使得供给曲线 S 向左右移动到 S_1S_1，并与需求曲线 D 相交于新的均衡点 E_1。在这个新的均衡点下，对应的均衡运价和均衡运量分别为 P_1 和 Q_1，$P_1>P_0$，$Q_1<Q_0$。由于供给的增加，

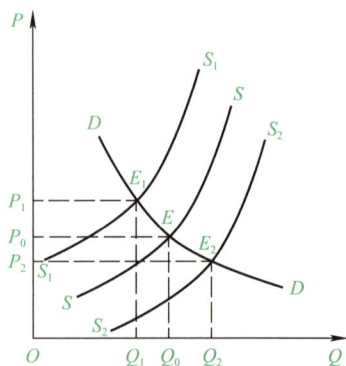

图 4-2　需求不变、供给变动的运输供需曲线

均衡运价下降，而均衡运量则相应增加。这表明，在需求不变的情况下，供给的增加会导致均

衡价格下降，同时均衡运量增加。

如果由于某种因素的影响导致供给减少，供给曲线 S 将向右移动到 S_2S_2，并与需求曲线 D 相交于另一个新的均衡点 E_2。在这个新的均衡点下，对应的均衡运价和均衡运量分别为 P_2 和 Q_2，$P_2<P_0$，$Q_2>Q_0$。由于供给的减少，均衡运价上升，而均衡运量则相应减少。这表明，在需求不变的情况下，供给的减少会导致均衡价格上升，同时均衡运量减少。

（3）需求与供给同时变动对均衡点的影响：在运输市场中，供给与需求常常同时发生变动，此时均衡点如何变动取决于需求与供给的变动方向和幅度，供给与需求同时变动有两种可能：呈同方向同时变动、呈反方向同时变动。

在需求与供给同时增加的情况下，可以观察到不同的变化模式。在图4-3中，当需求从 D 增长到 D_1D_1，而供给从 S 增加到 S_1S_1 时，供给的增长幅度小于需求，这种变化导致新的均衡点 E_1 的形成，相应地，新均衡运价达到 P_1，新均衡运量达到 Q_1，$P_1>P_0$，$Q_1>Q_0$。

如果供给从 S 增加到 S_2S_2，此时供给的增长幅度与需求相等，这种变化导致新的均衡点 E_2 的形成。在这种情况下，新均衡运价将保持不变，即 $P_2=P_0$，而新均衡运量则达到 Q_2，$Q_2>Q_0$。

如果供给由 S 迅速增加到 S_3S_3，供给的增长幅度超过了需求，这时新的均衡运价是 P_3，新的均衡运量为 Q_3，$P_3<P_0$，$Q_3>Q_0$。

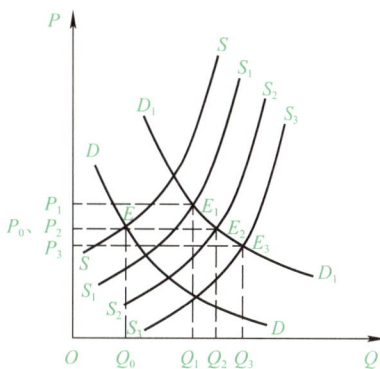

图4-3　需求与供给同时变动的运输供需曲线

综上所述，在需求与供给同时增加的情况下，均衡运量的增长是确定的，而均衡价格的变化则取决于需求与供给增长幅度的相对大小。当需求增长幅度超过供给时，均衡价格上升；当两者增长幅度相等时，均衡价格保持稳定；而当供给增长幅度超过需求时，均衡价格则会下降。

用同样的方法可分析在需求与供给的其他变化影响时，均衡运价的变化情况。

单元3　运输绩效优化方案

在物流管理中，运输绩效是衡量运输效率、成本控制与客户满意度的重要指标。为了不断提升运输绩效，企业需不断探索并实施创新的管理策略与技术手段。从优化运输路线、提升装载率，到强化运输过程监控与数据分析，每一步都蕴含着提升运输效率与质量的潜力。接下来，我们将深入讨论一系列运输绩效优化方案，旨在帮助企业实现运输成本的降低、服务质量的提升，以及整体供应链竞争力的增强。

运输成本的核算与控制

一、运输成本的核算与控制

1. 运输成本的定义

运输成本是指一定时期内企业为了完成货物运输业务而发生的全部费用，包括支付外部运输费和自有车辆运输费。自有车辆运输费由从事货运运输业务的人员费用，车辆以及其他运输工具的燃油费、折旧费、维修保养费、租赁费、养路费、过路费、年检费、事故损失费、相关税金等组成。

2．运输成本的构成

运输成本分为变动成本、固定成本、联合成本、公共成本。

（1）变动成本：指只有在进行运输时才发生的费用支出，一般与运输里程及运输量成正比，主要包括车公里成本和吨公里成本。车公里变动成本是指随着运输里程增加而增加的成本项目，包括车辆消耗的燃料费、轮胎费、车辆维修费以及按运输里程计提的车辆折旧费等。吨公里变动成本是指随着运输周转量的增加而增加的成本，如吨公里燃料附加费、按周转量计算的司机行车补贴等。

（2）固定成本：指无论运输水平如何变动，而在短期内均保持恒定的成本。主要涵盖了运输基础设施的建设及设立成本，如铁路、站台、通道以及机器设备等，包括管理系统的费用。这些成本并不直接受到运输里程和运量的影响，但必须通过运营活动得到相应的补偿，这种补偿通常来自于变动成本的贡献率。

（3）联合成本：指在执行特定运输服务过程中所产生的必要且不可避免的支出，如回程运输费用。以汽车运输为例，当承运人决定利用汽车自地点A运输货物至地点B时，已衍生出从地点B返回地点A的"联合"运输成本。此类联合成本，需通过地点A至地点B的原始运输业务来平衡或通过寻找有回程货物的托运人以实现补偿。联合成本对运输费用的构成具有显著影响，因为承运人收取运费时必须涵盖隐含的联合成本。在确定这些成本时，承运人需考虑托运人是否具备合适的回程货物或该回程运输是否需由原始托运人承担。

（4）公共成本：指承运人代表所有托运人或特定分市场的托运人所支付的费用，涵盖港站、路桥费以及管理部门所收取的各项费用。这些成本通常根据装运数量进行分摊，由托运人共同承担。

企业所采用的费用核算方法可能会影响某些费用的性质，以营运车辆为例，若按照车辆行驶里程计提折旧，则折旧费用表现为变动成本；然而，若按照使用年限来计提折旧，则此类费用被视为固定成本。

3．影响运输成本的因素

（1）运输距离：运输距离是影响运输成本的主要因素。距离较远的情况下，运输成本通常会增加，因为运输时间较长，所需的燃料、人工等费用相应增加。

（2）装载量：每吨公里的运输成本随装载量的增加而减少。为了提升运输效率，企业通常会倾向于采用大吨位车辆，通过整合小批量货物形成大批量运输，从而有效实现规模经济，降低运输成本。这一做法旨在实现更高的经济效益和物流效率，对于企业的长期稳定发展具有重要意义。

（3）货物密度：随着货物密度的增加，每单位重量的运输成本会相应降低。

（4）装卸搬运难易度：装卸搬运难度较高的货物，其装卸搬运费用较高，因而运输成本通常也较高。有些货物需要用专门的装卸搬运设备处理，搬运费用较高。

（5）货物性质：部分货物因其易腐、易损、易自燃等特性，存在较高的货损风险。为确保运输安全，必须使用特定的运输工具和方式。此外，为确保在意外情况下得到合理赔偿，货物保险也是必不可少的。这些措施虽有助于降低风险，但不可避免地会增加运输成本。

（6）市场因素：影响比较大的市场因素，一是运输的季节性，旺季和淡季会导致运输费率及运输成本的变化；二是竞争因素，包括同种运输方式之间的竞争以及不同运输方式之间的竞争，都对运输成本产生显著影响；三是运输的方向性，运输流量的不平衡会导致运输成本增加。

4. 运输成本的核算

运输成本的核算工作是运输成本管理中的一项关键性工作。

（1）确定运输成本核算对象及范围：由于运输车辆的车型比较复杂，一般可以按照大型板车、集装箱车、零担车、冷藏车、罐车等作为单独的成本计算对象。在运输成本核算过程中，常用的计量单位包括元/千吨公里和元/千标准箱公里。其中，标准箱的定义以20英尺集装箱为基准，对于尺寸小于20英尺的集装箱，均按照1个标准箱进行计算。而对于40英尺或其他超过20英尺的集装箱，则按照1.5个标准箱进行计算。这些规定确保了运输成本的准确核算和合理分摊。运输成本核算期的设定通常遵循月度、季度或年度的周期。当涉及跨月运输时，其运输成本的计算依据为行车路单签发日期所对应的月份。

（2）确定运输成本项目：运输成本项目包括车辆直接费用和营运间接费用。

车辆直接费用涵盖司机薪资、燃油费、轮胎损耗、维修费、折旧费、车辆保险费、潜在事故损失费、税金及其他相关支出。

营运间接费用则是指与营运车辆运行非直接相关的费用，例如车队或其他基层营运单位管理人员的薪酬以及办公场所的水电费、办公费、差旅费等。这些费用对于营运活动的正常进行至关重要。

（3）编制各种费用汇总表：为确保费用管理的准确性与合规性，我们需要基于各项费用支出与生产消耗的原始凭证，针对不同的成本计算对象和费用类别，进行科学的费用归集与合理分配。在此基础上，编制详尽的费用汇总表，以全面反映营运费用的构成与变动情况，为企业的财务管理提供有力支持。

（4）计算各种业务成本：

1）司机费用。对于拥有固定车辆的驾驶员和助手，其工资及津贴应直接列入各自计算对象的成本中；而对于没有固定车辆的后备驾驶员和助手，其工资及津贴则需按照营运车辆的吨位或营运车日进行分配，并计入相关车辆的分类运输成本中。

每营运车吨日薪酬分配额（元/车吨日）＝应分配的驾驶员薪酬总额/总营运车吨日

某车型应分配驾驶员薪酬额（元）＝该车型实际总营运车吨日×每营运车吨日薪酬分配额

2）燃料费。营运车辆运行中所耗用的燃料，应根据行车路单或其他有关燃料消耗原始凭证所列实际消耗量计入成本，燃料消耗计算的范围与时期应与车辆运行情况相一致。

3）轮胎费。经过实际领用和发生的内胎、垫带、轮胎翻新费以及零星修补费用，应被精确记录并计入各类运营成本中。对于外胎的轮胎摊提费用，应依照月度计入运输成本。

千胎千米摊提额（元/千胎千米）＝（外胎价格－计划残值）/[新胎到报废行驶里程定额（千米）÷1000]

某车型外胎应计摊提费用（元）＝千胎千米摊提额×该车型外胎实际行驶里程（千米）÷1000

4）修理费。营运车辆因进行维护和修理所产生的材料费用及配件费用，应直接归入各相关成本分类的修理费用项目中。对于预提的车辆大修理费用，需依据"预提大修理费用计算表"

进行准确核算，并相应计入本项目中。

某车型营运车月大修理费用提存率（%）=（预计大修次数×每次大修理费用）/（该车型平均原值×预计使用年限×12）×100%

某车型千车千米大修理费用预提额（元/千车千米）=（预计大修次数×每次大修理费用）/[该车型新车至报废行驶里程定额（千米）÷1000]

某车型月大修费用提存额（元）=该车型千车千米大修费用预提额（元/千车千米）×该车型当月实际行驶里程（千米）÷1000

5）车辆折旧费。营运车辆按实际行驶里程计提折旧费，其计算公式为

某车型千车千米折旧额（元/千车千米）=（车辆原值－预计残值+清理费用）/[车型折旧里程定额（千米）÷1000]

某车型折旧费用（元）=该车型当月实际行驶里程（千米）/1000×该车型千车千米折旧额

特种车、大型车按年限法计提折旧费并列入本项目，其计算公式为

某车型营运车月折旧率（%）=（1－残值率）/（该车型预计使用年限×12）×100%

某车型营运车月折旧费用（元）=该营运车月初原值×该车型营运车月折旧率

6）车辆保险费。根据实际支付的投保费用和投保期限，本项目将按照月份分车型进行分摊，并计入各分类成本中。

7）事故费。营运车辆在运营过程中，若因行车事故产生修理费、医药费等事故相关损失，需在扣除向保险公司索赔得到的赔偿收入，以及由事故责任方或过失方所承担的赔偿金额后，将剩余部分列入相关分类成本的事故损失项目中。

8）其他营运费用。随车工具、篷布、绳索、防滑链及驾驶员的劳动保护用品等，按各分类成本对象归集的费用数额，计入分类运输成本的本项目内。

9）辅助营运费用。各种直接耗用的辅助材料根据材料耗用汇总分配表，按照不同成本对象进行归集。辅助人员工资等按照实际工时进行分摊。

单位工时工资=辅助生产人员工资及职工福利费/辅助生产总工时

某类维修作业或产品应分摊工资或费用额=维修作业或产品实际耗用的工时×单位工时工资

10）营运间接费用。为了合理分摊这些费用，企业需要编制"营运间接费用分配表"，将各项间接费用按照一定比例分配到各类运输成本项目中，以确保成本计算的准确性和合理性。

其中车队管理费应分别计入本车队各类车型的运输成本。在计算过程中，应首先依据车队的营运车辆所发生的车辆费用及其他相关业务直接费用的比例，在运输业务与其他业务之间进行合理分摊。接下来按照各类车型的直接费用比例或营运车日比例，对各类运输成本进行二次分摊，确保每类车型的成本核算准确无误。

而车站经费应在车站各种业务之间分配，通常依据运输直接费用以及其他业务直接费用的比例进行合理分摊。对于由运输业务所承担的车站费用，应根据各类车型的直接费用比例进行相应的分摊处理。

（5）编制企业成本计算表：编制企业成本计算表，进行运输成本分析。运输成本分析是通过运输支出项目的财务处理进行归集和分配，从而计算出运输总成本、单位成本、成本降低额和成本降低率。

1）运输总成本。运输总成本为成本计算期内各运输成本计算对象的总成本的计算成本总

额之和。

2）单位成本。

单位成本（元／千吨公里）＝当月运输成本总额／当月运输周转量／1000

3）成本降低额。成本降低额是考核成本计划完成情况的主要指标，当计算结果为负值时，表示成本超支。

成本降低额（元）＝上年实际单位成本×本期实际周转量－本期实际成本

4）成本降低率。成本降低率是考核成本降低幅度计划完成程度的主要指标。

成本降低率（％）＝成本降低额／（上年实际单位成本×本期实际周转量）×100％

5．运输成本的控制

通过合理的运输安排，可以确保运输距离最短、运输环节最少、运输时间最短以及运输费用最低，这是有效控制运输成本的关键手段。

（1）合理选择运输工具：选择运输工具时，应充分考虑货物形状、价格、运输批量、交货日期和到达地点等关键因素。由于运输工具的经济性、及时性、安全性和便利性之间存在相互制约的关系，因此在制定运输策略时，必须对运输工具的各项特性进行全面评估，以确保在控制成本的同时，实现运输效率和安全性的最大化。

（2）合理配置车辆数：在运输业务中，若企业所拥有的车辆数量相对较少，随着运输需求的不断增加，可能会面临运力不足的困境，进而导致不得不依赖外部租车服务，从而增加运营成本。反之，若车辆数量过多，而运输需求减少，则会造成部分车辆闲置，形成资源浪费。因此，运输部门在规划车辆配置时，应基于实际运输任务的需求，合理配置车辆数量，以确保运输效率与成本控制之间的平衡。

（3）优化仓库布局：通过优化运输网络可以实现运输时间和运输线路的最短，进而达到最小化运输成本的目标。这一举措有助于从整体上控制运输成本，提升整个运输系统的效率和效益。

（4）实施集运策略：利用规模经济来降低运输成本的集中运输策略有自发集运、计划集运和共同输送等常用方法，也可以大大降低运输成本。

（5）推行直运策略：直运指的是在组织货物运输的过程中，通过减少仓储环节或交通周转环节，直接将货物运送到目的地的运输方式。当企业考虑是否采用直运策略时，必须全面分析产品的特性，如单价、易腐性和季节性等因素。此外，还需综合考虑运输的里程与成本、订货的数量与重量以及地理位置与方向等关键因素。

（6）采用"四就"直拨运输："四就"直拨运输，即就厂直拨、就车站（码头）直拨、就库直拨、就车（船）过载，旨在优化物流流程，精减中间环节，有效降低运输成本，提高整体运输效率。

（7）提高装载量：①轻重搭配。合理的货物搭配是提升运输效率的关键。通过将实重货物与轻泡货物巧妙地组合在一起，不仅能够充分利用车辆的装载空间，还能确保达到预期的装载重量，从而最大化运输车辆的使用效率。②解体运输。对于体积庞大、笨重且易于受损的货物，解体运输是一种有效的解决方案。通过将这类货物拆卸并分别包装，可以显著减少其占用的空间，进而提升运输过程中的装载效率。③改进堆码。根据车辆货位的实际情况以及货物的包装形态，需要灵活采取多种有效的堆码方法，以确保运输过程的顺畅和高效。

除了上述措施，充分利用各种运输方式的优势，推动联合运输，实施托盘化运输、集装箱运输以及拼装整车运输等策略，也是有效控制运输成本的重要途径。

二、运输能力规划

1．运输规划内容

（1）运输量计划：通过运输需求预测，编制运输量计划，明确全年和各季度要完成的货运量、周转量、分类别货运量。运输量计划值应该取决于企业的运力，当运力小于运输需求时，应以车定产，运输量计划应小于或等于预测值。当运力大于运输需求时，可以以需定产，运输量的预测值可以作为计划值来编制。

（2）车辆计划：根据企业可调配资源编制车辆计划，车辆计划是指运输企业计划期内的运输能力车辆数和车吨位数。

（3）车辆运用计划：运输企业计划期内，全部营运车辆生产能力利用程度的计划安排，由车辆的各项运用效率指标组成，包括车辆时间利用指标、车辆速度利用指标、车辆行程利用指标以及车辆载重能力利用指标。

（4）车辆运行作业计划：编制车辆运行作业计划，明确各辆车在特定时间到达特定地点执行相应任务。

2．运输调度安排内容

运输调度安排即根据运输任务的要求，合理安排正确的车辆、正确的驾驶员以及正确的线路。

（1）运输车辆安排：运输车辆的选择不仅要与货物状况相匹配，还应与道路状况相匹配，具体影响因素包括车辆吨位、车辆容积、车厢形式、运输道路情况等，同时车辆调度也应当考虑当天的运输任务情况、车辆归队情况、天气情况等综合因素。

（2）驾驶员安排：为保证车况，降低各种物耗和维修费用，大多数运输企业是"定车定人"，即车辆一旦确定，驾驶员也随之确定，因此在安排车辆时，需要兼顾驾驶员的各类因素，在实际调度工作中，驾驶员的安排不仅要考虑完成运输任务的行车安全、货物安全，还应考虑企业服务水平和服务质量的提升问题。从安全保障的角度来说包括驾驶经验、驾驶水平、维修水平、身体状况、思想状况、家庭情况等；从服务质量的角度来说包括工作态度、文化水平、性格特点等。

（3）运输线路安排：运输线路安排要考虑道路通行情况、卸货点之间的距离、各个卸货点的卸货时间、具体到货时间。同时在线路规划时，调度员一定要考虑不同线路的经济效益，尽可能选择距离短、费用省的运输线路来完成运输任务。

3．运输调度安排工作流程

运输调度员接到运输计划指令后，需要按照规范的工作流程，调度合适的承运车辆、运输人员并进行线路安排，确保在规定的时间内将货物安全、经济地运送到客户指定地点。

运输调度工作流程具体包括五个步骤，分别是分析运输任务信息，安排车辆、驾驶员和线路，填制并打印运单，制作并打印派车单，下达运输调度指令。

（1）分析运输任务信息：根据收到的运输计划指令，调度员要认真分析运输相关任务信息，包括货品属性是否对运输装卸有特殊要求、货品运量、货品包装、运输流向、运输距离等。

（2）安排车辆、驾驶员和线路：调度员登录运输管理系统，根据运输任务的分析结果完成车辆安排、人员指派、线路选择等工作。

（3）填制并打印运单：根据录入的车辆、驾驶员和线路信息生成任务运单（见图4-4）。

托运日期						到站		
发货人			发货地址			联系电话		
收货人			收货地址			联系电话		
货物名称	型号	规格	尺寸	件数	重量（体积）	运费单价（元/件）	运费金额	备注
保险费			保价			运费		
合金金额			人民币（大写）					
车牌号码			驾驶员姓名			联系电话		
付款方式	□现付　　□到付　　□提付　　□送货　　□回单							
注意事项： 1. 托运货物必须按照保险条例参加保险，如果不参加保险，后果自负。 2. 托运货物必须提供货物有关随行手续，不得假报货名、不得在托运货物内夹带危险品及禁运品，否则一切经济损失均由托运人自己负责。								

图4-4　任务运单（样例）

（4）制作并打印派车单：根据安排的车辆制作并打印派车单，如图4-5所示。

××物流有限责任公司　　　　　　　　　　　　　　　　　　　用车申请人

用车部门		用车时间	年　　月　　日			启程地	
车型		返程时间	年　　月　　日			目的地	
驾驶员		用车事由			货物名称		
押车员					货物数量		
运输部审核	主管意见： 签字：　　　　　　　　　　　　　　　　　　　年　　月　　日						
	经理意见： 签字：　　　　　　　　　　　　　　　　　　　年　　月　　日						
进出时间	进厂时间	年　　　月　　　日　　　时　　　分				门卫签字	
	出厂时间	年　　　月　　　日　　　时　　　分				门卫签字	

图4-5　货物运输派车单（样例）

（5）下达运输调度指令：将运单、派车单等单据交给驾驶员，下达运输调度指令，完成调度安排。

作为调度员，除了做好以上工作流程，还应能够进行异常情况处理，如运输计划变动、车辆变动、人员变动等。同时，做好车辆回队情况登记，及时记录运输任务完成情况、车辆情况、驾驶员情况等信息。

三、运输绩效管理

1. 运输绩效评价体系概念

运输绩效评价是按照统一的评价标准，采用一定的指标体系，按照一定的程序，运用定性和定量的方法，对一定时期内运输活动或运输过程的效益和效率做出的综合判断。

运输绩效管理

2. 运输绩效评价体系的内容

（1）评价对象：运输绩效评价对象主要是指企业的运输活动或运输过程，一般包括集货、中转、装卸等作业活动。

（2）评价组织：评价组织的构成情况及能力大小，将直接影响绩效评价活动的顺利实施及效果。

（3）评价目标：运输绩效的评价目标通常依据运输绩效管理的目标、企业的实际状况和发展目标来确定。评价目标的明确性、具体性和实际性对于整个评价工作的方向至关重要，它们决定了评价工作是否能够正确地进行。

（4）评价原则：评价原则是指在绩效评价工作中所应恪守的一系列基本准则，诸如确保评价的客观性与公正性、明确并强调评价的重点、构建并完善科学合理的指标体系等。

（5）评价内容：评价内容包括对运输成本的评估、运输能力的考量、服务质量的评价、作业效率的分析以及客户满意度的调查等各个方面。

（6）评价标准：评价标准是用于评估考核对象绩效表现的基准，同时也是确立评价指标的根本依据。在制定评价标准时，可选择以企业历史运输活动的绩效表现作为参照，或以行业内卓越企业运输活动的绩效水平作为标杆，亦可依据客户的需求与期望设定相应的绩效评价标准。

（7）评价指标体系：运输绩效评价指标体系是一个综合性的评估框架，旨在全面衡量运输活动的绩效表现。该体系主要包括货物运输量指标、运输效率指标、运输质量指标以及运输成本与效益指标四个核心部分。这些指标共同构成了评价运输绩效的完整框架，为运输企业的持续改进和发展提供了有力的支持。

（8）评价方法：评价方法涵盖了专家评价法、层次分析法和模糊综合评价法等多种方法。

（9）评价报告：经过评价工作实施过程的全面分析与综合考量，最终形成了结论性文件及相关材料。这些材料不仅涵盖了评价对象绩效的优劣结论，还深入剖析了存在的问题及其背后的原因。在构建运输绩效评价体系时，关键在于科学合理地选择和确定评价指标。为确保绩效评价工作的准确性和有效性，必须遵循一定的基本原则来筛选和确定具体的评价指标，并将其整合为一个完整、系统的指标体系，从而为后续的评价工作奠定坚实的基础，实现绩效评价的最佳效果。

3. 运输绩效评价指标体系

（1）货物运输量指标：①以实物为计算单位：货物运输量＝（商品件数×每件货物毛重）/1000。②以金额为计量单位：货物运输量（千克）＝运输货物总金额/该货物每千克平均金额。

（2）运输效率指标：运输效率指标包括反映时间利用情况的指标、反映里程利用情况的指标、反映车辆载重能力利用情况的指标。

1）反映时间利用情况的指标：

$$车辆工作率 = 计算期营运车辆工作天数 / 同期营运车辆总天数 ×100\%$$

$$车辆完好率 = 计算期营运车辆完好天数 / 同期营运车辆总天数 ×100\%$$

2）反映里程利用情况的指标：在特定时间段内，车辆总行程中载重行程所占比重直接体现了车辆的实际载货程度，可作为衡量运输组织管理水平高低的重要依据。

$$里程利用率 = 载重行驶里程 / 车辆总行驶里程 ×100\%$$

3）反映车辆载重能力利用情况的指标：

$$吨位利用率 = 计算期完成货物周转量 / 同期载重行程载重量 ×100\%$$

$$实载率 = 计算期完成货物周转量 / 同期总行程载重量 ×100\%$$

（3）运输服务质量指标：运输服务质量指标包括安全性指标、可达性指标、可靠性指标、一票运输率指标、客户满意率指标、意见处理率指标。

1）安全性指标：

$$运输损失率 = 损失货物总价值 / 运输货物总价值 ×100\%$$

$$货损货差率 = 货损货差票数 / 办理发运货物总票数 ×100\%$$

$$事故频率（次 / 万千米） = 报告期事故次数 / （报告期总运输千米数 ÷10000）$$

$$安全间隔里程 = （报告期总运输千米数 ÷10000） / 报告期事故次数$$

2）可达性指标：货物直达率指标对于评价来往于机场、铁路端点站、港口之间的运输，特别是在评价外部运输与厂内运输的衔接上显得更有意义。

$$货物直达率 = 直达票号数 / 同期票号数 ×100\%$$

3）可靠性指标：此指标旨在衡量运输工作的质量，使企业能够积极采纳先进的运输管理技术与理念，优化运输调度管理，从而确保货物流转的及时性与高效性。

$$正点运输率 = 正点营运次数 / 营运总次数 ×100\%$$

4）一票运输率指标：一票运输，即货主通过一次托运手续，由企业全程负责，实现货物的中转直至送达最终目的地。该服务旨在提供高效、便捷的物流解决方案。而一票运输率指标则用于衡量联合运输或一体化服务的发展水平和服务质量。

$$一票运输率 = 一票运输票号数 / 同期票号数 ×100\%$$

5）客户满意率指标：客户满意率指标是对运输服务质量的总体评价指标。

$$客户满意率 = 满意货主数 / 被调查货主数 ×100\%$$

6）意见处理率指标：

$$意见处理率 = 已处理意见数 / 客户意见数 ×100\%$$

（4）运输成本与效益指标：运输成本与效益指标包括单位运输费用指标、燃料消耗指标、运输费用效益指标、单车经济收益指标以及社会效益指标。

1）单位运输费用指标：该指标可用来评价运输作业效益高低以及综合管理水平。

$$单位运输费用（元 / 吨公里） = 运输费用总额（元） / 报告期货物总周转量（吨公里）$$

2）燃料消耗指标：在评估运输活动中的燃料消耗情况时，主要参考两个指标，即单位实际消耗和燃料消耗定额比。这两个指标能够客观地反映出燃料的使用效率及运输活动的经济性。

$$单位实际油耗（升/百吨公里）= 报告期实际油耗/报告期运输吨公里数 \times 1/10$$
$$燃料消耗定额比 = 百吨公里燃料实耗量/百吨公里燃料定额量$$

3）运输费用效益指标：该指标表示单位运输费用支出额所带来的盈利额。

$$运输费用效益 = 经营盈利额/运输费用支出额$$

4）单车经济收益指标：该指标表示单车运营收入中扣除成本后的净收益。计算结果为正值，说明车辆运营盈利；计算结果为负值，说明车辆运营亏损。

$$单车经济收益 = 单车运营总收入 - 单车总成本$$

5）社会效益指标：对运输活动进行社会效益评价，可借助专业性的环境评价指标，也可通过定性分析进行。例如，对运输活动中清洁能源车辆的使用情况以及对周边环境造成的污染状况进行考察等。

技能实训

运输绩效管理实训

实训目标：

1. 理解运输绩效管理概念：深入理解运输绩效管理的定义、重要性及其在企业运营中的作用。

2. 掌握绩效评价体系：学习并应用运输绩效评价指标，掌握相应的评价方法。

3. 数据分析与决策能力：通过实际案例分析，培养运用数据分析工具进行运输绩效评估，并基于评估结果提出改进建议。

4. 团队协作与沟通：在实训过程中，提升团队协作能力和跨部门沟通能力。

实训内容：

1. 实际案例分析：提供企业的相关绩效评价体系，根据案例数据对运输绩效进行评价，并针对未达标的绩效指标提出改进措施。

2. 数据分析与评估：运用 Excel 对案例数据进行分析，评估运输绩效。

3. 改进建议制定：基于评估结果，提出有针对性的运输绩效改进建议，包括流程优化、成本控制、服务质量提升等方面。

情境描述：

近年来，随着物流技术的不断进步和市场竞争的加剧，运输绩效评价成为越来越多制造企业关注的重点。通过科学的运输绩效评价，企业可以及时发现运输过程中存在的问题，优化运输流程，提高运输效率和服务质量，从而增强市场竞争力。C 制造企业是一家拥有自有运输车队的大型企业，业务涵盖生产制造及物流配送等多个环节。企业成立多年，凭借优质的产品和服务在市场上占据了一定的份额。随着市场竞争的加剧和客户需求的不断变化，企业意识到提升运输效率和服务质量的重要性，因此决定对自有运输车队进行运输绩效评价，并针对未达标的绩效指标提出改进措施。接到指示后，相关员工立即着手展开此项工作。

工作人员主要从运输服务质量和运输成本与效益的角度出发来考虑运输作业的绩效。运输服务质量包括安全性、可达性、可靠性及客户满意率，运输成本与效益包括单位运输费用与运输费用效益，各项评价指标权重见表4-1。

表4-1　各项评价指标权重

一级指标		二级指标	
指标	权重	指标	权重
运输服务质量	0.5	安全性	0.123
		可达性	0.227
		可靠性	0.227
		客户满意率	0.423
运输成本与效益	0.5	单位运输费用	0.333
		运输费用效益	0.667

工作人员依据四等级评语集，即 V={优秀，良好，一般，差}，根据 C 公司 30 位专家及相关人员的调查问卷结果，确定了各子因素的隶属度，并构建了各项指标的模糊评价矩阵，见表4-2。

表4-2　模糊评价矩阵

一级指标	二级指标	判断矩阵
运输服务质量	安全性	（0.2，0.4，0.3，0.1）
	可达性	（0.3，0.4，0.2，0.1）
	可靠性	（0.2，0.3，0.4，0.1）
	客户满意率	（0.3，0.4，0.2，0.1）
运输成本与效益	单位运输费用	（0.3，0.4，0.2，0.1）
	运输费用效益	（0.3，0.5，0.1，0.1）

根据隶属度最大原则，请帮助 C 公司判断其运输绩效的评价结果。

实训总结：

根据模糊综合评价法，将运输绩效评价结果进行汇总，得到结果，见表4-3。

表4-3　运输绩效评价汇总表

指标	优秀	良好	一般	差	评价结果
运输服务质量	0.265	0.3773	0.2577	0.1	良好
运输成本与效益	0.3	0.4667	0.1333	0.1	良好
总体	0.2825	0.422	0.1955	0.1	良好

因此，根据已有数据得到该企业运输绩效综合评价等级为良好，且两个一级指标评价结果均为良好，整体评价结果较为理想。

内容小结

本模块在 TMS 构成与应用上，介绍了 TMS 的定义、功能模块、系统特点，分析了 TMS 的发展趋势，列举了 TMS 的应用场景。

在运输监控与可视化上，介绍了网络货运平台的概念和特点，说明了网络货运线上经营的申请流程；分析了运输需求和运输供给的影响因素，阐述了两者之间的关系，说明了运输供需均衡的调节机制。

在运输绩效优化方案上，介绍了运输成本的构成，分析了影响运输成本的因素，说明了运输成本核算和控制的方法；阐述了运输规划的内容，说明了运输调度安排的内容和工作流程；介绍了运输绩效评价体系的概念和内容，说明了运输绩效评价指标体系的构建。

课后习题

一、单选题

1. 通过智能算法进行路径优化、运输计划编排，利用自动化设备进行货物装卸、分拣等操作属于 TMS（   ）特点。
    A. 高度集成化
    B. 智能化与自动化
    C. 安全性与可靠性
    D. 可制定性与扩展性好

2. 在网络货运经营申请中，通过能力认定的申报企业，向所在地县级负有道路运输监督管理职责的机构提出网络货运经营申请，并提交相应材料，这属于（   ）。
    A. 平台接入流程
    B. 线上服务能力认定流程
    C. 行政许可流程
    D. 工商注册流程

3. （   ）是影响运输成本的主要因素。
    A. 运输距离   B. 货物性质   C. 市场因素   D. 货物密度

4. 运输调度工作流程具体包括五个步骤，在分析运输任务信息后的步骤为（   ）。
    A. 填制并打印运单
    B. 下达运输调度指令
    C. 制作并打印派车单
    D. 安排车辆、驾驶员和线路

5. （   ）包括反映时间利用情况的指标、反映里程利用情况的指标、反映车辆载重能力利用情况的指标。
    A. 运输效率指标
    B. 货物运输量指标
    C. 运输服务质量指标
    D. 运输成本与效益指标

二、多选题

1. TMS 的主要功能模块包括（   ）。
    A. 系统管理功能设置
    B. 基本信息设置
    C. 运输作业设置
    D. 财务管理设置

2. 网络货运线上经营申请流程包括（   ）。
    A. 线上服务能力认定流程
    B. 行政许可流程

  C. 平台接入流程   D. 工商注册流程

3. 运输成本包括（   ）。

  A. 变动成本   B. 固定成本   C. 联合成本   D. 公共成本

4. 运输规划的内容包括（   ）。

  A. 运输量计划   B. 车辆计划

  C. 车辆运用计划   D. 车辆运行作业计划

5. 运输绩效评价体系的内容包括（   ）。

  A. 评价对象   B. 评价组织   C. 评价目标   D. 评价原则

三、判断题

1. 网络货运经营包括仅为托运人和实际承运人提供信息中介和交易撮合等服务的行为。
                     （ ）

2. 运输供给受到运输技术、设备、人力、资源、政策等多种因素的影响。 （ ）

3. 车队等基层营运单位管理人员的薪酬以及办公用的水电费、办公费、差旅费在运输成本中属于直接费用。   （ ）

4. 运输绩效评价是按照统一的评价标准，采用一定的指标体系，按照一定的程序，运用定性和定量的方法，对一定时期内运输活动或运输过程的效益和效率做出的综合判断。 （ ）

5. 运输成本与效益指标包括安全性指标、可达性指标、可靠性指标、一票运输率指标、客户满意率指标、意见处理率指标。   （ ）

课后评价

评价项目	具体内容	分值	得分
知识目标	了解 TMS 的特点及应用场景	5	
	了解网络货运平台的概念及经营申请流程	5	
	了解运输需求和运输供给的关系及各自的影响因素	5	
	掌握影响运输成本的因素	5	
	掌握运输规划的内容、运输调度安排的内容以及工作流程	10	
	掌握运输绩效评价体系的内容	10	
技能目标	能够编制网络货运申报方案	10	
	能够分析需求与供给的变动对均衡点的影响	10	
	能够结合实际案例对企业运输成本进行核算并提出优化方案	10	
	能够结合实际案例对运输绩效进行合理评价	10	
素养目标	能够具有数字思维和数据分析意识	10	
	具有良好的团队协作与沟通能力	10	
合　计			
小组成员			
评阅教师			

数字化物流服务与服务质量

◎ 知识目标：

- 了解质量与质量管理的内涵；
- 识别物流服务质量的独特性；
- 掌握物流服务质量差距模型，并掌握利用差距模型进行管理的策略；
- 识别并掌握物流服务控制的过程工具。

◎ 技能目标：

- 能够阐述全面质量管理的基本工作程序；
- 能够识别和辨析物流客户的质量预期；
- 能够结合企业具体实际，开展服务补救管理。

◎ 素养目标：

- 持续改进的精益思想；
- 抓主要矛盾和矛盾的主要方面。

导入案例

智慧物流时代农产品物流服务质量提升的策略

L 城的 A 公司，自 2016 年 2 月成立以来，便深耕农业流通标准化与大数据领域，通过构建农产品仓储保鲜冷链体系及供应链运营基地，显著降低了农产品损耗与物流成本，实现了农产品的标准化流通，并成功打造出线上线下无缝对接的农产品交易生态系统。

A 公司独创性地构建了"两点一线"农产品流通模式，即"田头直达县农贸农批市场，再经城市前置仓至零售市场，最终触达消费者"的高效供应链网络。其中，"县农贸农批市场"作为关键节点，由公司与政府合作投资，实施现代化改造或新建，集批发、分拣、包装、冷藏、物流及加工等多功能于一体，成为县域农产品流通的核心枢纽；而"零售市场"则聚焦于城市农贸市场与社区菜篮子，通过双方的共同投资与升级，实现线上线下融合运营，精准对接消费需求，提升顾客购物体验。

依托强大的农产品供应链与冷链体系，A公司与农产品合作社建立了稳固的长期合作关系，从源头把控农产品质量，确保物流安全。公司布局了187个服务站点覆盖全区，配备60辆物流车，日处理农副产品达100吨，通过"60分钟极速配送"模式，快速响应本地市场需求。同时，利用社员网拓宽销售渠道，将农产品销往全国，并借助先进的冷链仓储技术，优化销售时机，提升产品附加值。

A公司的农产品加工基地设施齐全，包括交易市场、加工车间、包装车间、恒温冷库等，服务于周边十大蔬菜基地，其冷链物流中心更是拥有4000吨低温与3000吨保鲜存储能力。2020年，基地加工农产品总量达8000吨，特别是冷冻净菜出口至俄罗斯、日本、欧盟等地，其中速冻花椰菜成为拳头产品，每月稳定出口俄罗斯100吨。

然而，面对运营挑战，A公司也意识到物流信息共享不畅、服务标准化不足及质量意识薄弱等问题。为解决这些问题，公司计划引入HACCP管理理念，构建智慧型农产品物流管理平台，制定严格的物流管理企业标准，并加强物流质量管理复合型人才的培养，以实现农产品物流活动的科学化、规范化和标准化，全面提升物流服务质量与效率。

思考：结合本案例内容，思考在智慧物流时代，农产品物流服务质量提升的思路和策略有哪些？

单元1 数字化物流服务

物流服务质量对企业的运营效率有着至关重要的影响。高效的物流服务能够缩短商品流通时间，降低物流成本，从而提高企业的整体盈利能力。同时，通过优化物流服务流程，企业还能够更好地满足客户的个性化需求，提升客户满意度和忠诚度。

一、数字化物流服务概述

（一）质量与质量管理

服务质量管理

1. 质量

按ISO 9000：2000的定义，质量是"一组固有特性满足要求的程度"。定义中的"固有特性"是指事物本来就有的，它是通过产品、过程或体系设计和开发及其实现过程形成的属性。

"满足要求"就是应满足明示的、通常隐含的或必须履行的需要和期望。只有全面满足这些要求，才能评定为好的、优秀的质量。

世界著名的质量管理专家朱兰则从用户的角度出发，认为"质量就是适用性"。产品和服务是提供给顾客的，顾客是产品生产和服务运作的驱动力，因此，从顾客的角度给质量下定义应该是最有力的。现代质量管理也认为，定义质量必须从顾客出发，因此朱兰的"适用性"成为目前对质量流行的权威定义之一。

"适用性"是指产品或服务满足顾客需求的程度。企业的产品或服务是否使顾客满意、是否达到了顾客的期望，如果没有，则说明存在质量问题。这种问题不管是来自于产品本身的缺陷还是没有了解清楚顾客的需要，都将是企业的责任。

综上所述，本书对质量的定义为：与满足明确或隐含需求能力有关的产品或服务的特征与特性的总和。

2. 质量管理

质量管理就是为了实现组织的质量目标而进行的计划、组织、领导和控制活动。根据 ISO 9000：2000 给出的定义，质量管理是指"在质量方面指挥和控制组织协调的活动"。这个定义指出了质量管理是各级管理者的职责，与组织内的全体成员都有关，但必须由最高管理者来领导。质量管理包括确定质量方针和目标、质量策划、质量控制、质量保证和质量改进。

（二）物流服务质量

1. 物流服务质量的概念

物流服务质量是指物流服务的固有特性满足物流客户和其他相关要求的程度。其中，固有特性是物流服务活动本来就具有的，尤其指永久性。例如，通过物流活动将物品送达目的地所呈现的时空变化的特性，就是物流服务活动固有的特性，这一特性满足客户的程度就是物流服务质量。从客户消费的视角来看，物流服务质量一般包括运输服务质量、仓储服务质量、配送服务质量等。物流服务质量有时也称为物流服务水平。

2. 物流服务质量的内容

从物流服务质量的形成过程来看，物流服务质量一般包括物流服务技术质量和物流服务功能质量。

（1）物流服务技术质量是指客户通过消费物流服务得到了什么，即物流服务的结果，如运输或配送物品的数量、里程、时间等。一般可以用某种形式度量，如货运服务可以利用运送的时间作为衡量服务质量的一个依据。由于客户对通过消费物流服务所获得的结果是非常关心的，这就使物流服务的技术质量成为客户评价物流企业服务质量的重要内容。

（2）物流服务功能质量是指客户是如何消费物流服务的，即物流服务的过程，如运输和配送的方便性、及时性、灵活性，事故的可补救性，以及服务态度、信息沟通等均属物流服务的功能质量。功能质量的优劣取决于客户对物流服务过程的感觉评价。

物流服务技术质量是客观存在的，而功能质量在很大程度上是主观的，是客户对物流服务过程的主观感觉和认识，两者综合在一起才能形成完整的感受，并从整体上反映物流服务质量的优劣。

（三）物流服务质量管理

1. 物流服务质量管理的概念

物流服务质量管理是指以全面质量管理（Total Quality Management，TQM）思想为指导，运用科学的管理方法和手段，对物流服务运作过程的质量及其影响因素进行计划、组织和控制等工作的总和。它具有以下基本特点。

全面质量管理

（1）全对象的管理。物流服务质量管理不仅涉及物流对象物品及相关服务质量本身，而且还涉及物流工作质量、物流工程质量以及成本和交货期，由此可见，物流服务质量管理的对象是非常广泛的，涉及物流的各个方面，具有很强的全面性。

（2）全过程的管理。物流服务质量管理是对物品的包装、装卸、运输、保管、搬运、配送、流通加工等过程进行全过程的质量管理。在这个过程中，必须一环不漏地进行全过程管理才能保证最终的物流服务质量达到目标质量。

（3）全员参与的管理。由于物流服务质量管理对象的全面性、物流所涉及过程的复杂性和综合性，为了保证物流服务质量，就需要各个环节的所有部门和人员，积极参与、紧密配合、把握规律，共同完成质量管理的各项任务。

2．物流服务质量管理的内容

物流服务质量管理的内容即对物流服务技术质量和功能质量的管理，具体表现在物流服务标准的设立、服务内容的制定、服务结果的反馈和服务质量的评估等。

二、数字化物流服务传递系统

数字化物流服务传递系统是指物流组织如何将服务从组织的后台传递至前台并提供给顾客的综合系统，是物流服务组织的内核，其内涵是服务组织的运作和管理过程。数字化物流服务传递系统必须最大限度地使消费者满意，同时能够有效提高服务组织的运营效率和控制运营成本。许多服务的观念是可以被竞争者效仿的，但是一个设计合理的数字化物流服务传递系统却无法简单抄袭，因此，数字化物流服务传递系统就成为潜在竞争者的一道障碍，成为服务组织的核心竞争优势。

企业的数字化物流服务传递系统是通过对服务过程的描绘来揭示企业运营的主要特征的。设计数字化物流服务传递系统是一项富有创造性的工作，需要对企业的生产作业流程和服务资源状况有准确的认知，从而提供一种与竞争对手有所不同的服务概念和战略。它是企业服务战略、服务文化、服务管理和服务营销的综合体现。

美国亚利桑那大学教授齐斯（Richard Chase）提出，服务传递系统可以分为高度顾客接触和低度顾客接触两种类型。在低度顾客接触区域，因为顾客不直接出现在生产过程中而不会产生直接影响，其生产经营观念和自动化设施均可应用工厂运作模式，如电商物流仓储中心就属于低度顾客接触型。而在高度顾客接触区域，要让顾客感受到个性化服务，在设施选址上要接近目标顾客，设施布局要考虑顾客的生理和心理需求及期望，把顾客包括在生产进度表中，且必须满足其需求，对服务过程的设计需要考虑生产环节对顾客的直接影响以及顾客对服务体验的需求，如无人便利店则属于高度顾客接触型。它是借助智能 AI 识别系统 + 重力感应货架 + 无感支付等先进技术，提升了购物的便捷性和安全性，实现快速、安全的支付体验。现在，智能自动售货机已经出现，通过某种方式与后台相联系，可以准确告诉补货人员哪台售货机的哪类商品需要补多少货，补货人员不用担心少带或多带商品，这样的效果之一就是效率的提升。

美国银行家协会的权威人士、著名服务管理学专家肖斯塔克（G. Lynn Shostack）是最早提出服务设计概念的学者之一，他认为服务设计由以下四个基本步骤组成：①确认服务过程：确定服务的输入、流程与产出，描绘蓝图，划分步骤。②识别容易失误的环节：找出服务过程中可能由于人员、设备以及其他特有原因容易出现失误的环节，以便进行监测、控制和修正。③建立时间标准：依据顾客所能接受的标准确定每个环节的时间标准。④分析成本收益：对每一环节以及整个服务系统的成本与收益进行分析，并加以改进，以提高效率。

知识拓展　川航基于"互联互通"的电子货单全流程服务设计创新过程

第一步：确认服务过程。

数据孤岛问题是航空电子货单推广面临的最直接的障碍，发展电子货运实现互联互通是必要前提。川航物流聚焦内外部联通，探索出电子货单流转过程，实施所必要的数据共享。川航物流内部互联互通主要聚焦于货站枢纽的全流程、全要素数字化水平的提升，基于"一码到底"模式，推动物流设施设备全面联网，实现所有环节和要素生产数据的动态交互与实时沉淀，提供电子货单运行所必备的数字化平台支撑，具体流程如图5-1所示。

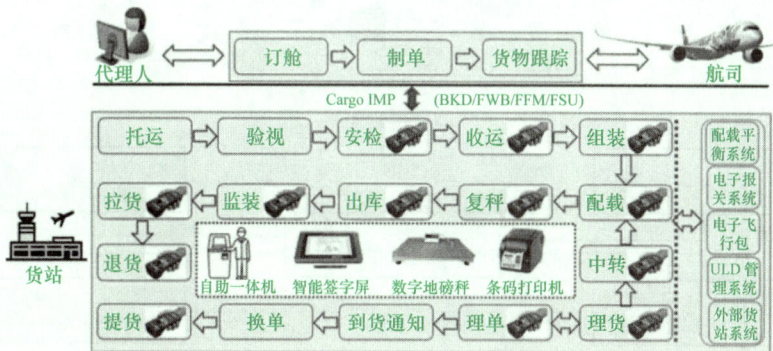

图5-1　川航基于"互联互通"的内外部电子货单数据全流程

第二步：识别容易失误的环节。

外部互联互通聚焦于打破航司与代理人、航司与货站、货站与货站之间的数据壁垒，按照 Cargo IMP 标准报文格式，通过 API 接口或者报文解析的方式实现互联互通，加上特种货物机长通知单、运输证明等随机文件的电子化，为电子货单全流程服务提供可行性。

第三步：建立时间标准。

川航物流搭建电子报关平台，对接海关总署及电子口岸基于海关报文规范，实现进出港报文对接，对接机场货站海关监管平台进行货物出入库、电子放行、海关查验数据的获取交互。川航物流在完成货站经营场所电子化报关的基础上，围绕一体化供应链研发智能报关平台，将报关业务延伸至进出口货物报关、跨境报关、预配舱单以及转关申报，并且引入OCR 与 AI 技术，辅助企业客户达成 AEO 认证。一是实现可记录，快速识别超过90%，对进出口活动中相关信息完整记录；二是可分析，提供数据完整性分析与成本分析；三是可追溯，具备数据关联、正向追踪、逆向追溯与状态关联追踪；四是可预警，具有合规预警、价格预警、涉证预警、申报规范预警，可与海关标准值进行合理性校验；五是可查询，具有数据查询、状态查询、审核查询、单证查询、关联查询等。针对需要进行进出口转关或境内转关业务，通过智能报关机器人，一键转关生成转关报关单，极大节约了操作时间与人力成本。电子报关平台数据交互标准执行及流程图如图5-2所示。

第四步：分析成本收益。

川航物流基于数据治理开展货站运行绩效的智慧化管控创新，制定出三步走战略：一是实现对航空货站人员与设施设备等核心生产要素的数字化改造。二是开展数据治理，实现运行绩效指标的可视化呈现，按岗位梳理构建多维度绩效管理指标，配套优化绩效管理激励机制。三是研发智能排班算法，依靠 AI 技术进一步探索航空货站运营板块的数字化转型。川航物流运行绩效管理平台，实现了对货站人员、设施、设备等90%生产要素的数字化改造，打通货站运行系统与地面保障系统的数据共享，形成对运行数据资产的集中管理，并基于数据治理完成货站各岗位及人员的运行绩效指标的梳理与可视化呈现，配套推进绩效管理体系的改革，构建数字化管理决策体系。

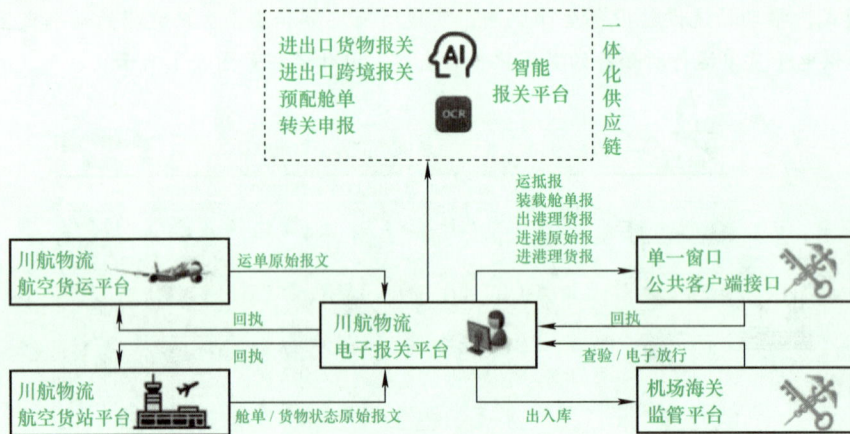

图 5-2　电子报关平台数据交互标准执行及流程图

单元 2　数字化物流服务中的运营技术

随着科技的飞速发展，数字化已经成为物流行业转型升级的重要方向。在这个过程中，技术的运用不仅重塑了物流服务的面貌，更在提升物流服务质量方面发挥了至关重要的作用。接下来，让我们一同探究数字化物流运营中那些推动服务质量跃升的关键技术。

一、关联图法

事物之间往往存在着大量的因果关系，例如因素 A、B、C、D、E 之间存在着一定的因果关系，其中因素 B 受因素 A、C、D 的影响，但它又影响着 E，而因素 E 又影响着因素 C……在这种情况下，理清因素之间的因果关系，从全盘加以考虑，就容易找出解决问题的办法。把若干存在问题及其因素间的因果关系用箭头连接起来，用以作为解决问题手段的方法称为关联图法。关联图法主要用于质量管理方针的制定和展开、制订质量管理改进活动计划、改善管理工作等。某企业针对库存积压问题的关联图如图 5-3 所示。

关联图法的应用步骤如下：①提出认为与问题有关的所有因素；②用简单明确的语言表达各因素；③用箭头把因果关系有逻辑地连接起来；④根据图形进行分析讨论，检查是否有遗漏或表达不够确切的地方，复核和认可上述各个因素之间的关系；⑤分析研究，提出重点因素，拟订措施计划。

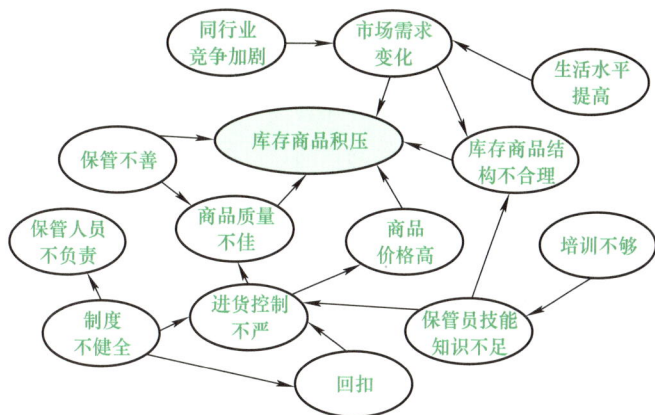

图 5-3　某企业针对库存积压问题的关联图

二、KJ 法

KJ 法又称 A 型图解法、亲和图法，以其发明者川喜田二郎命名。KJ 法是将未知的问题、未曾接触过领域的问题的相关事实、意见或设想之类的语言文字资料收集起来，并利用资料间的内在相互关系制作合并归类图，以便从复杂的现象中整理出思路，抓住实质，找出问题的解决方法。

知识拓展　某公司的 KJ 法

某物流公司运营部主管偶尔直接或间接地听到员工对工作中的一些问题发牢骚，他想要听取员工的意见和要求，但因倒班的人员多、工作繁忙，不大可能召开座谈会。因此，该主管决定用 KJ 法找到员工不满的方案。

第一步，他注意听员工间的谈话，并把有关工作中问题的只言片语分别记到卡片上，每个卡片记一条，如"有时没有打印纸""有些工作未进行交接""接收机的声音嘈杂""查找资料太麻烦""改变一下夜班值班人员的组合如何"……

第二步，将这些卡片中同类内容的卡片编成组。例如，"其他公司已经给接收机安上了防护罩""因为接收机的声音嘈杂，所以如果换个地方……""有人捂着一个耳朵打电话"……上面的卡片组暗示要求本公司"给接收机安上防护罩"。而从下面的卡片组中可以了解到要求制定更简单明了的交接班方法："在某号收纳盒内尚有未处理的单据""接班时自以为清楚了，可是过后又糊涂了，为了做出处理，有时还得打电话再次询问"……

第三步，将各组卡片暗示出来的对策加以归纳集中，就能进一步抓住更潜在的关键性问题。例如，"因为每个季节业务高峰的时间区域都不一样，所以需要修改倒班制度"，或者是"根据季节业务高峰的时间区域改变交接班时间"，或者是"根据货车流量高峰的时间确定交接班时间"。

主管拟定了一系列具体措施，又进一步征求乐于改进的员工的意见，再次做了修改之后，最后提出具体改进措施加以试行，结果员工们皆大欢喜。

三、系统图法

系统图法是把为了达到目的所必需的方法系统地展开，并绘制成系统图以便纵观全局、明确重点，寻求实现目标的最佳措施和手段的方法。它主要用于新产品、新服务开发过程中设计质量的展开，制订质量保证计划、健全质量管理体系，对质量保证活动进行展开，对解决企业有关质量、成本、交货期等问题的创意进行展开等。

系统图法的应用步骤如下：①确定具体的目的、目标或问题，把最终要达到的目的、目标或所要解决的质量问题以简洁、易懂的语言明确记录下来，放在明显的位置；②为达到目的、目标或解决问题，提出相应的手段和措施；③评价手段和措施是否得当并进行取舍；④使目标（问题）与手段（措施）间互相连接、系统化，形成系统图；⑤对系统图内容逐级检查，确认目标能否充分地实现或问题被有效地解决，以保证最终目标、目的能够实现，问题能够得到解决；⑥制订实施计划，即把系统图最低水平的手段和措施更加具体化，明确具体的实施内容、日程、负责人等。

四、矩阵图法

该方法是从问题事项中找出成对的因素群，分别排成行和列，找出其间行与列的关系或相关程度的大小，探讨问题点的一种方法。

矩阵图法的应用步骤如下：确定事项；选择因素群；选择矩阵图类型；根据事实或经验评价和标记；资料统计以寻找着眼点。

五、PDPC 法

PDPC 法是为了完成某个任务或达到某个目标，在制订行动计划或进行方案设计时，预测可能出现的障碍和结果，并相应地提出多种应变计划的一种方法。

PDPC 法的应用步骤如下：确定所要解决的课题；提出达到理想状态的手段、措施；对提出的手段、措施，列举出预测的结果及遇到困难时应采取的措施和方案；将各研究措施按紧迫程度、所需工时、实施的可能性及难易程度予以分类；决定各项措施实施的先后顺序，并用箭条向理想状态方向连接起来；落实实施负责人及实施期限；不断修订 PDPC 图。某公司运用PDPC 法防止产品搬运倒置如图 5-4 所示。

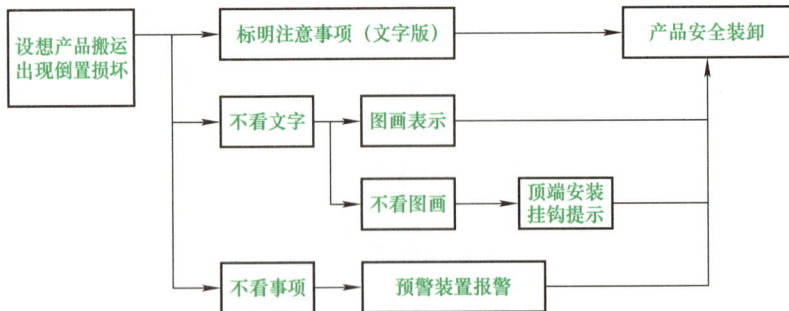

图 5-4　运用 PDPC 法防止产品搬运倒置

六、箭条图法

箭条图法是通过小组讨论，对某事项或工程的实施进度建立最佳的日程计划并进行管理，使其能顺利完成的一种方法。

箭条图法的应用步骤如下：明确主题；确定必要的作业和（或）日程；按先后顺序排列各作业；考虑同步作业，用箭条连接各作业点，并标注日程或工期；计算各作业点和日程的起止时间，找出关键路线。

七、矩阵数据分析法

矩阵数据分析法是指当矩阵图中各要素间的关系可以定量表示时，通过数量化方法和主成分分析法，对这些数据进行分析整理，并找出解决问题的途径的方法。其中，主成分分析法是将一些具有错综复杂关系的多变量归结为少数几个综合变量（主成分）的多元统计分析方法；矩阵数据分析法主要用于分析各种构成因素复杂、由大量数据组成的质量问题，如通过对市场调查数据进行分析，掌握客户所要求的质量，再如对复杂工序质量进行分析等。

矩阵数据分析法的应用步骤如下：①调查、收集足够数据，列出数据表。②计算各组数据的均值、方差（或标准差）和进行数据标准化。③列出标准化数据矩阵。④求出相关系数，列出相关矩阵（是对称矩阵，且对角线上元素为1）。⑤求出相关矩阵的特征根与特征向量。这里的特征根表示主成分的数值，数值越大，代表性越强；特征向量表示各观测值（数据）与主成分的关系，可以呈现某种规律性。⑥求出各个主成分。⑦求各主成分的方差贡献率，分析计算结果，找出改进方向。

单元 3　数字化物流服务质量

对于物流商业运营来说，物流服务质量无疑是一个不可忽视的关键影响要素，它不仅直接关系到客户的满意度和忠诚度，也是衡量物流企业运营效率和专业水准的重要标尺。随着市场环境的不断变化和客户需求的日益多样化，如何持续提升物流服务质量，成为物流企业必须面对的重要运营课题。

服务质量差距模型

一、服务质量差距模型

服务质量差距模型（Service Quality Model），也称5GAP模型，是20世纪80年代中期到90年代初期，由美国营销学家帕拉休拉曼、赞瑟姆和贝利等人提出的，专门用来分析发现引发质量问题的根源（见图5-5）。对服务质量进行差距分析是一种直接有效的方法，可以发现服务提供者与顾客对服务观念之间存在的差距。明确这些差距是制定战略、保证期望质量和现实质量一致的理论基础。这会使顾客给予服务质量积极评价，提高顾客满意度。

服务期望与服务感知之间的差距被定义为感知差距（差距5），受到其他四个差距的影响，是其他四个差距累积的结果。

感知差距（差距5），即顾客期望与顾客感知的服务之间的差距，这是差距模型的核心。要弥合这一差距，就要对其他四个差距进行弥合；认知差距（差距1），即顾客实际期望与管理者感知的顾客期望之间的差距；设计差距（差距2），即管理者感知的顾客期望与服务质量规范之间的差距；传递差距（差距3），即服务质量规范与服务传递之间的差距；沟通差距（差距4），即服务传递与外部沟通之间的差距。

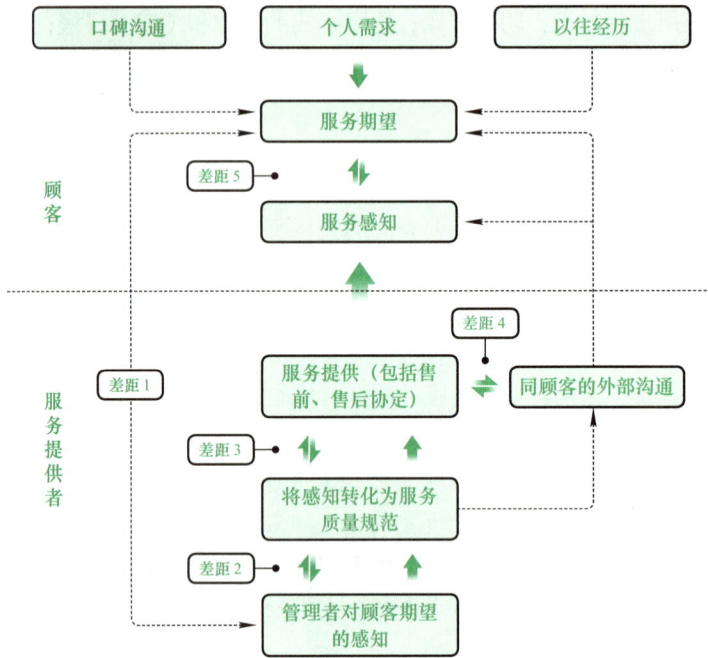

图 5-5　服务质量差距模型

（一）认知差距

认知差距是指服务提供者感知的顾客期望与顾客实际期望之间的差距。例如，网上购物时，物流服务的质量高低可能会影响顾客的复购率。物流公司认知的顾客期望是快速、及时、完好，而顾客期望的是快速、准时、完好、低价。认知差距产生的原因有三方面：第一，市场信息错位；第二，信息沟通失真；第三，管理层级复杂，信息传递扭曲失真。

弥合认知差距的方法就是要充分准确地了解顾客期望，具体策略包括：通过市场调研、顾客抱怨分析等了解顾客期望；增加顾客与高层管理者的直接互动；提高从一线员工到管理层的沟通水平；将信息与创意转化为实际行动。

（二）设计差距

设计差距就是服务企业对顾客期望的认知与其建立的服务质量标准之间的差距。造成这一差距的原因主要包括高层管理者对服务质量重视程度不够；企业资源的短缺会使企业设计标准降低；服务质量标准化程度不高，使服务运作不规范。

弥合设计差距的方法就是要建立恰当的服务质量标准。具体策略包括：确保高层管理者重视的质量与顾客期望的质量一致；在所有工作单元建立和强化顾客导向的服务标准；使用机器代替人员进行服务，加大标准化力度，确保服务的一致性和可靠性；确保员工理解并接受服务质量目标和优先权的设定；评价质量绩效并定期反馈。

（三）传递差距

传递差距是指特定的服务标准与服务提供者实际提供服务的质量之间的差距。这一差距主要取决于一线服务人员的服务执行过程。而影响服务人员的执行质量的因素主要是员工与岗位的匹配度、绩效考核体系中对服务人员的主要考核要素、职责的清晰度等。

对于大多数企业来说，传递差距是服务质量中存在的一个主要问题。解决这一问题的主要办法就是确保服务绩效达到标准，其主要策略包括：明确员工职责，确保所有员工理解其工作如何使顾客满意；培训员工的服务技能，包括操作技能和沟通技能；建立公平、有效、简单的绩效考核体系；建立工作团队，使员工融洽地合作，使用团队奖励进行激励。

（四）沟通差距

沟通差距分为内部和外部两种差距。内部沟通差距就是企业宣传及承诺的服务质量水平与企业实际提供水平之间的差距。形成这个差距的主因是企业内部的横向交流不畅。一方面是企业的广告策划部门与服务运营部门缺乏有效的交流，从而做出了不切实际的广告宣传；另一方面是一线服务人员对企业的外部宣传不够了解，也就不可能做到使服务效果与外部宣传一致。外部沟通差距是指企业实际宣传的服务质量承诺与顾客通过宣传理解可以得到的服务质量之间的差距，这往往是由于市场的恶性竞争带来的。

弥合这一差距的方法就是要恪守承诺，具体策略包括设计真实反映员工工作的广告；开展企业内部的教育、培训和宣传活动，加强营销部门、运营部门和广告策划部门之间的联系；让顾客明白什么是可能的、什么是不可能的及其原因。

（五）感知差距

感知差距是指企业实际提供的服务与顾客期望得到的服务之间的差距，是由以上四种差距所导致的最终结果。弥合该差距的方法是在服务过程中让顾客知情，并征询顾客的意见，及时调整服务方式与方法。

知识拓展 | 快递寄送中的物流服务质量差距

陈某于4月10日使用某快递寄送一台家用打印机，从广州寄往佛山，快递工作人员上门取走完好的打印机后，告知陈某，将打印机送达仓库包装，同时将发送微信支付快递服务费和包装费的消息并请其留心查收。

4月11日，陈某的快递显示签收成功，但收件人告知她"打印机漏墨严重，主板已经烧毁，机器已经完全报废"。当日，陈某非常恼火，认为商品报废破损竟然要由收件人告知她，大费周章地快递了一件报废商品，于是向快递公司发起投诉，并要求按照机器原价628元赔付。多次沟通后，快递公司愿意赔付200元，陈某认为差异过大，拒绝赔偿方案。陈某表示，在为期9天的投诉、申诉期间，每次都是自己主动打电话跟进投诉进度，快递公司方面一直消极处理投诉，拖延时间。"他们家的广告打得太好了，我想那我也试试吧，我原本相信他们的高快递服务费、高包装费可以换来省心安心的服务，没想到换来的却是机器完全报废，而且被消极处理投诉。"陈某说，"这么贵的快递服务都如此，以后真心不知道能用哪家快递了，简直是开盲盒。"

请结合陈某的经历，分析物流服务质量中的五个差距。

二、SERVQUAL 评价体系

SERVQUAL 是"Service Quality"（服务质量）的缩写，是建立在服务质量概念性模型基础上的，通过分析不同维度的影响大小而建立起的一套完整的评分系统，再根据分值高低对评价对象的服务质量进行量化评判。SERVQUAL 模型衡量服务质量的五个维度包括：有形性、可靠性、响应性、保证性和移情性（见表 5-1）。

表 5-1　SERVQUAL 评价体系

维度	定义	题项
有形性 （Tangibles）	服务中的实体部分	1. 设施外表具有吸引力； 2. 设备完善的设施； 3. 员工应穿着工服、整洁干净； 4. 公司的设备与提供的服务相协调
可靠性 （Reliability）	提供所允诺服务的能力	5. 能履行对顾客的承诺； 6. 顾客有困难时，表现出协助的诚意； 7. 公司是可信赖的； 8. 准时提供所承诺的服务； 9. 将与服务相关的记录正确地保存
响应性 （Responsiveness）	乐于帮助顾客与提供及时的服务	10. 准确告知顾客各项服务的时间； 11. 所提供的服务符合顾客的期待； 12. 服务人员总是乐意帮助顾客； 13. 服务人员不会因为忙碌而无法提供服务
保证性 （Assurance）	知识和态度使顾客信任放心	14. 服务人员是可以信任的； 15. 提供给顾客安心的服务； 16. 服务人员总是有礼貌的； 17. 服务人员能够相互帮助，提供更好的服务
移情性 （Empathy）	对顾客的关心与个别照顾	18. 为不同顾客提供独特的个人关怀； 19. 服务人员关心顾客； 20. 了解顾客特殊要求； 21. 重视顾客的利益； 22. 提供顾客方便的营业时间

　　SERVQUAL 理论是依据全面质量管理理论在服务行业中提出的一种新的服务质量评价体系，其理论核心是"服务质量差距模型"，即：服务质量取决于顾客所感知的服务水平与顾客所期望的服务水平之间的差别程度（因此又称为"期望—感知"模型），顾客的期望是开展优质服务的先决条件，提供优质服务的关键就是要超过顾客的期望值。研究表明，SERVQUAL 评价体系适合于测量信息系统服务质量，同时也是一个评价服务质量和用来决定提高服务质量行动的有效工具。

　　SERVQUAL 评价体系的使用方法如下：展开问卷调查，由顾客对各维度的题项进行打分；通过公式计算 SERVQUAL 分数。

$$SQ = \sum_{i=1}^{22}(P_i - E_i)，\quad i = 1, 2, \ldots, 22$$

　　（注意：22 是表 5-1 中的题项共计 22 个；如果公司根据实际情况增加题项个数，则应根据实际情况调整题项合计数。）

　　公式表示的是单个顾客的总感知质量，将此时的分数 SQ 再除以 22（题项数），就得到了单个顾客的 SERVQUAL 分数；然后将调查中所有顾客的 SERVQUAL 分数加总再除以顾客数目，就得到了企业想要的平均 SERVQUAL 分数。

然而，上述公式成立的一个前提条件就是认为服务质量的五个维度在决定 SERVQUAL 分数时是同等重要的，而在实际生活中，不同服务的五个维度的重要性是不同的。例如，顾客对网购物流的可靠性要求是最重要的，其他维度的重要性程度弱一点。于是，我们将服务质量的五个维度进行重要性评估，得出每个维度在某一服务质量中的权重，然后加权平均就得出了更为合理的 SERVQUAL 分数。

$$SQ = \sum_{j=1}^{5} W_j \sum_{i=1}^{22} (P_i - E_i),\ i = 1, 2, \ldots, 22;\ j = 1, 2, \ldots, 5$$

三、PDCA 循环方法

PDCA 循环是全面质量管理工作的基本程序，最早是由美国质量管理专家戴明于 20 世纪 60 年代初创立的，因此也称为"戴明环"。它反映了质量管理工作的四个阶段，即 P（Plan）计划、D（Do）执行、C（Check）检查、A（Action）处理。戴明环的四个阶段是由八个步骤组成的，其关系见表 5-2。

表 5-2　PDCA 循环工作步骤法

阶段	步骤	使用工具
计划阶段（Plan）	1. 分析现状，找出存在的质量问题	直方图、控制图
	2. 找出造成问题的原因	鱼骨图
	3. 找出其中的主要原因	散布图
	4. 针对主要原因，制定解决问题的措施	本阶段要明确"5W1H"： 1. 为何采用此计划？（Why） 2. 计划的目标是什么？（What） 3. 何时执行此计划？（When） 4. 何人执行此计划？（Who） 5. 何处执行此计划？（Where） 6. 如何执行此计划？（How）
执行阶段（Do）	5. 按指定的计划认真执行	
检查阶段（Check）	6. 检查措施执行的情况	排列图、直方图、控制图
处理阶段（Action）	7. 将计划执行的成功经验制定为标准，并巩固提高 8. 没解决的问题或新问题，转入下一轮循环，或做标准动态更新处理	制定或修改相关规章制度

PDCA 循环的四个阶段不是运行一次就结束，而是要周而复始地进行。一个循环完了，解决了一些问题，可能还有其他问题仍未解决，或者又出现了新的问题，需要进行下一个循环。PDCA 循环具有以下四个特点。

（1）PDCA 循环的四个阶段、八个步骤任何一个都不能忽略。

（2）大环带小环。整个企业的工作看作是一个大的 PDCA 循环，那么各个部门、小组的工作就是小的 PDCA 循环，就像一个行星体系一样，大环带动小环、一级带一级，从而有机地构成一个运转的体系。

（3）阶梯式上升。PDCA 循环不是在同一水平上的循环，而是每转一圈就有新的计划和目标，就像楼梯一样逐步上升，使质量水平不断提高。坚持 PDCA 循环会使质量管理持续取得更新的成果，如图 5-6 所示。

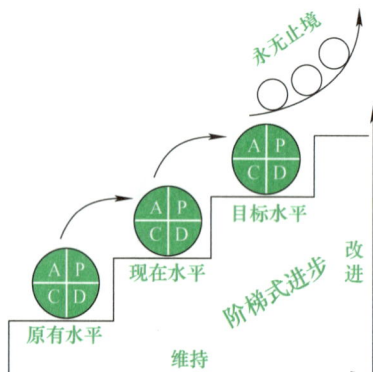

图 5-6　PDCA 循环阶梯式上升

（4）科学管理方法的综合应用。PDCA 循环应以质量管理中的七种工具为主要的统计处理方法以及相关方法，作为进行工作和发现、解决问题的工具。

德技并修

强化质量意识与培养工匠精神

深刻理解质量对于企业发展的重要性，树立"质量就是生命"的观念。强调质量不仅关乎产品的市场竞争力，更是企业信誉和社会责任的体现。

在工作中追求极致，不断提升产品和服务的品质。通过技能培训和经验分享，提高员工的专业素养和技艺水平。对工作保持高度的专注和热情，不断追求卓越，将每一次的改进都视为提升质量的契机。

四、物流服务质量管理体系

（一）概念

所谓物流服务质量管理体系，是指物流企业中所有与物流服务质量有关的要素形成的管理体系，为确保物流服务质量满足客户需求这一共同目标的实现，而构成的物流服务质量管理工作的有机整体。以国家标准《质量管理体系要求》（GB/T 19001—2016）为指导，结合物流企业的特点可知，物流服务质量管理体系的要素具体包括物流企业服务质量形成过程中所涉及的物流市场开发、物流服务设计、物流服务提供、物流服务绩效分析和改进等。通过这些要素的有效联系，形成体系，同时加以管理，使其充分发挥应有作用，确保物流企业服务质量目标的实现。

（二）体系的运营过程

1. 物流市场开发过程

物流企业通过设置客户意见簿、召开客户座谈会等方式，了解客户对物流服务现实需要和潜在需要，征询客户需要哪些额外服务、希望得到哪些目前还没有提供的服务、订单传送的方式方法是否需要进一步改进、哪些物流服务对客户最为重要、目前的订货速度是否可接受、是否愿意为了得到较高水平的服务支付较多的费用等问题，一旦做出开发某项物流服务的决定，就应把物流服务市场调研的结果及已经审核批准开发的物流服务项目的内容等纳入到物流服务提要中，形成正式质量文件，作为物流服务设计的依据。

物流市场开发过程的质量控制重点是物流服务市场的分析和物流服务产品的定位，以及在此基础上形成的物流企业可接受并且有能力实现的物流服务内容和服务要求，即物流服务提要。

2. 物流服务设计过程

其任务是按照物流服务提要中的内容和要求，设计物流服务规范、服务管理规范和服务质量控制，明确开发设计预定服务项目的时间表，系统地规定所提供物流服务的特性、内容、要求及验收标准，并结合各物流服务岗位的具体情况，设定不同岗位的服务职责、上岗条件、服务程序、服务内容和质量要求。

物流服务设计过程的质量控制重点是确定物流服务方案、编制物流服务规范，为确保物流服务规范符合物流服务提要的要求和客户的需要，开展对物流服务规范的评审和确认活动。

3. 物流服务提供过程

它是指将物流服务从服务提供者传递到服务消费者的流程。一般可分为采购、运输、装卸、搬运、储存、盘点、订单处理、拣货、补货、出货、运输配送等阶段。在物流服务提供过程中，企业应严格按照物流服务规范、物流服务提供规范及物流服务质量控制规范进行运作，采取行政、经济、教育等各种手段确保各类规范的实施；同时，通过物流企业自身和客户对物流服务提供过程的评定，及时发现问题、分析原因、采取措施加以纠正，使物流服务提供过程始终处于受控状态。

物流服务提供过程的质量控制重点是以物流服务运作现场控制为主，在物流服务准备阶段进行"事先控制"，尽可能消除可能造成物流服务质量问题的隐患；在物流服务提供过程中进行"事中控制"，实施监测，发现问题及时处理，防止质量问题蔓延；在物流服务提供结束后进行"事后控制"，对已发生的物流服务质量问题进行原因分析，采取补救措施，防止问题再次发生。

4. 物流服务绩效分析和改进过程

这一运作过程主要是通过对物流服务提供的全部作业过程进行数据的收集和分析，寻求改进物流服务质量的机会，提出改进建议，提高物流服务质量水平。

为了保证实施上述服务过程的质量控制，还需要具有相应的质量控制规范。质量控制规范的设计，包括找到对客户需求影响较大的关键活动作为质量控制点，通过对关键活动的分析，选出一些可以测量和控制的质量特性，针对这些质量特性确定评价的方法，最后，建立在规定界限内影响或控制质量特性的手段，以便有效地控制服务过程的质量。

（三）体系建立的关键因素

构建以客户为核心的物流服务质量管理体系的三个关键因素包括管理职责、人员和物质资源以及质量体系结构。在物流服务质量管理体系中只有各关键因素有效地协调配合，才能保证客户满意。

1．管理职责

它是指管理者负有制定使客户满意的服务质量方针和目标、规定质量职责和权限、开展管理者评审的职责。其中，制定物流企业的服务质量方针和目标最为重要，其他两项职责都是为实现和实施服务质量方针和目标而服务的，是建立和完善企业物流服务质量管理体系的有效手段。

2．人员和物质资源

人是物流服务质量管理中最为重要的要素，因为在物流服务过程中，物流企业中的每个人的行为和业绩都会直接或间接地影响整体物流服务质量，所以对人的激励、沟通联络、业务培训等就成为构建物流服务质量管理体系的关键方面。此外，物流服务质量管理的实施还需要物质资源作保障，如提供物流服务所需的车辆、相关设备和信息系统、场地、仪器仪表和计算机软件、运作和技术文件等资源。

3．质量体系结构

质量体系结构是实现物流服务质量管理体系的基本框架，包括物流服务质量环、质量文件和记录、内部质量审核三项内容，具体表现为质量手册、程序、作业指导书和质量记录等文件形式。一个有效的物流服务质量管理体系，应该使物流服务质量的管理变得简单、易懂、易于操作。

（四）体系建立的步骤

由于物流服务质量管理体系的建立必须把领导者的管理职责、人员和物质资源、质量体系结构三者协调一致，所以在建立物流服务质量管理体系时，须按照以下步骤进行。

1．领导决策

建立物流服务质量管理体系是涉及物流企业的一项全面性工作，只有物流企业高层管理者下定决心、亲自领导，主持制定企业的质量方针和质量目标，明确各部门和各级的质量责任，进行管理评审，才能确保企业的服务质量管理体系顺利建成和有效运转。

2．教育培训

通过培训使企业全体职工明确建立物流服务质量管理体系的目的、作用、特点和要求，掌握物流服务质量管理方面的相关知识和方法等，使物流服务质量管理体系建立在广泛的群众基础上。

3．分析物流服务质量环

在掌握物流企业内外情况的基础上，分析和选择对物流服务和物流服务提供过程产生影响的具体作业要素，如运输、储存、配送等作为构建物流服务质量管理体系的重点，把各项质量活动分解落实到各个部门和个人。

4．编写物流服务质量管理体系文件

通过把物流服务质量管理体系所涉及的各种具体的质量活动文件化，以此作为建立有效运行物流服务质量管理体系的依据。

5．物流服务质量管理体系的实施

组织物流企业全体员工认真学习、坚决执行物流服务质量管理体系文件，使影响物流服务质量的各种因素都处于受控状态，从而保证企业提供的物流服务能使客户满意。

6．物流服务质量管理体系的内部审核

物流企业通过检查各部门和人员对体系文件的贯彻执行情况，以便验证体系的实施情况和有效性，发现问题、分析原因、提出相应的纠正措施。

7．物流服务质量管理体系的管理评审

管理评审是物流企业最高管理者为确定物流服务质量管理体系达到规定目标的适宜性、充分性和有效性，而对物流服务质量管理体系所进行的系统的评价，在此基础上提出对现有物流服务质量管理体系及其过程改进的要求，根据客户要求的变化，调整物流服务或过程的某些关键特性，做出改进决定，针对物流企业内、外部环境的变化，制订适宜的资源配置计划。

五、大数据支持下的物流服务质量的控制与改进

（1）AI在数据质量管理中的应用场景。人工智能（AI）大模型能够赋能数据质量管理。尽管大模型本质上是一个统计模型，可能存在不稳定性，但通过知识图谱和向量数据库可以在某些方面解决这一问题。AI在数据融合与清洗方面也发挥着重要作用，有助于提升数据的整体质量，更好地释放数据的价值。

（2）智能质量管理的理论模型和关键技术。智能质量管理理论模型从技术、活动、价值三个维度出发，为质量管理提供了理论支撑；关键技术则包括物联网、大数据平台、云计算与边缘计算、机器学习、机器视觉、数字孪生、无线通信、可视化和区块链等。这些技术的应用场景和研究展望为智能质量管理的转型提供了理论指导和实践路径。

（3）人工智能改变质量管理的实例。人工智能正在推动质量管理的变革，例如基于机器学习的模式识别、自动特征检测和数据分析预测性质量研究等。这些技术的应用不仅提高了质量管理的效率和准确性，而且为实现更智能的质量管理提供了新的可能性。

例如，利用大数据进行水果品质安全控制。水果冷链物流不仅要提升运输效率，还要保障物流过程中果品的质量及安全。利用物联网、智能追溯等技术，收集水果生产数据源。在果品进入冷藏仓库时，再利用射频识别技术根据RFID标签携带的全部产品信息，监控果品的贮存环境。以此为依据建立果品质量和安全信息数据库，从而将水果生产信息和物流信息相关联，构建一体化的信息链。

利用GPS技术、车载移动终端构建水果智能运输系统，实现对冷藏车辆的配送和动态管理，从而提升物流效率，减少浪费。在果品配送之前，建立包括载重、容量、贮存条件等信息在内的冷藏车辆数据系统。在此基础上，将每辆车与对应的司机相关联，进行"一对一"匹

配，通过车辆与司机身份的绑定，能够为果品运输安全提供一定的保障，也为物流企业降低了运营风险。在配送中，利用 GPS 定位和可视化技术对冷链运输中车辆的位置、运行速度、运行轨迹及人员进行远程监控，为物流企业进行车辆调度和指挥提供及时有效的反馈信息。

另外，水果对冷链物流的温度、湿度、光照等有着严格的要求，这些因素对保证水果的品质至关重要。如何保障果品在运输过程中始终处于低温状态，是整个冷链运输体系的重点与难点。通过在物流车辆内安装温度、湿度传感器和光照传感器，及时将相关信息传送至控制中心，就能够根据实时情况做出调整，达到降低果品损耗的目的。

技能实训

实训目标： 能够熟练掌握 PDCA 循环。

实训内容： 列出 PDCA 循环的步骤，并详细分析其效果。

情境描述：

L 公司在东莞成立，主要生产高端数据线、精密组件、高端声学产品、充电模组等产品。经过十余年的积累沉淀，已拥有 50 多家子公司，业务遍布 40 多个国家，形成了集研发、生产、销售、服务为一体的全产业链经营模式。由于公司建成时间较短，新进员工多为刚毕业的学生，缺乏经验，公司在发展过程中面临诸多难题。例如，生产线上的问题无法及时发现，运营人员缺乏经验；质量把控缺乏关键管理控制手段，良品率低；无法找到产线与数据分析的人才，各部门信息孤岛，跨部门数据不能共享等。公司管理层认为通过建立大数据平台可以解决上述问题。第一次尝试由内部团队承担项目，但是没有人懂可视化报表而中途夭折；第二次尝试由外部的专业团队经过对公司的系统调研来完成项目。发现公司存在的问题和相应需求如下：

（1）信息不对称，不能实时共享——要求信息对称、共享。

（2）产品质量差，良品率低——要求产品标准化。

（3）产品线上滞留，经常找不到产品去向——实时跟踪产品信息。

（4）大量人员人工处理产线信息——要求能高效处理产线信息。

请以小组为单位，团队合作，根据以上情况，运用 PDCA 循环进行改进，绘制循环改进图，并进行汇报，形成最终实训报告。

实训总结：

1. PDCA 循环的第一步——计划。L 公司确定产线现有问题并提出相关需求。

确定了建立该平台的最终目标，即构建大数据系统生成可视化报表来传递产线异常，有效监控工程管理、质量管理、生产管理等。产线问题主要集中于：产线问题不能及时被发现；产线信息不对称、未标准化；耗费大量人力处理产线数据。

根据这些棘手问题，有针对性选择富有经验的大数据专家团队来搭建系统，并拟定初步构建平台的计划。平台监控产线数据，运用数学算法，做出产线需要的控制图、分布图等，IT 团队将产线信息转化为可视化报表，及时采取措施处理。

2. PDCA 循环的第二步——执行。L 公司执行构建平台计划。具体分为五个步骤。

（1）根据产线仿真技术构建车间产线模型。

（2）大数据系统实时监控，提取产线关键数据。

（3）绘制能体现产线异常的控制图、分布图等。

（4）IT 团队编写程序，对产线数据进行分析。

（5）大数据平台实时生成可视化报表，建立智慧工厂。

3. PDCA 循环的第三步——检查。专家团队构建的平台已取得初步效果，IT 团队评估该平台搭建的可实施性，高层领导一致通过提案并要求该平台能进一步精细化处理数据。该平台能够精准定位到某个产品、工站、时间点具体的情况，实现实时监控，进一步对质量进行全方位监控，提升良品率。通过数据挖掘，能够发现海量数据呈现的规律，将隐藏的数据信息挖掘出来，便于发现问题、解决问题。

4. PDCA 循环第四步——处理。通过对第三步检查的结果进一步优化整改，完善质量管理平台。将已经解决的问题定为标准，在平台运行过程中将新出现待解决的问题流入下一个循环，不断改进、周而复始，呈阶梯式上升，致力于每一次都有新的突破，使平台更加完善。

内容小结

要深刻理解物流服务质量管理的概念和特点。物流服务质量管理是指以全面质量管理思想为指导，运用科学的管理方法和手段，对物流服务运作过程的质量及其影响因素进行计划、组织和控制等工作的总和。它具有全对象的管理、全过程的管理、全员参与的管理的特点。

在物流商业运营过程中，需要对物流服务质量进行分析，需要掌握七种质量管理工具的使用方法和应用步骤，包括关联图法、KJ 法、系统图法、矩阵图法、PDPC 法、箭条图法、矩阵数据分析法。

了解服务质量差距模型中的五种差距，学会利用 PDCA 循环发现并解决质量问题。了解大数据、人工智能等新兴技术在物流服务质量管理中的应用。

课后习题

一、多选题

1. 物流服务质量控制的重点是（　　　　）。

　　A. 物流服务提供过程　　　　　　　　B. 物流市场开发过程

　　C. 物流服务评价过程　　　　　　　　D. 物流服务绩效分析和改进过程

　　E. 物流服务设计过程

2. 物流服务质量管理体系由（　　　　）构成。

　　A. 物流服务实现　　　　　　　　　　B. 人员和物质资源

　　C. 质量体系结构　　　　　　　　　　D. 质量控制

　　E. 管理职责

3. 在物流质量成本管理中，属于物流质量成本分析的内容有（　　　　）。

 A. 故障成本分析

 B. 物流质量成本构成分析

 C. 预防成本分析

 D. 物流质量成本与企业经济指标的比较分析

 E. 物流质量成本总额分析

4. 物流质量成本评价指标体系包括（　　　　）。

 A. 个人物流质量成本指标 B. 物流质量成本相关指标

 C. 物流质量成本结构指标 D. 物流质量成本目标指标

 E. 部门物流质量成本指标

二、判断题

1. 物流服务质量包括物流服务的过程和结果的质量。　　　　　　　　　（　　　）

2. 对于物流企业而言，物流质量就是物流服务质量。　　　　　　　　　（　　　）

3. 物流质量成本越低越好。　　　　　　　　　　　　　　　　　　　　（　　　）

三、简答题

1. 简述建立物流服务质量体系的步骤。

2. 简述物流服务质量管理中的七种工具的含义及其适用范围。

3. 物流服务质量管理应该遵循哪些原则？

四、案例分析题

日日顺物流打造融合"四网"平台，提升服务质量水平

  日日顺物流原是海尔集团旗下的子公司，凭借海尔集团深厚的管理积淀与广泛资源网络，构筑起以物流网、配送网、服务网、信息网为核心竞争力的"四网融合"生态体系，通过高度信息化的平台支撑，打造了一个无缝对接的最后一公里物流服务解决方案，为客户提供前所未有的"精准时效、送装一体"服务体验，现已经从海尔集团分立出来。日日顺物流具有如下特点。

1. 即需即达的全国物流网络

  日日顺物流精心构建的三级物流网络，覆盖了全国 98% 以上的县域，并深入乡镇，设立了 92 个高效辐射的区域物流中心。这一网络不仅实现了"上云端、入社区、达乡村、至家门"的全场景覆盖，还灵活应对市场下沉趋势，提供个性化物流服务，真正实现了与用户零距离的接触与响应。

2. 直配到村的高效循环配送网

  为了提升配送效率与服务质量，日日顺物流在全国铺设了超过 3300 条循环班车专线，创新多元化配送模式。通过引入码头管理、精准备货、冷热区分类、条码库龄追踪及先进先出等先进管理方法，成功将配送频次由日配一次提升至区域内日配两至三次，极大提升了车辆利用率，降低了成本，快速响应市场与客户需求的增长。

3. 送装同步的贴心服务网

日日顺物流将物流与服务深度融合，推出"按约送达、送装同步"的创新服务模式。通过"七定"配送模式（定单、定人、定车、定点、定线、定时、定户），实现订单从接收到送达的全程可视化、可追溯。客户下单后，系统即时响应，精准规划配送路线，车辆准时到达，提前预约送货时间，确保"24 小时按约送达"，并在送达同时完成安装，真正做到了货票同步、送装同步，极大提升了客户体验。

4. 智慧共享的社会化平台信息网

日日顺物流利用先进物流技术，构建了开放、智慧的社会化物流公共信息平台。该平台实现了客户、用户、物流商及企业间的信息实时共享，支持在线供需对接、资源可视化及全流程订单追踪。这一创新不仅加速了物流服务速度，实现了区域内 24 ～ 48 小时按约送达，还显著提升了物流资源的社会化利用率超过 30%，促进了绿色物流的发展，有效减少了碳排放与环境污染。

日日顺物流以其独特的"24 小时按约送达，送装同步"服务方案，树立了物流行业的新标杆，赢得了用户的广泛赞誉与信赖，用户评价高于同行业 50%，复购率高达 25%，订单量环比增长 46%。同时，该模式也促进了前端销售的快速增长，吸引了众多国内外知名品牌商的合作，进一步巩固了日日顺物流在家电、家具、卫浴等多个领域的市场地位，实现了经济效益、社会效益与环境效益的共赢。

仔细阅读本案例，详细分析并回答下列问题。

1. 日日顺物流采取的举措在哪些方面有利于提高物流质量？
2. 日日顺物流的经验对于其他物流企业的物流质量管理是否适用？为什么？

课后评价

评价项目	具体内容	分值	得分
知识目标	能够清晰阐释质量及质量管理的概念	10	
	能够背诵物流服务质量的特点	10	
	能够说出物流服务控制工具的名称	10	
	能够书写准确物流服务质量差距模型	20	
技能目标	能够辨析物流客户质量预期	10	
	能够结合具体案例做 PDCA 循环改进	20	
	能够结合实际案例开展服务补救	10	
素养目标	具有数字化物流商业运营思维	5	
	在分析案例时具有全局观，且能抓住主要矛盾	5	
合　　计			
小组成员			
评阅教师			

学习目标

知识目标：

- 了解短期和长期物流企业的产能管理重点；
- 了解产能的重要性；
- 熟悉制定产能的具体方法；
- 识记调节产能和影响需求的具体策略。

技能目标：

- 能够辨析和使用不同产能评价方法；
- 能够处理需求和产能之间的短期不平衡；
- 能够结合实际案例对产能进行具体计算。

素养目标：

- 培养节约意识；
- 培养新质生产力观念；
- 培养短期视角和长期视角的大格局观。

导入案例

村民网购给农村快递业带来的"喜"与"忧"

国家邮政局数据显示，2022 年，全国累计建成 990 个县级寄递公共配送中心、27.8 万个村级快递服务站点，每天有一亿多包裹在农村进出。一到春节，返乡游子成了农村网购主力，大大小小的包裹传递着亲情和乡愁。

刚过去的这个春节让湖北监利某村镇的快递员刘明忙疯了。春节货太多，刘明的私家车也被征用了。凭取件码取快递、寄年货的村民们每天都要给刘明家门口造成好几次"交通堵塞"。城市下单、老家收货已成为越来越多人的年货置办新习惯。

然而，县乡村三级末端服务能力不足、发展情况不均衡，基层网点依旧无法满足需求，派送成本高、可持续性差等问题一直拖累着快递进村的步伐。实际上，乡亲们买得火热，农村快递从业者却大都难掩愁容。江陵县共配中心负责人担忧"若政府补贴减少如何维持运营成本"，乡镇快递员则郁闷"货量越大利润却越摊越薄"。而农村服务站点大多从未想过仅凭快递收入生存。

"在农村，比起双十一，年货节的快递量才是最高的。在外打工的、做小生意的、读书的都回来了，常常是人未到快递先到了。"湖北监利龚场镇快递员小王如是说，春节前一个月每天都有将近6000票，比平时多了两三倍。春节期间走亲拜友的多，不少人的快递都很难及时取走，取不走的快递只能免费暂存在站点的货架上。他每天早上7点开门，一直干到晚上12点多，还额外请了8个寒假工，每天像上了发条一样，腰都直不起来，还是很难跟上乡亲们"买买买"的手速。平时淡季每日进监利的快递在10万票左右，旺季接近20万票。年货节的货量增加猛，体积也更大更重。而派费是按件给，装载量低将导致运输成本上升。"现在我们车厢长九米六的车只能装5000票，比起淡季夏天的7000～8000票少了将近一半。"监利聚惠快递公司经理表示，年货节期间发往乡镇的快递占了总数的三分之二。

思考：请总结以上案例揭示的农村快递业存在的问题。若想解决这些问题，你打算从哪些方面着手？

单元1　数字化物流产能与服务能力

在当今快速发展的商业环境中，数字化物流服务能力已成为企业提升竞争力与运营效率的关键因素。随着信息技术的不断进步，传统的物流模式正逐步向智能化、自动化转型。接下来，我们将深入探讨数字化物流服务能力。

一、产能与物流服务能力概述

产能是指制造或服务资源在一段特定时间里完成其目的的生产能力，如设施、工艺、工作站或设备。也就是指在计划期内，企业参与生产的全部固定资产，在既定的技术条件下，所能生产的产品数量，或者能够处理的原材料数量。生产能力是反映企业所拥有的加工能力的一个技术参数，它也可以反映企业的生产规模。

物流服务能力

服务业的产能简称服务能力，是指一个服务系统提供服务的能力程度，也被定义为系统的最大产出率。而服务的两个基本特点是无形性及难以标准化，这是衡量服务产出的两个难点；另外一个难点在于服务型组织很少提供单一的、统一的服务。例如，快递业派件员的产出如何衡量？能否用一天当中派送包裹的数量或者是工作时间来衡量？那么假如是有电梯的新社区和无电梯需要爬楼的老社区这种工作情境下，以上这些方法无法准确地反映派件员的服务能力。服务业的服务能力与制造业的生产能力有许多相同的影响因素，但也有许多差异。服务能力对服务时间和服务场所的依赖性更大，复杂多变的服务需求以及服务设施的利用率在很大程度上影响着服务质量。

（1）服务时间。由于服务的不可储存性，服务业不同于制造业，必须在需要服务的那一刻及时提供。例如，快递公司都会有不同比例的签收指标，一般需要当天签收率达到百分之八十才能正常结算派送费，不然就可能会被扣一定比例的费用。包裹不能积压，一积压，延误费、催件的罚款就都来了。

（2）服务场所。在制造业中，产品可以从一个地方运送到另一地方来提供给顾客。而在大多数服务业中，服务能力必须存在于顾客周围，才能发生服务活动。在物流服务中，兼具以上两者特点。例如在生产性服务业即生产物流中，货物从一个市级物流中心送到另一个零售网点或者下级配送中心，那么下级配送中心即为顾客。在快递业即消费物流中，物流服务能力主要围绕在近端社区内顾客，或者 0.5 ～ 1 千米范围内，从而发生物流服务活动。

（3）需求多变性。物流服务需求多变性的原因主要有两点，一是物流服务业要面对大量个性化的客户需求。物流服务按照产品或服务的专业化程度可以划分为大批量生产类，此类品种单一、产量大、生产重复程度高，如汽车干线运输、跨国运输以及枢纽物流园区具有此类特征；小批量生产类，此类面向专用产品生产类，如生鲜专配、食品及药品冷链专配等；中批量生产类，介于以上两者之间，即品种并不单一，每种都有一定的批量，生产具有一定的重复性，如汽车零部件物流、酒水饮料物流等。二是对物流服务的需求量受顾客行为的影响，而顾客的行为又受很多不确定因素的影响。物流服务需求的多变性使物流服务能力计划的难度增大，物流服务部门需要在很短的时间内，做好合理可行的能力计划，以应付突然变化的需求。

二、数字化物流服务技能储备

数字化物流服务技能或员工技能是员工提供服务所必需的技术和能力的统称，一般可以分为数字化技术技能和处理人际关系以及协调、沟通和解决问题的应变技能。在一定的时间、区间内，有形设施能力是相对固定的，并随着折旧而降低价值；而员工的数字知识和数字技能储备是灵活的，并随着技能增加而提高价值。因而，提高数字知识技能储备水平，可以更有效地应对数字化服务需求的波动。

单元2 数字化物流产能度量与产能计划

产能计划关注的核心问题包括：需要何种产能、需要多大的产能、何时需要这种产能。产能是决定一个企业规模大小的主要因素之一，是影响营运成本的重要因素。

一、数字化物流产能分类

企业或服务组织的服务能力在一定时期内保持相对稳定，但并不是永久不变的，客观上会随着服务运营技术、组织条件发展变化而变化。根据服务运营能力的用途不同，将企业的服务产能分为三类。

（1）理论产能，有时也叫作设计产能，就是服务过程在理想操作条件下短期内每单位时间可以达到的最大产出量。这是服务系统在完全发挥的状态下的最大服务潜力。

（2）计划产能，是指物流企业在计划期内，依据现有的服务生产技术组织条件，充分考虑已有的运作条件和各种可行措施后，实际能够达到的服务生产产能。这种能力才是作为服务运营计划基础的产能。

（3）有效产能，是指物流企业长期运作中在一般操作条件下合理预期可维持的每单位时间的实际生产量。

上述三种产能各有不同用途，理论产能是根据先进的技术定额水平计算的，是物流企业编制长远规划的依据；计划产能是根据平均先进定额来核算的，只能表明目前的生产能力水平，因此只能作为编制中短期计划、确定生产计划指标的依据；有效产能是以计划产能为基础减去实际运作时的维护及损耗而确定的，可以作为短期的标准衡量值。

例如，某区域医药物流中心，对于大进大出的常用药品理论产能是每天出库 2200 箱，而计划产能是每天出库 2000 箱，有效产能为每天出库 1800 箱。则：

$$生产效率 = 有效产能 / 计划产能 = 1800/2000 = 90\%$$
$$产能利用率 = 有效产能 / 理论产能 = 1800/2200 = 81.8\%$$

二、数字化物流产能评价

1. 产能评价的意义

分析物流企业生产服务计划可行性时，评价物流企业产能是一项十分重要的工作。它一方面要考察拟定生产服务计划能否实现，另一方面表明物流企业可以承担的任务量，产能是反映物流企业生产服务可能性的一项重要指标。特别是对需求多变且对服务时间和服务场所依赖性很强的物流业，服务能力柔性成为竞争的一个关键因素。由于物流服务的需求多变，在制订服务运营计划以前，必须对本企业的服务能力进行有效度量。不同的物流组织，服务能力的度量方式也不同。目前还没有一种方法可以适用于所有企业的服务能力度量。

2. 产能的计算

一个区域仓储中心内应该容纳多少货物、一家快递公司的服务点部每天应该为多少位顾客提供服务、航空货运公司一天内运输多少包裹等，在计算这些产能时，需要区别对待。区域仓储中心的产能取决于货位数、SKU 数、平均周转次数等；快递公司点部的产能取决于点部服务范围内配件员的数量、每天营业时间、服务平均等待时间以及顾客的平均响应时间等；航空公司的产能则取决于航空公司的飞机数量、飞机大小、每天航班数以及天气情况等。

三、运用产能指标制订产能计划

确定未来的能力要求可能是一个错综复杂的过程，这个过程在很大程度上依赖于未来的需求情况。当对产品和服务需求的预测达到一定的精确度时，确定能力的要求就会变得相对简单一些。现在利用数字化技术手段，可以极大提高对于未来能力预测的准确程度。

确定未来的能力通常需要两个阶段，第一阶段利用传统的模型和数据预测未来的需求，第二阶段利用这种预测来确定能力要求和每次增加能力所能增加的规模。不同物流企业的产能计划的决策方法各有不同，但一般来说，都需要以下四个步骤。

（1）预测未来的能力需求。在进行生产能力计划时，首先要进行需求预测。对市场需求所做的预测必须转变为一种能与生产能力直接比较的度量。因为在市场预测时，一般是对产品的需求进行预测，这样需要将预测结果转换成对生产能力的需求。由于生产服务能力需求的长期计划不仅与未来的市场需求有关，还与技术变化、竞争关系及生产率提高等多种因素相关，因此必须综合考虑。还应注意的是，所预测的时间段越长，预测的误差可能就越大。

（2）识别现有生产服务能力与未来需求之间的差距。相对于预测生产服务需求而言，现有产能可能过剩，也可能不足，两者之间常常存在差距。当预测需求与现有产能之间的差为正数时，就需要扩大产能；若为负数，则需要缩减产能。

（3）制订候选的产能计划方案。在识别了预测需求和现有产能的差距之后，就需要制订可行的扩展产能或缩减产能的备选方案。一般来说，至少应给出 3～5 个同等的候选方案。

（4）进行方案评选，做出最后决策。产能计划的最后一步是管理者对备选方案进行定量与定性的分析与评价。定量分析主要是从财务的角度，以所要进行的投资为基准，比较各种方案给企业带来的收益以及投资回收情况，如净现值法、盈亏平衡分析法、投资回报率法等不同方法。定性分析主要考虑与企业的整体策略关系、与竞争策略的关系以及技术变化因素带来的影响等。

单元 3　数字化物流产能与需求策略

在物流行业的未来发展中一个不可忽视的关键领域是数字化物流产能与需求策略的融合，它是企业提升运营效率、优化资源配置、快速响应市场变化的重要环节。

一、数字化物流服务供需平衡

（一）服务需求具有弹性

服务需求的波动程度很大。在受到外部环境和消费者习惯行为模式影响时，服务需求呈现规律性、周期性、季节性的变动，存在一定的因果关系，包括习惯的取件时间、节假日消费与平时不同的淡旺现象等。

（二）服务能力具有刚性

服务能力的波动程度很小。服务能力是物流组织的有形设施、知识和技能、资源使用等方面的配置所形成的一定水平组合，也构成影响或限制物流组织总体服务能力的制约因素，即为服务能力的刚性。

能力刚性与需求弹性之间存在一定的矛盾，因而需要寻求物流服务供需的平衡。物流服务供需平衡具有以下四种情况（见图 6-1）：需求大于最大服务能力（需求过剩）、需求大于最佳服务能力（需求过剩）、需求等于最佳服务能力（能力均衡）以及需求小于最佳服务能力（能力过剩）。

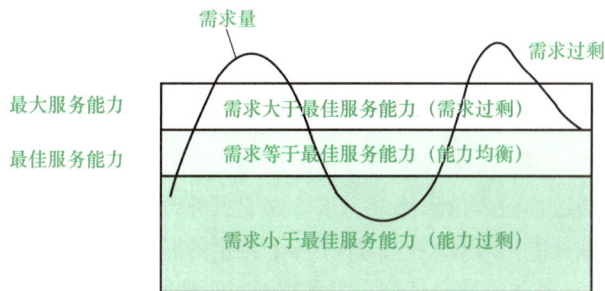

图 6-1　物流服务供需平衡的四种情况

> **德技并修**
>
> ## 可持续发展与精益求精
>
> 在平衡产能的过程中，需要不断优化生产流程，提高生产效率，这要求员工具备精益求精的精神，追求产品质量的卓越和工艺的精湛。
>
> 在学习中，我们应树立精益求精的态度，不断追求卓越，提升个人职业素养和专业技能。

二、影响需求类型的策略

物流企业面临的市场需求往往波动很大，如果不能满足高峰期的最大需求，很可能会使企业利润损失或者企业信誉损失，而如果在需求低谷期不能获取足够的需求，可能会带来资源的浪费，因为人员、设施等企业资源在低谷时将被闲置。所以为了提高企业的经济效益，较为主动的一种服务运营策略是设法影响需求，也就是说，采取一定的措施降低高峰期的需求，或在能力过剩的时候提高需求水平。

1. 固定时间表

固定时间表主要是为了控制需求过大对服务质量所带来的影响。类似于飞机航班、火车车次固定，即在固定的时间内对服务的数量进行限制，防止服务无法满足需求。例如，物流分拣中心根据平时、忙时的大数据信息，进行分拣班次规划，将全天工作任务进行班次划分，每个班次有固定时间表，如将 24 小时按照每 7 个小时 + 用餐及休息 1 小时为一个班次，将全天划分为 3 个班次。

2. 使用预约系统

使用预约系统是服务行业管理需求常用的方法，这种方法相当于"存储"需求，相当于制造业中的"利用库存"或"延迟交货"策略。对顾客来说，当服务的选择范围小却具有较高价值的情况下，常用这种策略。例如，TMS 可以使发货人通过平台系统在指定时间段选择运输承运企业，后台计算机系统根据货主企业、承运公司、收货方进行撮合匹配，在符合要求的情况下形成运输订单。这种也类似于日常生活中我们常用的打车软件里的预约功能。预约系统对企业和顾客都有好处。对企业来说，可以有效平衡需求总量，预先安排服务能力，从而保证服务水平。对顾客来说，最大的好处在于服务时间能够得到保证，且节省时间。

3. 利用价格杠杆

为低峰时的需求提供优惠以促进需求，对高峰时的需求提高价格以减少需求。例如运输、快递企业常常提供的优惠券、寄递业务返券优惠等就是一个利用价格杠杆的例子，平日的需求较低，所以通过优惠券、返券等来吸引更多用户，而在节假日，价格就相对提高。甚至通过价格溢价上浮等方式，通过加收差价来降低需求。为使服务价格成为需求管理的有效工具，管理者必须知道产品需求曲线的形状和斜率，即在一个特定的时间点，价格每变化一个单位所引起需求的变化数量。为此，首先需要分析特定服务在不同时间段的需求曲线是否会发生明显变化。如果发生明显变化，则在不同时间段需要采取不同的价格策略。

4．促销和宣传

有些情况下，物流企业可以通过促销和宣传手段来影响需求，使需求在某种程度上变得平滑。有时一条简单的信息就可能降低需求，例如，通过直播间通告、广告和销售信息弹窗等告之顾客，服务的高峰期在什么时间段，鼓励顾客错峰接受服务，以及由此带来的价格优惠和服务水平的提高。

三、处理非均匀需求策略

物流服务业对非均匀需求进行处理的一个基本思想是根据需求的波动来调节服务能力，使之与不断变化的需求相平衡。这一点与制造业生产物流有很大不同，对于制造业生产物流来说，可以通过持有库存来应对需求的变化，而对于很多物流服务企业来说无法利用库存，因为服务具有不可储存性。生产物流的长期需求调节请参考物流与供应链运营等相关课程，此处着重介绍物流服务业需要有不同于制造业的处理非均匀需求的策略。以下是几种常见的策略。

（1）改善人员班次安排。通过改善物流服务人员班次安排有可能大幅度提高服务能力，许多管理科学的技术可以用来优化服务人员的安排，如倒班制。

（2）利用临时工作人员。利用临时工作人员是目前许多物流企业应对需求波动的方法。据估计，物流业几乎 1/4 的员工是临时性的。在服务需求不断变化的情况下，雇佣临时工作人员可能是最合适的。

（3）利用外单位的设施和设备。为了提高物流服务能力，除了服务人员，设备也是一个重要的考虑因素。而需求的高峰期只是一段时期，为了满足高峰期而购置新设备显然不经济，在这种情况下，服务企业可以租用外单位的设施或设备。

（4）雇佣多技能员工。多技能员工掌握执行多项工作任务的技能，当一个物流企业出现服务瓶颈时，可以对多技能员工做出工作调整，并赋予他们相应的权力，从而提高需求高峰期的服务能力。

（5）顾客自我服务。在一些服务提供过程中，让顾客参与进来，可以提高服务效率。例如，在社区、校园及企事业单位等地设立的菜鸟驿站，可以采用自助形式，物流人员只提供货物摆齐上架服务，具体的操作由顾客根据手机终端收到的取件码自行完成。一般来说，增加顾客的参与程度既能减少服务企业的人力成本，又能提高服务速度，从而提高服务能力。但是增加顾客的参与也存在一定风险，如果顾客操作不熟练，可能反而会减慢服务速度并导致服务能力的降低。

（6）采用智能化方法。智能化方法是指通过机器操作对顾客进行服务，为了更加方便地获得服务，顾客可以选择通过智能化机器进行操作，完成服务流程。例如目前在新质生产力培育阶段，物流业可以借助低空无人机物流运营模式提高效率。

四、数字化物流服务系统利用率

服务系统利用率可以通过以下公式衡量。

（1）基于产量的设备利用率：

设备利用率 =[（每小时 / 班次 / 天的实际产量）/（每小时 / 班次 / 天的理论最大产量）]×100%

（2）基于时间的设备利用率：

$$设备利用率 = （设备实际使用时间 / 设备总可用时间）\times 100\%$$

或

$$设备利用率 = [（每班次 / 天 / 周 / 月的实际开机时数）/（每班次 / 天 / 周 / 月的应开机时数）]\times 100\%$$

（3）基于设备数量的利用率（适用于多台设备同时工作的场景）：

$$设备利用率 = （某抽样时刻的开机台数 / 设备总台数）\times 100\%$$

（4）高级指标可能还包括考虑了计划内停机、计划外停机以及效率损失等因素：

$$设备综合利用率 = [（运行时间 - 计划内停止时间 - 计划外停止时间）/ 总工作时间]\times 100\%$$

对于生产过程中的具体效率分析，还可以结合速度运行效率、有效运行效率等指标：

$$时间运行效率 = （运行时间 / 负荷时间）\times 100\%$$

$$有效运行效率 = （实际生产周期下生产总数 / 运行时间 \times 实际生产周期）\times 100\%$$

在实际应用中，企业可根据自身的生产和管理需求选择合适的设备利用率计算方式来评估和优化设备效能。

知识拓展 顺丰低空无人机物流运营实践

以顺丰在深圳市开展无人机物流的实践经验，无人机物流的主要运营模式是点到点（B to B）的运输，由无人机取代传统快递运输的网点、区域分拨的中转环节进行货物运输，收派两端仍由快递员进行收派（见图 6-2）。无人机送货在城市环境中的平均速度可达每小时 40 ～ 60 千米，而传统快递车辆的速度仅为 20 ～ 30 千米 / 小时。此外，无人机物流减少了中转环节，节省了物流流转的时间，提高了物流时效性。顺丰通过构建以深圳为中心，覆盖粤港澳大湾区的城市低空无人机物流运输网络，合理规划布局无人机物流配送站点，打造了城市 2 小时高效物流圈，时效性提高 50% 以上。

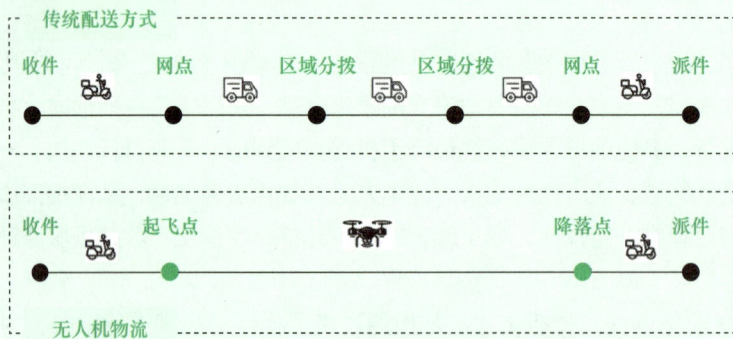

图 6-2 低空无人机物流运营模式图

单元 4 数字化物流需求预测

预测就是估计未来需求发生的可能性以及发生的时间和数量，从而在此基础上制定物流企业的能力决策、人员安排决策等。从这个意义上来说，需求预测可称为物流企业一切决策的起点。

一、需求预测的概念

需求预测是物流运营规划的基础，如果没有经过精心的需求预测，许多服务的提供将会变得混乱无序。例如，一家物流中心在需求高峰到来之前需要根据对需求的预测来决定是否要增加货位以及增加多少；在节假日期间会根据需求预测来考虑是否雇佣临时人员以及如何安排。不仅如此，需求预测提供了物流企业能够销售出去的服务量估计，这种估计既受服务需求的影响也受物流组织潜在能力的制约。此外，可能的销售数量还必须建立在一个大约的价格基础上。

二、需求预测的分类

（一）按预测时间的长短

1．长期预测

长期预测是指 5 年或 5 年以上的需求前景预测。它是制订企业长期发展规划、产品开发研究计划、投资计划、生产能力扩充计划的依据。

2．中期预测

中期预测是指对一个季度以上两年以下的需求前景的预测。它是制订年度生产计划、季度生产计划、销售计划、生产与库存预算、投资和现金预算的依据。

3．短期预测

短期预测是指以日、周、旬、月为单位，对一个季度以下的需求前景的预测。它是调整生产能力、确定采购计划、安排生产作业计划等具体生产经营活动的依据。

（二）按主客观因素所起的作用

1．定性预测法

定性预测法也称为主观预测法。它简单明了，易于使用，常用的有高级主管人员估计法、主观概率评价法、德尔菲法和顾客倾向调查法。

2．定量预测法

定量预测法又称为统计预测法，其主要特点是利用统计资料和数学模型来进行预测，常用的有时间序列分析方法和计量经济学方法。

（1）时间序列分析方法，包括简单移动平均法、简单指数平滑法、霍特 - 温特指数平滑法、自回归移动平均结合法、季节性自回归移动平均结合法。

（2）计量经济学方法，包括线性回归模型、对数回归模型、协整检验与误差修正模型、时变参数模型、向量自回归方法、近似理想需求系统模型。

三、需求预测的方法

进行需求预测时的一个重要问题是选择合适的预测方法。目前，需求预测的方法有很多种，常用的有以下几种。

（一）主观预测模型

主观预测模型是指当缺少足够多的合适数据，无法利用时间序列模型和因果模型（如回归模型）做出定量预测时，依靠经验和逻辑推理进行判断的预测方法。主观预测模型法包括德尔菲法、部门主管集体讨论法、用户调查法和销售人员意见汇集法等。

1. 德尔菲法

它是美国兰德公司于 20 世纪 40 年代开发的一种预测方法，是一种匿名的反复函询的专家征询意见法。它的基本程序是：明确问题、选聘专家、函询专家意见、将专家意见整理并反馈给专家，如此反复征询并整理专家意见，最后得到统一的专家意见。该方法需坚持三条原则：匿名性、反馈性和收敛性。其优点是简明直观，缺点是代价昂贵且非常耗时，在实践中一般用于长期预测。

2. 部门主管集体讨论法

该方法类似于头脑风暴法，部门主管在讨论会中畅所欲言、集思广益，各参与者不对其他人的意见进行批判，最后整理所有意见与建议。

3. 用户调查法

用户调查法主要通过调查问卷等形式对服务接受者或潜在消费者进行消费偏好等特征的资料收集，并对资料进行分析，从而推断服务需求。用户调查法的可信度取决于问卷设计的合理性和调查对象填写的真实度。

4. 销售人员意见汇集法

该方法主要是根据在市场一线的销售人员对市场需求的预测意见，通过汇总整理，初步判断市场需求，并通过多次征询销售人员的意见进行推断的改进。

（二）时间序列预测模型

时间序列预测模型是指利用过去数据在时间上的稳定延续性，对未来的趋势做出预测的方法。一般来说，时间序列由四个因素组成：长期趋势、季节变动、周期变动和随机变动。

长期趋势是指数据随着时间的变化表现出的一种趋向；季节变动是指在一年里按照通常的频率围绕趋势上下有规律的波动；周期变动是指在较长时间里（一年以上）围绕趋势做有规律的上下波动；随机变动是指由很多不可控因素引起的、没有规律的上下波动。

使用时间序列预测模型的前提条件是：过去一段时间内连续 N 期的数据之间具有较为稳定的相互关系，这样便可以找出数据的发展趋势，并进行预测。以下介绍几种常见的时间序列预测模型。

1. 简单移动平均法

如果服务需求在一段时期内保持稳定，就可以利用简单移动平均数作为下一期的预测值。简单移动平均数（即下一期需求的估计）的公式是：

$$简单移动平均数 = （前 n 期的需求总和）/n$$

等式中，n 是期数。

表 6-1 是运用简单移动平均法对某百货商店 A 商品 2024 年 10 月的需求预测结果。假设 n 为 4。

表 6-1　运用简单移动平均法预测需求

单位：万元

月份	销售额	4 期移动平均数	预测值
1 月	136		
2 月	128		
3 月	167		
4 月	145	（136+128+167+145）/4=144	
5 月	150	（128+167+145+150）/4=147.5	144
6 月	160	（167+145+150+160）/4=155.5	147.5
7 月	136	（145+150+160+136）/4=147.75	155.5
8 月	143	（150+160+136+143）/4=147.25	147.75
9 月	150	（160+136+143+150）/4=147.25	147.25
10 月			147.25

请动手试试，使用 Excel 完成以上实操过程。

2. 加权移动平均法

虽然简单移动平均法可以消除数据中的波动，但由于计算均值时赋予所有新旧数据相同权重（$1/n$），导致这种方法对变化反应较慢。在实际中，越新的数据越能表示出变化的情况，因此对新的实测值赋予更大的权重，如果各期的统计数据呈现一个总体的趋势，就可以利用权数来强调近期数据的重要作用。因为按其重要性更强调了近期的数据，这就使得移动平均法对变化反应更为灵敏。需要指出的是，由于没有公式可以决定加权系数，设定一个正确的加权系数需要有一定的经验。如果过于强调近期数据的重要性，预测值反映出的需求或销售量变化可能会过大。求加权移动平均数用数学公式可以表达为

$$加权移动平均数 = \sum （第\ i\ 期的权数）（第\ 1\ 期的需求）/\sum 权数$$

由于近期统计数据的权重更大，假定预测月份为 T，赋予（T-1）月的权重为 4，（T-2）月的权重为 3，（T-3）月的权重为 2，（T-4）月的权重为 1。运用加权移动平均法对示例进行分析，得到表 6-2 中的预测结果。

表 6-2　运用加权移动平均法预测需求

月份	销售额	4 期移动平均数	预测值
1 月	136		
2 月	128		

（续）

月份	销售额	4期移动平均数	预测值
3 月	167		
4 月	145	（136+128×2+167×3+145×4）/10=147.3	
5 月	150	（128+167×2+145×3+150×4）/10=149.7	147.3
6 月	160	（167+145×2+150×3+160×4）/10=154.7	149.7
7 月	136	（145+150×2+160×3+136×4）/10=146.9	154.7
8 月	143	（150+160×2+136×3+143×4）/10=145	146.9
9 月	150	（160+136×2+143×3+150×4）/10=146.1	145
10 月			146.1

结果显示，加权移动平均法的预测值较简单移动平均法更为准确。

请动手试试，使用 Excel 完成以上实操过程。

3．简单指数平滑法

与移动平均法一样，简单指数平滑法可以用来预测下一期的需求值，并把下一期的预测值当作未来各期的预测，因此适用于没有明显的趋势和周期性的平缓情形。假设用 X 代表实际需求，F 代表预测。那么，X_t 就是第 t 期的实际需求，F_{t+1} 就是下一期的预测，其中一部分来自上期实际值，剩余部分来自上期预测值，也就是说，是上期实际值与预测值的加权平均。

$$F_{t+1}=\alpha X_t+（1-\alpha）F_t$$

也可以用另一种形式表述，就是下一期的预测是在上一期预测的基础上，根据误差做出一定的调整得到的：

$$F_{t+1}=F_t+\alpha（X_t-F_t）（其中，0\leqslant\alpha\leqslant1）$$

以上两种表述，只是形式上有区别，而实质内容是一样的。

知识拓展

某汽车企业最近 5 个月在某城市的新能源汽车的销售额见表6-3，用简单指数平滑法进行预测，α=0.3。

表6-3　某汽车企业新能源汽车销售额汇总表

月份	销售额（万元）	F_t（万元）
1	120	120（初始值）
2	130	0.3×130+0.7×0.7=123
3	150	0.3×150+0.7×123=131.1
4	160	0.3×160+0.7×131.1=139.77
5	170	0.3×170+0.7×139.77=148.839

请动手试试，使用 Excel 完成以上实操过程。

（三）回归预测法

回归预测法是运用回归模型进行需求预测的一种方法，回归模型体现了被预测因素与决定它的影响因素之间的关系。其中，被预测因素称为因变量（y），决定y的各个变量称为自变量（x）。例如，雨伞销量的增加和雨天持续时间有关，因此可以根据未来一段时间内的天气预报来预测雨伞的销量。

回归分析的任务是，根据散点图初步确定的相关关系方程表达式的类型，拟合一个恰当的数学模型，从而对变量之间的关系程度进行一些较精确的计算分析。这个模型称为回归方程，表明两个变量间一般数量关系的线性方程称为简单直线回归方程。

简单直线回归方程又称一元一次回归方程，当自变量为x，因变量为y时，其基本形式如下：

$$y_c = a + bx$$

式中，a是直线的纵截距；b是直线的斜率，又叫回归系数；y_c表示对应于自变量x的因变量y的变动平均数（即估计值）。a和b是方程中的待定参数，只要由所给资料求出a和b，回归方程就确定了。估计这些参数可用不同的方法，统计中使用最多的是最小平方法，用这个方法求出的回归线是原资料的最适线，即：

$$\sum (y - y_c)^2 = 最小值$$

这里的最小平方法与时间数列一章中长期趋势测定的最小平方法是同一方法。实际上，长期趋势测定也是回归法的一种，是把时间作为自变量、动态指标作为因变量计算的。因此，在长期趋势测定中讲的有关公式，在这里也都适用，只要把时间变量的符号t改为自变量x即可。

用最小平方法求解直线回归方程中的参数a、b的标准方程式为：

$$na + b \sum x = \sum y$$

$$a \sum x + b \sum x^2 = \sum xy$$

依据上述方程组，可以分别求出a、b两个参数的值：

$$b = n \sum xy - \sum x \sum y / n \sum x^2 - (\sum x)^2$$

$$a = \overline{y} - b\overline{x}$$

知识拓展

某生产企业的产品的月产量与生产费用相关情况见表6-4，请计算表6-5中的x^2、xy、y_c的值，并求出回归方程，并预测$x=9000$吨时，y_c的值。

表6-4　已知某产品的月产量与生产费用相关情况

月产量（千吨）	1.2	2.0	3.1	3.8	5.0	6.1	7.2	8.0
生产费用（万元）	62	86	80	110	115	132	135	160

表6-5　直线回归方程计算表

月产量（千吨）	生产费用（万元）	x^2	xy	y_c预测值
1.2	62	1.44	74.4	66.80
2.0	86	4.00	172.0	77.12

（续）

月产量（千吨）	生产费用（万元）	x^2	xy	y_c 预测值
3.1	80	9.61	248.0	91.30
3.8	110	14.44	418.0	100.33
5.0	115	25.00	575.0	115.80
6.1	132	37.21	805.2	129.99
7.2	135	51.84	972.0	144.17
8.0	160	64.00	1280.0	154.49
$\sum$ =36.4	$\sum$ =880	$\sum$ =207.54	$\sum$ =4544.6	$\sum$ =880.00

将表 6-5 的值代入公示，求得 a、b 参数：

$$b=n\sum xy-\sum x\sum y/n\sum x^2-(\sum x)^2=8\times4544.6-36.4\times880/8\times207.54-36.4\times36.4=12.896$$

$$a=\bar{y}-b\bar{x}=880/8-12.896\times36.4/8=51.323$$

则 y_c=51.323+12.896x。

预测 x=9000 吨时，y_c 的值为 167.387 万元（51.323+12.896×9）。

请动手试试，使用 Excel 完成以上实操过程。

单元 5　数字化物流的收益管理

收益管理又称产出管理、价格弹性管理，是一种谋求收入最大化的经营管理技术。它主要通过建立实时预测模型和对以市场细分为基础的需求行为进行分析，确定最佳的销售或服务价格。其核心是价格细分，亦称价格歧视，就是根据客户不同的需求特征和价格弹性向客户执行不同的价格标准。这种价格细分采用了一种客户划分标准，这些标准是一些合理的原则和限制性条件。收益管理把科学的预测技术和优化技术与现代计算机技术完美地结合在一起，将市场细分、定价等营销理论深入应用到了非常细致的水平，形成了一套系统的管理理念和方法。

收益管理的思想包括以下六个核心观念：①在平衡供给和需求时主要考虑的是价格而不是成本；②对市场进行精确的细分，并采用多种价格以满足每个细分市场的价格敏感性；③用以市场为基础的定价代替以成本为基础的定价；④根据所掌握的客观情况做出决策；⑤开发产品价值链；⑥持续地重新评估机会，科学地进行决策。

一、物流服务供需管理

1. 物流服务供应能力管理

（1）合理设计和充分利用现有服务设施。

（2）更新服务流程和布局。

（3）工作班次安排：通过需求预测来对供应能力提出要求，并据此合理计划班次。

（4）可调节的服务能力：如航空货运公司对可调式舱位进行分隔；卡车租车公司的各种车型之间可以调配和升级；超市的收银和后台服务职能可以进行转换等。

（5）自助服务：如自助取货、自动电话服务等。

（6）交叉培训及雇用临时工：进行员工的多种技能和职能的培训，同时需要培养团队精神，可以减少成本并提高就业机会。

通过改变供应能力以适应需求的手段，见表6-6。

表6-6　改变供应能力适应需求

需求太高	需求太低
增加时间、劳动、设施设备	进行保护创新
交叉培训员工	安排休假
雇佣兼职员工	安排培训
要求员工超时工作	解雇员工
租用或分享设施设备	

2．物流服务需求管理

（1）划分需求。首先，对服务的需求很少来自单一顾客群体，因而对不同顾客群应有所区分；其次，由于需求的波动性和季节性从而可进行群体需求划分；再次，实现快速平稳服务流程的前提是需求尽可能平稳；最后，调节需求的非价格工具可以通过规定需求时段和预约来解决。

（2）价格刺激。如节假日的运输费率不同；快递公司对逆向物流（寄递业务）给予价格优惠和数量优惠；淡季、旺季的租仓价格不同，淡季打折，在需求高峰期的定价有溢价等。

（3）促进非高峰期需求。可以通过非价格手段如改变服务设施用途、增加常年运输奖励里程数、抽奖消费服务或价格手段来实现。

（4）开发互补性服务。

（5）使用预订系统和超订。提前销售可以有效提供的服务；将多余的需求转移至同一设施的其他时段或同一组织的其他设施；减少顾客等待时间和保障服务的可供性；预约了但不履行和取消预约的顾客会延期服务；通过超订策略来避免不履行和取消预约所导致的损失。

通过改变需求以适应供应能力的手段，见表6-7。

表6-7　改变需求适应供应能力

需求太高	需求太低
使用标记通告繁忙日期与时间	在当前细分市场使用广告增加业务
在非高峰时期刺激用户需求	调整服务提供以吸引新的细分市场
提高忠诚顾客消费频率	打折或提供优惠价格
服务价格不打折	改变运营时间
	把服务送达顾客

二、收益管理的内涵和适用范围

1. 收益管理的内涵

收益管理的现代概念是在 20 世纪 80 年代期间分析航空业放松管制时提出来的。收益管理的思路如下。

（1）收益管理是一种复杂的供求管理手段，其基本手段是对价格的定制化和个性化管理，即相同的产品对不同的顾客规定不同的价格。

（2）在实际运用中，企业对不同的需求水平制定不同的价格，即根据不同细分市场对不同时段的价格不断进行调整，向最适合的顾客分配最佳类型的能力，以达到服务企业收入和盈利最大化的目的。

（3）收益管理的实质是充分利用企业产能，获取充足的顾客，不给愿意支付更高价格的顾客创造消费者剩余，通过平衡服务需求和服务能力，使企业的收益达到最大化。

评价收益管理的有效方法是特定时期实际回报与潜在回报的价值比，即：

$$收益 = 实际回报 / 潜在回报$$

其中，实际回报 = 实际使用能力 × 实际平均价格；潜在回报 = 全部能力 × 最高价格。上式表明，收益是价格和实际使用能力的函数，运用收益管理，服务运营管理者能够通过同步控制产能（在一定价位上限制可用产能的数量）和需求（通过价格变动）实现收益最大化和产能利用率最大化。

2. 收益管理的适用范围

要想最大限度地利用收益管理，一项服务应该具有以下特征。

（1）可以进一步细分市场。成功实施收益管理的一个主要问题就是企业要具有细分市场的能力。合理的细分市场可以只让企业的一部分顾客享受到减价优惠。对于使用收益管理的企业来说，开发出各种价格敏感性的服务至关重要。

（2）固定成本高而可变成本低。固定成本高而可变成本低的物流服务企业，只要售价能够超过可变成本，就可提供相当大的折扣。符合这种成本结构的服务企业，其利润与销售量直接相关。换句话说，销售量越大，利润额越高。

（3）产品不可贮存。许多种物流服务都可以应用收益管理，其根本原因是现有产能不可贮存。正因为产能不可贮存，物流服务运营管理者就必须尽可能提高产能的利用率，有时甚至需要提供极大的折扣来吸引顾客，只要打折后的价格高于可变成本即可。

（4）可以预售。某些服务企业可以通过预订方式售出自己的服务能力，因此，管理者需要决策是接受提前打折预订还是等待出高价的顾客购买。某些需求的变化是可以预测的，因此管理者可以根据预期的预订累计量曲线确定可接受的范围，若需求高于预期，则停止折扣，以标准价格预订；若预订量低于可接受范围，则接受折扣价预订。

（5）波动需求。通过需求预测，收益管理可以使管理者在低需求期提高服务能力的使用率，在高需求期增加收入。通过控制折扣价的可获性，管理者可以将限制性服务的总收入最大化。

（6）低边际销售成本和高边际能力改变成本。销售额外的单元库存的成本必须要低，例如，为 VIP 用户提供送货上门的费用可以忽略；而提高生产能力的设施投资的边际成本很高。

三、超额预订策略与分析

1. 超额预订策略的含义

在收益管理的实际运用中，会遇到一些实际问题。例如，在电商促销节期间，经常有用户进行了预订，占据了仓库货位或运力，但最终并没有购买或取消了预订的情况发生。一旦发生这种情况，物流公司就会出现产能剩余，而且无法在短期内再销售出去。所以，很多服务企业开始设立含有违约责任的新程序，目的就是减少违约数量。另一种尽量降低无效预订负面影响的方法是公司进行超额预订。

超额预订策略是收益管理的三种基本策略之一，是指物流企业接受的服务预订要求超出服务供应能力的收益管理策略。

例如，某仓储中心有 200 个货位，根据以往出现的顾客违约的历史数据，企业往往会接受电商企业用户的 230 个货位。

超额预订策略的目的是确定能使企业收益达到最大化的超额预订数。若超额预订数太少，仍会造成供应能力浪费；若超额预订数太多，则有可能造成顾客无法获得预约服务。因此，需要解决的问题就是最优超额预订数的确定。

2. 最优超额预定数的计算方法

（1）最小成本法。寻找使闲置成本和补偿成本之和的期望值最小的超额预订数，此时的超额预订数就是最优超额预订数。其中，闲置成本是指顾客未履约而造成的损失；补偿成本是指向未能获得预约服务的顾客提供补偿的成本。

（2）临界点边际分析法。逐渐增加超额预订数，直到最后一个单位预订的预期收入恰好大于预期损失，即 E（最后一个单位预订的收益）$\geq E$（最后一个单位预订的损失），此时的超额预订数就是最优超额预订数。

E（最后一个单位预订的收益）$=P$（收益）·（单位收益）

E（最后一个单位预订的损失）$=P$（损失）·（单位损失）。

因此得到如下公式：

$$P(d \geq x) \cdot Q \geq p(d<x) \cdot R$$

其中，Q 是由于顾客未履约而造成的损失；R 是指顾客无法获得预约服务带来的补偿成本；P 是指基于以往数据得到的未履约的概率；d 是未履约人数；x 是超额预订数。经过对以上公式的变换整理得 $P(d<x) \leq Q/(Q+R)$。可以用累积概率 $P(d<x)$ 来确定最佳的超额预订数量，即当不履约人数小于超额预定数时的累积概率正好小于比值 $Q/(Q+R)$ 时，由该概率确定的预订人数就是最优超额预订数。

知识拓展　某物流运输公司最优超额预订数的确定

某公司在电商节高峰期经常会面临确定最优超额预订数的决策问题。假设该公司每辆货车的价格是 600 元/单，若出现顾客不履约，单位闲置成本为 600 元；若超额预订数过多，需要支付电商用户 800 元/单，即单位补偿成本为 800 元。管理者面临的问题是：每天接受多少顾客超额预订能使收益达到最大化。根据以往的顾客未履约数据（见表 6-8），下面应用最小成本法和临界点边际分析法进行计算求解。

表6-8　货运公司以往的顾客未履约数据

未履约单数（d）	概率 [$P(d)$]	超额预订（x）	累积概率 [$P(d<x)$]
0	0.05	0	0
1	0.10	1	0.05
2	0.20	2	0.15
3	0.15	3	0.35
4	0.15	4	0.50
5	0.10	5	0.65
6	0.05	6	0.75
7	0.05	7	0.80
8	0.05	8	0.85
9	0.05	9	0.90
10	0.05	10	0.95

（1）最小成本法。表6-9是根据表6-8数据得到的预期总成本的计算结果。表中对角线上的数据全是0，是因为超额预订人数与未履约人数相等，这是最理想的情况。最后一行是采用各个超额预订数情况下的总成本期望值。从表6-9的计算结果可以看出，超额预定数为3时总成本最低，因此最优超额预订数为3。

（2）临界点边际分析法。在本例中，Q等于600，R等于800，代入公式求得$Q/(Q+R)=$ 0.43，由表6-8查出小于或等于0.43的累积概率值0.35，对应的超额预订数是3，因此最优超额预订数为3。

表6-9　企业超额预订的预期总成本计算

未履约订单数	概率	超额预订数										
		0	1	2	3	4	5	6	7	8	9	10
0	0.05	0	800	1600	2400	3200	4000	4800	5600	6400	7200	8000
1	0.10	600	0	800	1600	2400	3200	4000	4800	5600	6400	7200
2	0.20	1200	600	0	800	1600	2400	3200	4000	4800	5600	6400
3	0.15	1800	1200	600	0	800	1600	2400	3200	4000	4800	5600
4	0.15	2400	1800	1200	600	0	800	1600	2400	3200	4000	4800
5	0.10	3000	2400	1800	1200	600	0	800	1600	2400	3200	4000
6	0.05	3600	3000	2400	1800	1200	600	0	800	1600	2400	3200
7	0.05	4200	3600	3000	2400	1800	1200	600	0	800	1600	2400
8	0.05	4800	4200	3600	3000	2400	1800	1200	600	0	800	1600
9	0.05	5400	4800	4200	3600	3000	2400	1800	1200	600	0	800
10	0.05	6000	5400	4800	4200	3600	3000	2400	1800	1200	600	0
预期总成本		2430	1900	1510	1400	1500	1810	2260	2780	3370	4030	4760

单元6 排队管理

日常生活中，经常能够看到物流中心门口大型车辆排队等待卸货的场面，或是物流客服中心用户排队等待被服务的情景……物流服务的生产与消费同时进行，很难解决需求的波动性问题。顾客的特点又是随机到达，并且要求立即得到服务。若在顾客到达时，所有的服务都已经被占用，那么顾客就需排队等待。对物流服务业而言，高的设施利用率是以顾客等待为代价的。

我们需要在服务能力成本和顾客等待成本中找到均衡点，使总成本最低，如图 6-3 所示。

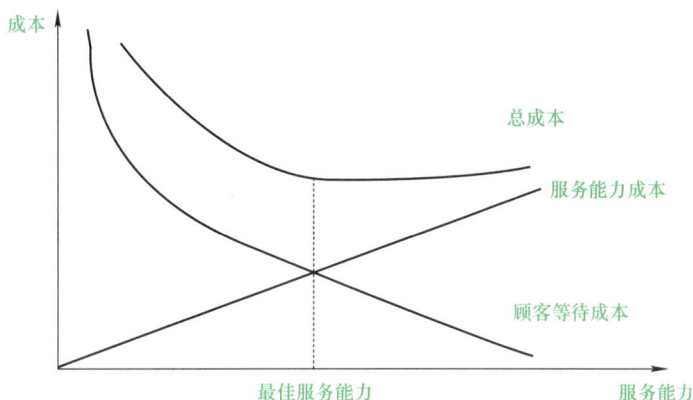

图 6-3 服务能力与成本的关系

一、排队系统的构成要素

当工艺中存在需求和服务率不确定性时，便不可避免地形成了排队。排队就是一个正在等待的队列。

排队系统的构成要素如图 6-4 所示，包括需求群体，即等待服务的客户；等待队列（到达过程、排队结构和排队规则）；服务过程。

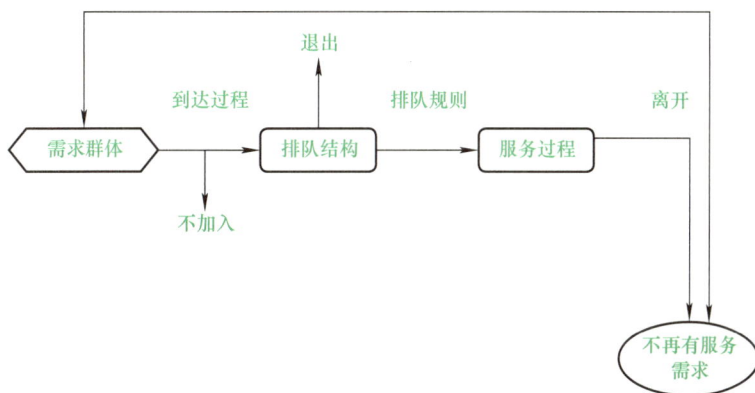

图 6-4 排队系统的构成要素

研究排队现象有助于确定物流服务能力，控制队伍长度，发挥设施能力。其中到达过程，即输入过程中的到达率（单位时间内顾客到达的数量），一般呈现泊松分布，如图 6-5 所示。泊松分布（Poisson Distribution）是一种离散型概率分布，它主要用来描述单位时间（或单位面积、单位体积等）内随机事件发生次数的概率分布情况。当这些事件在各个小的时间间隔内独立地以恒定的平均速率发生时，该分布尤为适用。例如在电话呼叫中心，每分钟打进的电话数量可以看作是泊松分布。

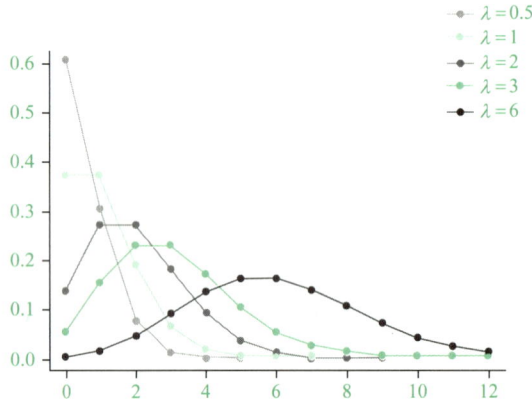

图 6-5　泊松分布图

P（$X=k$）表示在单位时间内事件发生 k 次的概率，其公式为

$$P(X = k) = \frac{\lambda^k e^{-\lambda}}{k!}$$

其中，e 是自然对数的底数，约为 2.71828；λ 是事件的平均发生率；$k!$ 表示 k 的阶乘，即 1 到 k 的所有整数相乘的结果。

而到达间隔时间一般呈现指数分布，如图 6-6 所示。排队规则，包括先到先服务、优先服务、随机服务和成批服务等。指数分布（Exponential Distribution）是一种连续型概率分布，用于描述在固定时间内，事件发生的概率。指数分布适用于那些事件相互独立，且平均发生速率恒定的情况。

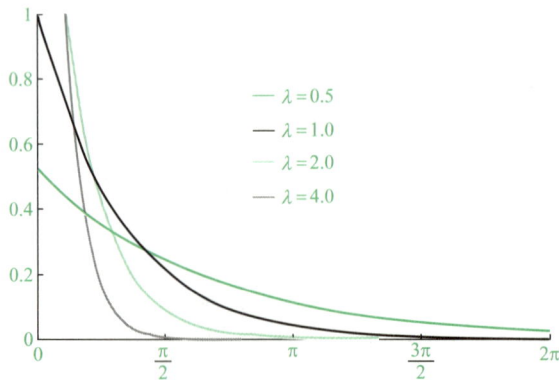

图 6-6　指数分布图

$f(x, \lambda)$ 表示在给定时间 x 内事件首次发生的概率密度，其公式为

$$f(x, \lambda) = \lambda e^{-\lambda x}$$

式中，x 是观察的时间间隔；λ 是事件的平均发生速率；e 是自然对数的底数，约为 2.71828。

二、排队系统的类型和相关计算

根据排队形式和服务过程不同，服务系统可分为以下类型。

（1）多队伍排队且允许移动。在多条排队结构中，到达的顾客必须决定要加入哪一条队伍。但是这个决定是可撤销的，因为顾客可以再转移到另一条队伍的尾端。这种队伍转换行为称为移动。

（2）单队伍排队。在单一排队结构中，到达的顾客只排成一条队伍。一旦有一个服务台出现空闲，队首的第一位顾客就上前接受服务。这种方式在游乐场、展览会中比较常见。

（3）领号虚拟排队。领号的排队结构显示了一种不同的单一排队方式，即到达的顾客领取一个号码，表明其在队伍中的位置，这样就无须形成一条正式的队伍。顾客可以自由移动。

以上三种类型附加上工作任务的单（多）阶段，则产生五种服务系统类型，如图 6-7 所示。注意此处的工作任务单或多阶段，是从服务对象角度而言，如物流客户服务环节，面对包裹破损或丢失的投诉，用户进入排队系统后如果只在一个服务台就能完成服务任务，则为单阶段；如果同样是物流客户服务环节，在口岸物流领域，涉及物流服务时，包括如多式联运办理、报关报税、风险和应急服务等则为多阶段。

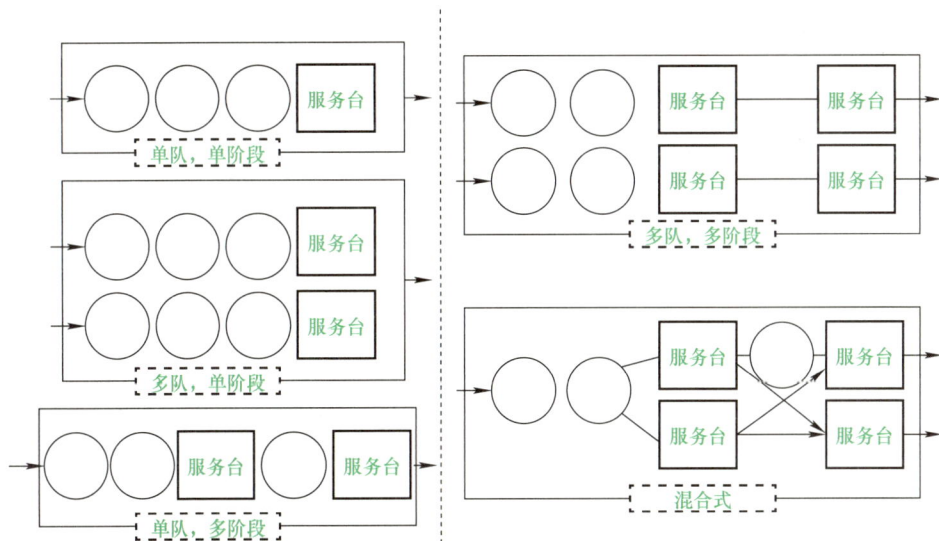

图 6-7 服务系统类型图

最简单的随机服务系统是单队单阶段，按照 FIFS（First In，First Service）规则的等待机制，系统到达率服从泊松分布，则单位时间随机到达 x 个顾客的概率为

$$P(x) = \frac{\lambda^x e^{-\lambda}}{x!}$$

式中，e 为自然对数的底，e=2.71828；x=0，1，2，3，……；λ 为平均到达率。

若 μ 为平均服务率，$\mu>\lambda$；$\rho=\lambda/\mu$，为利用率因子；L_s 为系统中顾客的平均数；L_q 为队列中顾客的平均数；W_q 为顾客在队列中的平均停留时间，则：

$$W_q = \frac{\lambda}{\mu(\mu - \lambda)}$$

知识拓展

某仓库平常工作日送货车辆到达现场情况，经过以往数据记录可知送货车辆的到达率服从泊松分布，仓库卸货组的服务率服从负指数分布。问：该仓库平均有多少时间在卸车？送货车辆要等待多久才能卸货？已知 λ=2.4 车 / 小时，μ=3 车 / 小时

解：$\rho=x/\mu$=2.4/3=80%

代入公示：$W_q = \frac{\lambda}{\mu(\mu - \lambda)}$ =2.4/3（3-2.4）=1.33（小时）

分析排队系统的首要原因是预测业绩并帮助管理者更好地分配资源。

技能实训

实训目标：能够理解排队系统的类型，并根据实际业务进行排队分型。

实训内容：

1. 请观察校内快递代理点的数量，调研日均快递件数、学生取件高峰期时间、提货柜数量、开放式快递服务站货架数量、自助扫码设备数量、寄件服务柜台数量、工作人员数量。

2. 经过以上观察、访谈了解情况后，请将校内快递存在的问题进行归纳。

3. 分析是否存在排队现象、属于哪种排队类型。

4. 能够说明取件流程并提出解决思路。

情境描述：

某大学有 3 万多名师生，校内有 10 家快递点，平均每天处理 3000 多件货物，学生高峰取件时间是上午和下午放学后的一小时左右，开放式货架区此时需要排队，排队人数在 8 ~ 10 人。智能提货柜因取件快而排队少，高峰期有 2 ~ 3 人排队。共有自提柜 5 个、近邻宝 1 个、开放式货架 19 个，总计排货数量为 2538 个。

实训总结：

1. 确定取件流程。开放式货架上架和取件流程为：快递到达→卸货→分拣入站→手工编号→生成取件码→摆放到货架→短信通知收件人→取件码与货物码一致则取件成功，否则工作人员介入。自提柜入柜和取件流程为：快递到达→卸货→分拣入站→快递入柜→生成取件码→短信通知收件人→签收成功则取件成功，没有取件成功则退回处理。

2. 快递包裹到达的时间序列为 2024 年 6 月 15 日至 2024 年 7 月 15 日，平均每天快件总

数为 3732 个，3 批分别在早 9:00、9:45、10:20 到达。取件服从负指数分布，P 值为 0.697。

3. 存在排队现象：智能提货柜区域取件属于多队伍、多阶段，开放式货架区域取件属于混合式排队。

4. 可以运用仿真进行模拟优化，最终结论为增设自助扫码设备 1 台，在每天的 9:00—19:30 时段增加兼职人员 2 名。

内容小结

物流服务能力管理是企业获得市场份额、取得竞争优势的关键，做好服务能力提升是企业保持降本增效和高质量发展的基础，同时有利于企业高水平响应客户需求的变化。

本模块通过需求管理和供给管理双侧分析，全面认识了能力管理在物流服务管理中的重要作用。从时间的长期和短期两个维度了解服务决策制定的依据，以及产能是如何影响需求、人力资源和设施设备的。学习调节产能和影响需求的策略，达到更好的资源利用效果，提升管理效能。

课后习题

计算题

1. 在华北地区，某公司畅销的系列汽车销售额近五年来呈稳步上升趋势。在 2020 年，销售经理预测 2021 年的销售量为 410 辆。设 $a=0.4$，试用简单指数平滑法计算 2021—2025 年的预测值，并填入表 6-10 中。

表 6-10　2021—2025 年的预测值

年份	销售量	预测值
2021	450	410
2022	495	
2023	518	
2024	563	
2025	?	

2. 某进口车整车存放仓库有过去 9 年的出库数据（见表 6-11）。为了预测未来的出库情况，管理层需要确定数学趋势模型，并通过评估结果决定未来是否有扩建仓库的必要。按照表 6-11 给出的时间序列数据，运用与时间相关的回归方程式，预测 2025 年的出库情况。

表 6-11　过去 9 年的出库数据

年份	2016 年	2017 年	2018 年	2019 年	2020 年
出库数量（千辆）	17	16	16	21	20
年份	2021 年	2022 年	2023 年	2024 年	2025 年
出库数量（千辆）	20	23	25	24	

3. 银行信贷部处理一项申请平均花费 6 天时间，同时内部审计发现在任何一个时间大约都有 100 项申请处于不同处理阶段，计算该部门的产率。

课后评价

评价项目	具体内容	分值	得分
知识目标	能说出产能的重要性	5	
	能结合具体企业规模说出产能管理重点	10	
	能说出制定产能的方法	5	
	能背诵调节和影响产能的策略	15	
技能目标	能分辨不同产能评价方法和使用条件	15	
	能结合实际例子处理短期不平衡	20	
	能结合实际例子计算产能	20	
素养目标	培养节约意识	5	
	案例分析时的全局视角和长短期视角运用	5	
合　　计			
小组成员			
评阅教师			

数字化设施选址与流程优化

学习目标

知识目标:

- 了解选址和布局的定义及基本类型;
- 了解流程和流程管理的定义和区别;
- 理解顾客价值包和服务流程设计;
- 掌握流程设计的步骤及相关工具;
- 掌握选址的基本原则和评估方法。

技能目标:

- 能够通过选用合适选址评估方法,解决实际工作中的选址问题;
- 能够使用相关布局设计知识解决物流中心设施布局及办公室布局问题;
- 能够使用流程设计和流程优化相关知识设计中小企业的物流业务流程。

素养目标:

- 培养良好的职业道德意识;
- 培养积极向上的生活和工作价值观;
- 具有绿色物流意识和可持续发展意识;
- 能够形成良好的数字素养。

导入案例

宜家家居的选址设计

宜家家居,作为全球最大家居供应商,拥有科学的选址方案,综合考虑地理环境、资源配置、市场潜力、交通条件、地形特征和环境影响等因素,以选择最佳位置。位于天津的两家店面,均包含建筑主体、提货区、退换货区、绿化带和地下停车场等区域。建筑单面临街,设有人行道和车行道,通常有三个入口,每个商城辐射半径超过 10 千米,主要服务于中小零售店、餐饮店、集团购买和流动顾客。

宜家商城采用仓储开放式布局，设计要点包括：①交通便利，至少有一面与主要道路相邻。②人车分流，客货分流，设置三类流线：顾客流线、货运流线、职工流线。③消防要求，设置不小于 4 米宽的运输消防道路。④入口广场设置室内外过渡缓冲区，增强围合感，解决拥堵问题。⑤拥有大型独立地面停车场。⑥功能区划分为引导、营业和辅助三部分，通过连接组合构成整体。⑦空间布置设计固定行走路线，分隔展示单元自由分布，以主要通道贯穿。⑧展示空间顺序分明，满足人在各项活动中的需求。⑨室内空间布局考虑顺序、流线和方向等因素，根据实用和审美功能要求精心设计。

宜家商城布局特点使顾客停留时间长达两小时，远超竞争对手。设计便于顾客从停车到购买、拣选全程流动，理念是"自由选购"；咨询点随时提供帮助，家具带编号标签方便查找；出口有服务台和装载平台，顾客可直接装车。宜家全球供应网络包括 1300 家直接供应商和约 1 万家间接供应商、批发商和运输企业，以及 26 个配送中心。随着销量的不断增加，宜家更加重视解决拥堵和等待问题，标明快捷通道，设置快速收银台，重新规划停车场和仓库系统，让顾客快速找到并取走所需商品。

思考：
1. 宜家家居是如何进行选址的？
2. 宜家家居是如何进行布局设计和流程优化的？

单元 1　基于大数据的设施选址

通过收集和分析海量的地理、市场、交通、人口等多维度数据，企业能够更精准地评估不同选址方案的潜在价值与风险，从而做出更加科学、合理的决策。接下来，我们将深入探讨基于大数据的设施选址方法与实践，揭示大数据如何为企业设施选址带来前所未有的洞察力与竞争优势。

基于大数据的
设施选址

一、设施选址的概念和基本原则

（一）选址的概念

选址就是确定工厂或服务设施的位置，它是一个重要的决策过程，涉及许多因素，如市场需求、竞争环境、成本和便利等。选址也是一项耗资较大的长期性投资活动，不仅关系到设施建设的投资和建设的速度，而且在很大程度上决定了所提供的产品和服务的成本，从而影响当前和未来企业的生产管理活动和经济效益。优越的地理位置不仅可以降低企业的运营成本，更是企业基本的竞争优势。

选址布局

（二）选址的基本原则

选址是一项长期性投资，位置的选择将显著影响实际运营的效益、成本以及未来企业规模的扩大与发展，同时企业的选址也是企业制定经营目标和经营战略的重要依据。大量的案例表

明，在选址问题上定性分析更为重要，定性分析是定量分析的前提。在进行决策时，一般要明确以下几个原则。

（1）市场需求原则：选址需要贴近市场需求，了解当地消费者的需求和偏好，以便为目标客户提供更有针对性的服务。贴近市场、服务客户是企业生产经营的理念，尤其对于服务业，这条原则更为重要。对于制造业，企业也应把工厂建到消费市场附近，以降低运费和损耗。

（2）竞争力优势原则：选址应该考虑企业的竞争优势，如位置、价格、品种等，以确保企业在市场上的竞争力。

（3）成本效益原则：选址需要考虑成本和效益，包括租金、人员工资、水电费等成本和销售额、利润等效益。经济利益对企业发展至关重要，企业在充分做好需求预测的基础上，应追求选址费用最小化，要选择能够实现成本效益最优化的地点。

（4）交通便利原则：选址需要便于顾客前往，最好位于交通便利的地段，如靠近公交站、地铁站或停车场等。

（5）未来发展原则：企业选址是一项带有战略性的经营管理活动，要具有战略意识，要考虑到企业生产力的合理布局、市场的开拓；要有利于获得新技术、新思想；要有利于参与国际性、区域性的竞争；要考虑到未来的发展，包括城市规划、区域发展等；要选择具有发展潜力的地段，以便在未来获得更多的商机。

（6）规模分散与集中原则：选址需要适度考虑企业规模，不要过大或过小，要根据市场需求和经营能力来确定。企业选址分散要适度，符合所在地区的工业整体布局。集中布局有利于形成规模经济，而适度分散则有利于形成最佳的经济结构，要根据实际市场情况而定。

（7）风险可控原则：选址需要评估风险，包括市场风险、竞争风险等。要选择风险较小、可控性强的地点，以确保经营的稳定性。

（8）品牌形象原则：选址需要考虑品牌形象，如开设品牌专卖店或旗舰店等。要选择符合品牌形象的地段，提高品牌知名度和美誉度。

（9）人流导向原则：选址需要关注人流导向，了解当地的人流分布和流动规律，以便选择人流量较大的地段。

（10）技术支持原则：选址需要考虑技术支持，如网络、通信、电力等方面的保障。要选择具备技术支持的地点，以确保经营的稳定性和高效率。

二、大数据在设施选址中的重要作用

在当今数字化时代，大数据技术的发展已经深刻改变了企业的运营方式和决策过程。特别是在设施选址方面，大数据技术的应用为企业提供了更加精确和科学的选址决策支持。

大数据通常指的是那些无法通过传统软件工具在合理时间内处理的规模庞大、类型多样、处理速度快、价值密度低的数据集合，这些数据的规模巨大，具有多样化的格式，并且产生和处理的速度非常快。

大数据的核心特点可以概括为 5V，即 Volume（大量）、Velocity（高速）、Variety（多样）、Value（价值密度低）、Veracity（准确性）。其中，Volume 指的是数据规模的巨大，通常以 TB、PB 甚至 EB 级别来衡量；Velocity 描述的是数据生成和处理的迅速性；Variety 涵盖了数据类型的多样性，包括文本、图像、视频等；Value 指的是大数据中的有价值信息往往占比很低；Veracity 强调了大数据的准确性和可靠性。

大数据选址依赖于海量、实时、全面的数据信息，通过科学算法分析客流量、客流时段、客群画像、竞争业态、消费能力和偏好、交通状态等因素，提高了选址决策的准确性和效率。大数据选址还可以实现远程调研和量化评估，例如，百度地图、热力图和微信城市服务等，可以直观地展示城市各个区域的人流情况，帮助选址者了解人流量和消费习惯，为选址提供更全面、精确和实时的信息支持。

目前，大数据选址主要涵盖三种策略。第一，基于用户画像的精准选址，其显著优势在于能迅速识别与自身品牌定位相符的商业地产项目。第二，通过数据分析的智能选址，运用大数据的深度挖掘，能有效匹配项目周边的潜在消费群体，从而加强项目的市场竞争力。第三，基于区位优势的精准选址，可以为商家开拓更广阔的选址空间，以实现运营成本的优化降低。

三、大数据选址的过程

大数据选址一般要经过数据收集、数据整合、数据分析、数据建模等过程。数据的收集一般包括传感器数据、社交媒体数据、地理信息数据等；数据整合的方法包括数据清洗、数据存储和数据集成；数据分析方法包括数据挖掘、机器学习、人工智能等；建立设施选址数据模型的方法有聚类分析、回归分析、网络分析等。

基础数据的收集整理一般需要包含以下信息。

（1）需要条件：包括物流中心的服务对象，即顾客的现在分布情况及未来分布情况的预测，货物作业量的增长率及配送区域的范围。

（2）运输条件：应靠近公路、铁路货运站及港口和码头等运输据点，同时也应靠近运输业者的办公地点。

（3）配送服务的条件：包括到货时间、发送频度以及根据供货时间计算的从顾客到物流中心的距离和服务范围。

（4）用地条件：是利用企业现有的土地还是重新取得土地，如是后者，要确定地价有多贵、地价允许范围内的用地分布情况如何。

（5）法规制度：了解指定用地区域的法规制度，如哪些地区不允许建设仓库和物流中心。

（6）管理与情报职能条件：物流中心是否要求靠近本公司的营业、管理和计算机等部门。

（7）流通职能条件：商流职能与物流职能是否要分开？物流中心是否也附有流通加工的职能？如果需要，从保证职工人数和通勤的方便出发，要不要限定物流中心的选址范围？

物流中心的设计者必须对上述各项条件进行深入且全面的研究。在特定情况下，若未能明确设施的规模和选址，则无法得出最终决策。然而，物流中心的选址必须达到满意的标准。为此，需对各种条件进行排列对比，并在地图上加以描绘，通过反复的研究与分析，最终确定选址的范围及候选地址。

四、设施选址的数据模型与方法

（一）重心法

1．重心法的含义

重心法是一种确定一个与多个现有或已确定具体位置设施间运输成本最小的新设施位置的方法，常适用于单个物流中心或者工厂的选址，此种方法将目标市场位置、需要配送的各市场的货物、运输成本等因素加以综合考虑。

重心法进行的决策依据是产品的运输成本最小化，这样就涉及如下四个假设前提条件。

（1）决策点的需求量不是地理位置上所实际发生的需求量，而是一个总汇量，这个量聚集了分散在一定区域内的众多需求量。

（2）产品配送的物流成本以运输费用的形式表现，而且产品的运输费用仅仅和配送中心与需求点之间的直线距离成正比关系，而不考虑城市交通的状况。

（3）不考虑配送中心所处地理位置不同所引起的成本差异，如土地使用费、建设费、劳动力成本、库存成本等。

（4）不考虑企业经营可能造成的未来收益和成本变化，保证决策环境的相对静止。

2．重心法的应用步骤

重心法在实践中常常运用"吨位—中心法"，该方法的模型基于笛卡尔坐标，水平轴为 x 轴，垂直轴为 y 轴，坐标的原点可以任意确定，坐标比例也可以任意确定。应用重心法进行选址的步骤如下。

（1）在能正确表明设施间相对距离的图纸上建立平面直角坐标系，并标明新设施所在位置的坐标，确定各个地点在坐标系中的相对位置。

（2）确定新设施与现有各设施间的运输量，运用公式计算出重心的横纵坐标值，并在坐标系中找到其相应的位置。

一般的计算公式如下：

$$C_x = \frac{\sum V_i D_{ix}}{\sum V_i} \quad C_y = \frac{\sum V_i D_{iy}}{\sum V_i}$$

式中　C_x——重心的横坐标；

　　　C_y——重心的纵坐标；

　　　D_{ix}——第 i 地点的横坐标；

　　　D_{iy}——第 i 地点的纵坐标；

　　　V_i——第 i 地点运往目的地的运输量。

若运往各地的产品数量是一样的，公式可以简化为

$$C_x = \frac{\sum D_{ix}}{n} \qquad C_y = \frac{\sum D_{iy}}{n}$$

（3）选择使总运量距离最小的坐标点对应的位置为最佳选址位置。

知识拓展

某汽车公司，每年需要从 A 地运来橡胶，从 B 地运来玻璃，从 C 地运来发动机，从 D 地运来零配件，各地与某城市中心的距离和每年的材料运量见表 7-1。

表 7-1　距离及运量表

原材料供应地及其坐标	A		B		C		D	
	X_1	Y_1	X_2	Y_2	X_3	Y_3	X_4	Y_4
距市中心的坐标距离（千米）	45	60	100	70	40	10	50	80
年运输量（吨）	3000		1500		1300		2900	

假设城市的中心为原点，各种材料运输费率相同，请用重心法确定该公司合理位置。

解：设重心坐标为 (X_0, Y_0)，则根据重心法公式计算如下：

$$X_0 = \frac{\sum_{j=1}^4 C_j W_j x_j}{\sum_{j=1}^4 C_j W_j} = \frac{45 \times 3000 + 100 \times 1500 + 40 \times 1300 + 50 \times 2900}{3000 + 1500 + 1300 + 2900} = 55.4（千米）$$

$$Y_0 = \frac{\sum_{j=1}^4 C_j W_j x_j}{\sum_{j=1}^4 C_j W_j} = \frac{60 \times 3000 + 70 \times 1500 + 10 \times 1300 + 80 \times 2900}{3000 + 1500 + 1300 + 2900} = 60.92（千米）$$

即该公司的合理位置的坐标为（55.4，60.92）。

3. 重心法的优缺点

重心法的优点在于计算速度快，能很快找到使运输总成本最低的最优位置点。同时，它也存在着一定的缺陷，这些缺陷主要表现在以下三个方面。

（1）选址模型只考虑了可变运输成本，没有考虑在不同地点建设仓库所需的固定投资不同，也没有考虑不同地点的建设运营费用的差异。

（2）模型假设运输成本与运输距离呈线性关系，而实际上的运输费用由两部分构成，一部分是不随运输距离变化的固定部分，另一部分才是随距离变化的可变部分，且呈非线性关系。

（3）模型将待选地点与仓库之间的线路假设为一条直线，实际上运输总是在固有的道路网中进行，两设施点之间不可能总是一条直线的距离。一般可根据实际地形选择一个大于1的折线因子，将计算出的距离放大相应倍数，做近似处理。

尽管有上述局限性，但由于重心法计算简单，能快速得到一个理论上的最优点，管理者和决策者可以以计算结果为依据，确定一个相邻的位置作为初始布局方案。因此，重心法仍得到广泛应用。

（二）线性规划法

1．线性规划法的含义

线性规划法是用线性规划的求解方法确定使总运输成本最小的选址方法。选择不同的位置，将产生不同的生产成本，同时也将在新设施、各现有设施与现有各厂址之间产生不同的运输成本，最优的选址位置将使全部设施的生产成本与运输成本之和最小。对于复合设施的选址问题，如对于一个物流园区设有多个配送中心、供应多个销售点（或仓库）的选址问题，可以用线性规划法求解，使得所有设施的总运费最小，即：

目标函数：$S = \sum_{i=1}^{m}\sum_{j=1}^{n} C_{ij} x_{ij}$

约束条件：$\begin{cases} \sum_{j=1}^{n} x_{ij} = a_i \\ \sum_{i=1}^{m} x_{ij} = b_j \end{cases} \quad x_{ij} \geqslant 0$

2．线性规划法的应用步骤

线性规划法对于综合分析选址的客观因素有很强的适用性，一般有以下五个步骤。

（1）确定各备选新设施、各现有设施的生产能力和单位生产成本。

（2）确定各现有厂址的需求量及各现有设施、各备选新设施之间的单位运输成本（包括运输费、装卸费、存储费等）。

（3）计算各现有设施、各备选新设施与各配送中心相关的单位成本（单位生产成本与单位运输成本之和）。

（4）对于每一备选新设施，建立一个与所有现有设施、现有配送中心相联系的运输模型，并分别求解，得到各备选新设施的总成本。

（5）比较各备选设施位置所对应的总成本，以其值最小的设施位置为最优设施位置。

知识拓展

已有两个物流园区 F_1 和 F_2 供应4个销售点 P_1、P_2、P_3、P_4。由于需求量不断增加，需再设一个物流园区。可供选择的地点是 F_3 和 F_4，试在其中选择一个作为最佳地址。根据已有资料分析得出各物流园区到各销售点的总费用（单位为万元），见表7-2。

表7-2　总费用表

供应地与需求点	P_1	P_2	P_3	P_4	供应量（台）
F_1	8.00	7.80	7.70	7.80	7000
F_2	7.65	7.50	7.35	7.15	5500
F_3	7.15	7.05	7.18	7.65	12500
F_4	7.08	7.20	7.50	7.45	
需求量（台）	4000	8000	7000	6000	25000

解：（1）若新的配送中心设在 F_3，则根据运输问题解法，得出所有供应量分配见表7-3。

表7-3 供应量分配表1

供应地与需求点	P_1		P_2		P_3		P_4		年供应量（台）
F_1		8.00		7.80	⑤ 6500	7.70	⑥ 500	7.80	7000
F_2		7.65		7.50		7.35	③ 5500	7.15	5500
F_3	② 4000	7.15	① 8000	7.05	④ 500	7.18		7.65	12500
需求量（台）	4000		8000		7000		6000		25000

则设配送中心于 F_3 处，全部费用至少为：

$C_3=6500\times7.70+500\times7.80+5500\times7.15+4000\times7.15+8000\times7.05+500\times7.18=181865$（万元）

（2）若新配送中心位于 F_4 处，相同解法得到结果见表7-4。

表7-4 供应量分配表2

供应地与需求点	P_1		P_2		P_3		P_4		年供应量（台）
F_1		8.00		7.80	⑤ 7000	7.70	0	7.80	7000
F_2		7.65		7.50		7.35	② 5500	7.15	5500
F_4	① 4000	7.08	③ 8000	7.20		7.50	④ 500	7.45	12500
需求量（台）	4000		8000		7000		6000		25000

解得，设配送中心于 F_4 处得全部费用是：

$C_4=7000\times7.70+5500\times7.15+4000\times7.08+8000\times7.20+500\times7.45=182870$（万元）

两方案比较，$C_4>C_3$，所以选 F3 设配送中心为优，可节省生产运费：

$C_4-C_3=182870-181865=1005$（万元）

3．线性规划法的优缺点

（1）优点。

1）数学模型清晰：线性规划法将问题转化为数学模型，目标函数和约束条件清晰明确，易于理解和解释。

2）有效求解：线性规划问题可以利用高效的求解算法，如单纯形法、内点法等，求解速度较快，特别是对于规模较小的问题，求解效率很高。

3）全局最优解：线性规划法能够找到全局最优解，即在给定约束条件下最大化或最小化目标函数的取值，具有较高的准确性和可信度。

4）多目标优化：可以灵活设定多个目标函数，进行多目标优化，如同时考虑最大化利润和最小化成本等目标。

5）可辅助决策：线性规划法提供了一种科学的决策分析方法，可以为决策者提供理性的参考和辅助，帮助做出合理的决策。

（2）缺点。

1）线性假设限制：线性规划法的一个主要限制是其对问题的线性假设，这可能无法完全反映现实情况，特别是在复杂的物流选址问题中可能存在非线性因素。

2）数据要求高：线性规划法对于数据的准确性和完整性要求较高，如果数据不准确或不完整，可能导致模型求解结果不准确或失真。

3）局限性：线性规划法在处理复杂的物流选址问题时可能存在局限性，如无法考虑空间限制、复杂的交通网络、市场变化等因素。

4）解的稳定性：对于某些情况下的极端约束条件或不完全线性可分的情况，线性规划法可能导致解的不稳定性，需要进行额外的调整和优化。

5）单一决策视角：线性规划法通常只能给出一个最优解决方案，而现实中的物流选址问题可能涉及多个决策者和多个利益相关方，单一决策视角可能无法全面考虑各方利益和需求。

（三）量本利定址法

1. 量本利定址法的含义

量本利定址法源自量本利分析法，全称为产量—成本—利润分析，包括盈亏临界点分析、各因素变动分析和敏感性分析。运用此方法应在以下几点假设下进行。

（1）产出在一定范围时，固定成本不变。

（2）可变成本与一定范围内的产出成正比。

（3）所需的产出水平能近似估计。

（4）只包括一种产品。

2. 量本利定址法的应用步骤

利用量本利定址法，可采用作图或进行计算比较数值等方法进行分析。采用作图法比较直观，具体步骤如下。

（1）确定每一备选地点的固定成本和可变成本。

（2）在同一张图上绘出各备选方案的总成本。

（3）确定某一预定产量，比较这一产量下的总成本或利润。

知识拓展

表7-5列出了4个备选地址的固定成本和可变成本。要求：

（1）在一张图上绘出各备选地址的总成本线。

（2）指出使每个备选地址产出最优的区间（即总成本最低）。

（3）如果要选择的地址预期每年产量为8000个单位，那么哪一个备选地址的总成本最低？

表7-5 固定成本和可变成本汇总表

备选地址	每年的固定成本（元）	可变成本（元/每单位）
A	250000	11
B	100000	30
C	150000	20
D	200000	35

解：选择最接近预期产量的产出（如每年10000个单位），计算在这个水平上每个备选地址的总成本，见表7-6。

表7-6　总成本表

备选地址	每年的固定成本（元）	可变成本（元）	总成本（元）
A	250000	11×10000	360000
B	100000	30×10000	400000
C	150000	20×10000	350000
D	200000	35×10000	550000

绘出各总成本线，如图7-1所示。

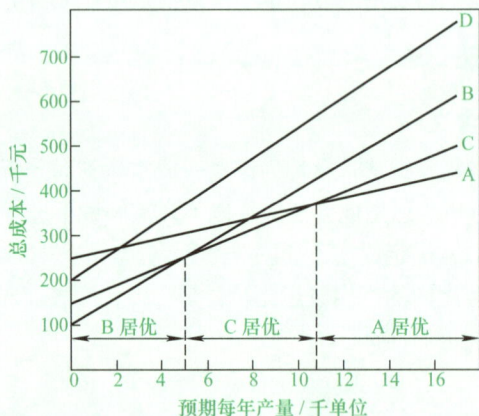

图7-1　总成本线图

请注意备选地址D虽然在产量较低时成本低于备选地址A，但却高于备选地址B和备选地址C。因此，可以从图7-1中B线和C线的交点以及A线和C线的交点所得到的产出水平求出确切的区间。为了得到详细的情况，可使它们的总成本相等，得到最优产出水平（Q）的界限。

对于备选地址B和备选地址C：$100000+30Q=150000+20Q$，得到$Q=5000$（单位/年）。

对于备选地址C和备选地址A：$150000+20Q=250000+11Q$，得到$Q≈11111$（单位/年）。

图7-1中给出了各个备选地址总成本最低时的区间。每年产出8000单位，地点C的总成本最低。

3. 量本利定址法的优缺点

量本利定址法在选址应用中可以帮助评估不同选址方案的成本和效益，从而指导决策者选择最佳的选址方案。在实际应用中，它具有以下优缺点。

（1）优点。

1）全面评估成本和效益：能够全面评估选址方案的各种成本和效益，包括建设成本、运营成本、经济效益、社会效益等方面，有助于综合考量各种因素。

2）经济性评估：以经济的方式量化成本和效益，使得不同选址方案之间的比较更具客观性和可比性，有助于做出理性的经济决策。

3）时间价值考虑：考虑了时间价值的因素，将未来的成本和效益折算为现值，更好地反映了选址方案对经济的长期影响。

4）风险评估：能够对选址方案可能面临的风险进行评估，从而帮助决策者更好了解潜在风险并采取相应措施。

5）决策辅助：提供客观的数据和分析结果，为决策者提供科学依据和辅助，有助于做出符合实际情况和经济利益最大化的选址决策。

（2）缺点。

1）数据获取难度：需要大量的数据支持，包括成本数据、效益数据、市场数据等，数据的获取可能较为困难，特别是对于一些非市场性的效益数据。

2）估计不确定性：由于数据估计和预测的不确定性，评估的结果可能存在一定程度的不确定性和误差，导致评估结果可能不够准确。

3）价值衡量难度：一些效益难以用经济指标来量化，如环境效益、社会公益等，这些价值难以准确评估，可能导致评估结果有失偏颇。

4）忽略非经济因素：主要以经济效益为评估标准，有时候可能忽略了一些非经济因素的影响，如环境保护、社会公平等。

5）时间和成本：进行一次完整的量本利评估需要耗费大量的时间和人力成本，特别是对于复杂的选址问题，可能需要更多的资源投入。

综合来看，量本利定址法在选址应用中能够提供重要的经济评估信息，但也需要结合其他因素综合考量，以实现更全面和合理的选址决策。

五、互联网对物流企业选址的冲击

互联网对物流企业选址产生了多方面的冲击，既带来了新的机遇和发展空间，也提出了新的挑战和要求。物流企业需要结合互联网技术的发展趋势，不断优化选址策略和配送网络规划，以适应市场变化并提升竞争力。具体有以下几个方面。

（1）市场需求变化。互联网的兴起改变了消费者的购物习惯和行为方式，导致市场需求发生了变化。例如，电商的兴起使得物流需求从传统的实体店面向电商仓储和配送转变，对物流企业的选址提出了新的挑战和机遇。

（2）仓储和配送模式创新。互联网技术推动了物流仓储和配送模式的创新，如智能仓储系统、智能配送路线规划等，这些创新对物流企业的选址要求提出了新的需求和考虑。

（3）配送网络优化。互联网技术可以帮助物流企业优化配送网络，提高配送效率和服务质量，从而对选址提出了更高的要求，如需要考虑网络覆盖范围、交通便捷性等因素。

（4）数据驱动决策。互联网技术带来了大数据和人工智能等技术的应用，物流企业可以通过数据分析和预测来优化选址决策，更精准地把握市场需求和运营情况。

（5）服务范围拓展。互联网打破了地域限制，使得物流企业可以更广泛地拓展服务范围，如跨境物流、城市配送等，这对选址策略和布局提出了新的挑战和机遇。

（6）客户体验要求提升。互联网时代，消费者对物流服务的要求越来越高，包括送货速度、服务质量、售后支持等，这对物流企业的选址和配送网络规划提出了更高的要求。

德技并修

在大数据时代，数据安全直接关系到国家安全。数据泄露或被非法利用可能导致国家安全受到威胁，尤其是国家的核心数据（如政府数据、军事数据、关键基础设施数据），这些很容易成为黑客攻击、数据窃取和网络间谍活动的目标。还有案例显示，一些不法分子通过非法测绘活动，如未经批准进行导航软件测试活动，或者以考古研究名义擅自实施测绘活动，这些行为都涉嫌非法获取地理信息数据，可能危害国家安全。另外，大数据的应用也带来了一系列的伦理问题，包括个人隐私泄露，行为信息、位置信息等可能被无限制地收集和分析，一些移动应用程序可能会在用户不知情的情况下收集其地理位置信息，如通过 IP 地址分析用户所在地理位置，导致个人隐私受到侵犯。

通过教育和培训，可以增强公众对数据安全和隐私保护的认识，提高公众的数据安全意识和数据伦理意识，促进大数据的合理使用和健康发展。

单元 2 物流设施现场布局构成

物流设施作为供应链体系中的关键环节，其现场布局构成不仅影响物流作业的效率与准确性，还直接关系运营成本与客户满意度。合理的布局设计能够最大化空间利用率，缩短货物处理时间，提升整体物流服务的响应速度与质量。接下来，我们将深入探讨物流设施现场布局构成的要素与原则，解析如何通过科学规划来优化物流设施的性能与效益。

设施现场布局规划

一、布局与布局类型

（一）布局的概念

布局有两个层面的含义，广义的布局是指企业根据自身资源、市场环境、竞争态势等因素，对商业活动进行的规划和安排，包括选址、营销策略、产品组合等。狭义的布局是指对运营或流程中用于转化的资源（加工设备）进行定位，并确定其加工任务，它对运营或流程中的物流方式具有决定作用。布局对企业的经营发展具有重要意义。合理的商业布局可以提高企业的运营效率，降低成本，提高市场竞争力，促进企业的可持续发展。同时，布局也是企业进行市场扩张、实现战略目标的重要手段。

设施布局的基本目标是便于物流和信息流顺畅地在运营系统中流通。不合理的布局会造成物流流程冗长、混乱，顾客等待、加工时间长，以及运营柔性不足、物流不可预测以及高成本等问题；对现有运营系统进行重新布局可能会导致运营中断、客户不满或运营时间损失等。

（二）布局的基本类型

布局的基本类型有固定式布局、功能式布局、单元式布局、产品式布局四种类型。

1. 固定式布局

固定式布局主要是以产品本身特性为对象进行布局，适用于体积大、重量大、不易移动的产品，一般将产品固定在一个相对位置，而人员、零件、设备均集中于此进行施工，施工车间一般比较特殊，如飞机组装车间。

2. 功能式布局

功能式布局是一种以功能为导向的布局方式，它强调各功能区域的合理规划和有效利用。功能式布局的优点在于能够满足不同企业的实际需求，提高工作效率，同时营造一个舒适、健康的工作环境。然而，功能式布局也需要注意避免过于强调功能而忽视员工的情感需求，因此在布局设计中应该寻求功能与情感之间的平衡。

3. 单元式布局

单元式布局则是将不同功能的各个小组的设备或者工位按照加工流程顺序，以小单元的形式按照马蹄形结构集中摆放在一起的一种生产加工模式。在单元式布局中，设备与设备之间的距离变得非常近，大大方便了各工位之间的沟通与协助。在单元式布局的生产过程中，单件产品或较小批量的产品在各功能设备之间快速地移动并完成每一步加工过程。由于加工过程接近于单件流，所以单元内部就不会存在大量的在制品堆积，大大节约了空间，也减少了库存。同时，加工过程中一旦出现质量问题时，由于在制品数量非常少，所产生的质量报废品也相对较少，质量问题很容易在第一时间被发现并予以解决。由于单元式布局在结构上非常紧凑，在制品在工位之间的移动速度大大加快，移动距离也大大缩短，减少了移动浪费。

4. 产品式布局

产品式布局也被称为产品原则布置，是一种常见的设备布局方式。它的核心思想是围绕产品的生产流程，将生产单元按照工艺流程进行布局。产品从进入初始阶段开始，按照生产顺序经过一个个布局单元，直至完成整个生产过程。

这种布局方式具有以下优点。

（1）物料流动顺畅：由于布局单元之间的生产工序是衔接的，物料在生产过程中的流动非常顺畅，减少了运输距离和时间。

（2）库存量小：由于在制品在加工的路径上不需要有很大的存量，因此可以减少库存成本和空间。

（3）便于安装和学习：设备完全按照预定生产流程进行安装，便于安装人员快速完成安装工作，同时也有利于工作人员学习和掌握操作技能。

（4）便于制订生产计划：由于产品生产流程是确定的，因此可以更容易地制订生产计划，控制和跟踪产品的生产进度。

然而，这种布局方式也有其局限性。它适用于大规模、高重复性的产品加工，因为这样可以充分发挥设备利用率和规模效应的优势。如果产品种类多变或者生产过程不稳定，那么这种布局方式可能不太适用。

产品式布局是一种有效的设备布局方式，尤其适用于大规模、高重复性的产品加工。它可以提高生产效率、降低库存成本、便于生产管理，但需要根据具体的产品特性和生产条件进行选择和应用。

二、布局设计的原则

1．为生产经营服务原则

在组织中，生产经营协作密切的组成部分应相互就近安排，使辅助生产和生产服务工作及时满足生产经营需要。

2．最短距离原则

在符合生产工艺过程要求的前提下，使原材料、半成品和成品的运输路线尽可能短，使布局达到时间短、费用低、便于管理的目的。

3．单一流向原则

布局应使生产流程尽量不存在迂回曲折和平面反复交叉现象，即尽量按生产流程的顺序布局，减少运输费用与时间。工艺流程布局中比较好的布局形式有：直线形（I 形）、直角形（L 形）、环形（O 形）、马蹄形（U 形）、蛇形（S 形）等。

4．立体原则

在技术、资金允许的前提下，应尽量采用多层次的立体化布局，这样可以充分利用空间、场地，节约占地面积，缩短运输距离。

5．安全原则

设备布局应符合有关安全生产的法令和制度，符合劳动保护、环境保护的要求，确保生产经营的安全进行。

6．柔性原则

设备布局还应考虑长远发展的需要，留有一定发展余地，利于进行调整。

在实际工作中，设备布局应根据组织实际情况以及发展需要，有所侧重地应用上述原则。

三、布局设计的步骤

1．熟悉了解有关图纸、资料

在进行设备布局设计前，应通过有关图纸、资料（如工艺流程图、厂房建筑图、设备一览表等），熟悉了解工艺过程的特点、设备的种类和数量、设备的工艺特性和主要尺寸、设备安装高低位置的要求、厂房建筑的基本结构等情况，以便合理、科学安排。

2．确定厂房的整体布局

根据设备的形状、大小、数量确定厂房的轮廓、跨度、层数、柱间距等，确定生产用厂房及部位，确定整体布局采用分离式还是集中式等。

3．遵循布局设计的原则，绘制布局草图

从第一层的平面布局入手，先绘出厂房外形轮廓，再在轮廓内进行布局。在设备较多时可用硬纸剪成设备形状，以便随意移动、反复布局，也可采用立体模型布局法布局。在进行构思时，还可以设计多个方案，再进行反复评比，选出较理想的方案，绘出布局草图。

4．绘制正式设备布局图

根据设备布局草图，考虑以下因素并加以修改：总管排列的位置，做到管路短而顺；检查各设备基础大小，设备安装、起重、检修的可能性；设备支架的外形、结构，常用设备的安全距离；外管及上、下水管进、出车间的位置；操作平台、局部平台的位置大小等。

四、布局设计的方法

1．工艺导向布局

工艺导向布局又称机群式布局，是指同类设备和人员集中布置在一个地方的布置形式。车间各基本生产单位的设备布局，通常根据该生产单位的组织形式采用不同的布局方法。例如，该车间的基本生产单位是按生产工艺专业化组织的，通常设备按工艺导向布局（见图7-2），即把同种工艺类型的设备集中在一起，每类设备分区布局。

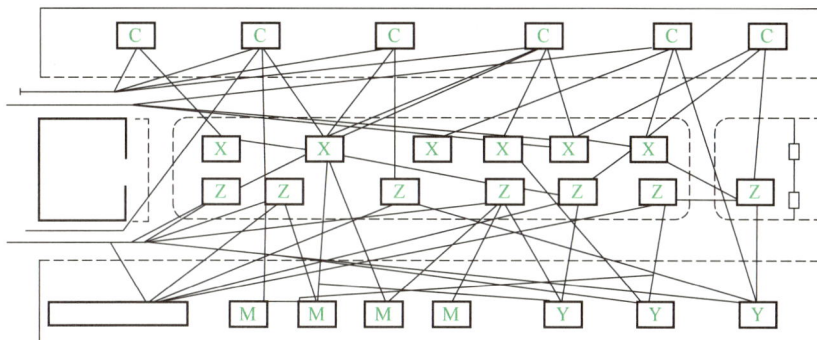

图7-2　工艺导向布局图

工艺导向布局的应用条件：同类或类似的设备较多；所使用设备的通用性较强；生产的产品需求量小，品种变化大，间歇性较大；工人的技术水平较高。

工艺导向布局的优点：有较强的适应性，可不必随产品品种的变化而重新布局和调整设备；由于同类设备集中在一起，便于充分利用生产设备和生产面积；减少重复添置设备，设备采购费用和维护费用较低；同一种工艺集中在一起，便于工艺管理，有利于工人技术水平的提高；遇设备故障，生产不会中断，局部停工不影响全局，可用其他设备代替；安排较简便，较少受工序的限制和场地的影响。

工艺导向布局的缺点：半成品在车间之间辗转交接频繁，流程交叉重复，运输堆放增多，运输费用增加；半成品运送时间长，停放时间久，生产周期延长，在制品增加，流动资金占用量增大；产品经常更换，因此对工人技术水平要求较高，培训期较长；车间之间的联系与协作关系频繁，计划管理、在制品管理、质量管理等工作复杂。

2．产品导向布局

产品导向布局又称生产线式布局，是指根据产品制造的步骤安排各组成部分。车间的基本生产部门如果是按照产品对象专业化来组织的，则设备应按产品生产线方式布局。所谓按生产线布局是指设备按产品生产工艺过程中的工艺顺序进行排列，形成一条条生产线。每一条生产线上固定地生产某一种或几种产品。生产线的形状可采用直线形、U形（见图7-3）或其他形状。

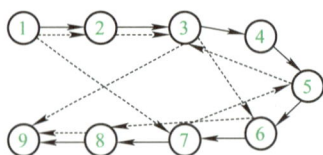

图 7-3　U 形生产线式布局图

U 形生产线式布局的优点：有利于组织工人进行多机床看管。当生产线上几种产品的工艺顺序不相同时，U 形生产线式布局比直线生产线式布局更能够缩短运输路线，避免加工对象在生产线上相向运输或往返运输。

当被加工对象在生产工艺上具有相似性时，则可应用成组技术，按成组生产单元布局（见图 7-4）。成组生产单元可以适应多品种、中小批量生产的生产类型。

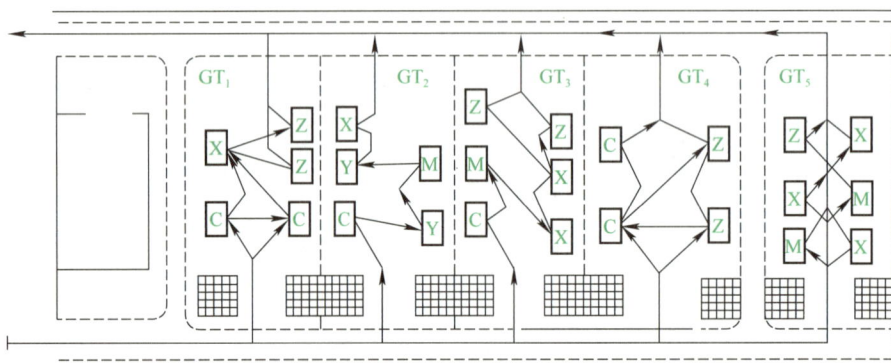

图 7-4　成组生产单元布局图

图 7-4 中有 5 个成组生产单元，每一个成组生产单元都配备了一定种类的机床设备，负责加工某一类具有相似工艺的零件。

生产线式布局也有其缺点，如生产线速度取决于最慢的机器、相对投资较大、一台设备发生故障将导致整个生产线中断、维修保养费用高、重复作业单调乏味等。

3．混合布局

混合布局是指将工艺导向式布局和产品导向式布局两种方式结合起来的方式，是一种常用的设施布局设计方法。比如，一些工厂总体上是按产品导向布局（包括加工、部装和总装三个阶段），在加工阶段采用工艺导向布局，而在部装和总装阶段采用产品导向布局。

这种布局方法的主要目的包括：在产品产量不足以大到使用生产线的情况下，也尽量根据产品的一定批量、工艺相似性来使产品生产有一定顺序，物流流向有一定秩序，以达到减少中间在制品库存、缩短生产周期的目的。

混合布局的方法包括一人多机、成组技术等具体应用方法。

一人多机是一种常用的混合布局方式。这种方法的基本原理是：如果一人看管一台机器还有空闲的话，可以设置一条一人可看管的小生产线，既可使操作人员保持满工作量，又可在这种小生产线内使物流流向有一定秩序。

按成组生产单元布局，即利用一定的标准将结构和工艺相似的零件组成一个零件组，确定零件组的典型工艺流程，再根据典型工艺流程的加工内容选择设备和工人，由这些设备和工人组成一个生产单元（见图7-5）。成组生产单元类似对象专业化生产运作，具有对象专业化形式的优点；但成组生产单元更适合于多品种的批量生产，柔性高于对象专业化的生产形式。

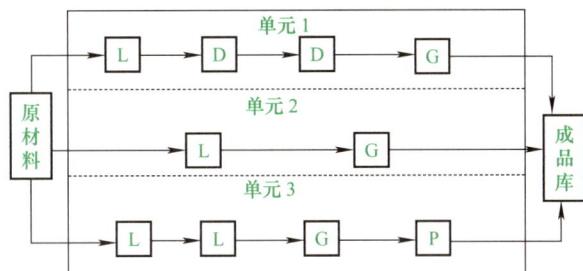

图7-5　成组生产单元布置图

混合式布局原则：在工艺原则基础上，局部采用对象原则；在对象原则基础上，局部采用工艺原则。

混合式布局的优点：设备利用率高，物流比较顺畅，物料搬运工作量少，有利于发挥班组合作精神和拓宽工人的作业技能。

混合式布局的缺点：对生产计划要求相对较高，对工人素质要求较高，工人需要掌握多种作业技能；由于单元之间流程不平衡，需要中间储存缓冲，降低了专业设备的利用率。

4．固定位置布置

固定位置布置（见图7-6）也称项目式布置，是指根据体积或重量把产品保留在一个位置上，加工对象位置固定、生产工人和设备都随加工产品所在的某一位置而转移，是工程项目和大型产品生产所采用的一种布置形式，如工程建设、飞机厂、造船厂、重型机器厂等。

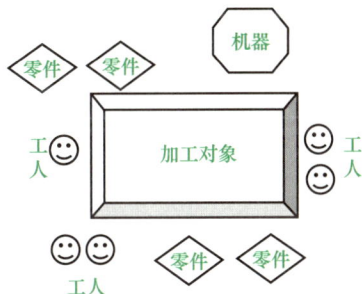

图7-6　固定位置布置图

固定位置布置的优点：物流移动少，高度柔性；采用班组生产方式时可显著提高作业连续性。

固定位置布置的缺点：人员、设备的移动频率和幅度增加；有很多设备需要重复配备，对工人技能要求高。

单元3　物流办公部门设施布置

与生产系统相比，非生产系统的布置有其特殊性。虽然非生产系统不直接产生效益，但其效率的高低也会对企业的生产产生较大的影响。如何通过合理、有效的办公部门设施布置提高工作效率、提高行政人员劳动生产率也逐渐成为一个重要问题。

一、物流办公部门设施布置概念

物流办公部门设施布置是指为物流企业内部的办公部门设计和安排合理的工作环境和设施，以提高工作效率、提升员工满意度和促进企业发展的过程。

与生产系统设施布置相比，物流办公部门设施布置有其独特性：首先，生产系统的主要处理对象为有形物品，故而在进行设施布置时物料搬运成为一个核心考量因素。相对应的，办公部门工作的重心在于处理信息以及接待组织内外的来访者。因此，在规划办公部门设施布置时，必须着重考虑信息的顺畅传递与交流，以及为来访者提供便捷、高效的服务体验。

其次，在生产系统，特别是自动化生产环境中，产出的速率往往直接受制于设备的运行速度，或者说与设备速度之间存在密切的关联性。相对应的，在办公环境中，工作效率的高低则通常取决于个体的工作速度。而办公部门设施的布置和设计会对个体的工作速度产生显著的影响。

再次，在生产系统中，产品的加工特性对于确定设施布置的基本类型具有决定性的影响。因此，生产管理人员通常在选定基本类型后再依据这一基础进行设施布置。与此相对，办公部门设施布置在针对同一类工作任务时，存在多样化的选择。这包括但不限于房间的划分方式、个人工作空间的布置设计以及办公家具的选择与配置等。

此外，在办公环境下，组织结构、部门布局及其相互关系，以及空间位置的合理安排，均对办公部门设施布置产生至关重要的影响。因此，在进行办公部门设施布置时，应充分考量并精心规划。同时也需注意，办公部门设施布置与生产系统在某些原则上存在共通之处。例如，应依照工作流程和能力均衡的要求，合理规划工作中心与个人工作站，以确保办公部门设施布置的灵活性和未来适应性，从而便于未来的调整与发展。

二、物流办公部门设施布置的原则

在办公部门设施布置中，一个关键目标在于提升员工的劳动生产率。这需要根据工作性质和工作目标的差异，审慎选择最有利于提升生产率的布局方式。以银行营业部和贸易公司为例，开放式的大办公室布局有助于促进员工间的沟通交流，从而增强工作效率。然而，在出版社等需要高度集中注意力的环境中，此类开放式布局可能使员工感受到不必要的干扰，影响其专注度和工作质量。因此，我们必须理性分析不同工作场景的需求，选择最合适的办公部门设施布置方案，以确保员工能在最舒适的环境中实现最佳的工作效率。

具体到实际应用中，在进行设施布置时，需要考虑以下几个原则。

1. 空间需求方面

需根据物流办公部门的人员规模和实际工作需求，精准规划办公空间的大小。务必考虑工作区域、会议室、休息区以及文件存储区等功能区的设置。在办公布置设计上，应确保工作流程的合理性和顺畅性，以促进员工间的高效协作与沟通。对于人员密度的安排，需确保工作区域的人员分布合理，避免拥挤，保障工作效率。在设施设备配置上，应根据具体工作需求提供必要的设备，如计算机、电话、打印机、复印机等，以保障员工的日常工作顺利进行。

2．办公配套设施方面

设置数量与大小适宜的会议室，并配备会议桌、投影仪、白板等设施，以满足员工会议和沟通的需求。打造舒适的休息环境，配置沙发、茶几、咖啡机等设施，为员工提供休息放松的场所。设置合理的文件存储区域，包括文件柜、书架等设施，确保文件整理有序，方便查阅。此外，应定期检查和维护办公设施，以确保设施设备的正常运行并延长使用寿命。

3．办公环境方面

确保办公室内具备良好的采光和通风条件，为员工创造一个舒适的工作环境。为员工提供符合人体工程学的舒适座椅，以减轻长时间工作带来的疲劳感。控制噪音，创造一个安静的工作氛围，有利于员工集中注意力和提高工作效率。适量布置绿植，提升办公室的舒适度和环境质量，为员工带来愉悦的工作体验。保持室内适宜的温度，避免过热或过冷对员工造成不良影响。

4．安全管理方面

消防安全：配置必要的消防设施和应急通道，确保员工在火灾等突发情况下能够及时安全疏散。

电气安全：定期检查电气设备和线路，确保电气安全，防范电气问题引发的安全隐患。

物品安全：建立物品管理制度，保障办公设施和员工个人物品的安全。

信息安全：制定信息安全管理制度，保护公司机密信息和员工个人信息的安全。

三、物流办公部门设施布置方法

物流办公部门的设施规划和布置对于高效的管理和运营至关重要，在办公部门设施布置上，存在几种基本的模式。

1．传统的封闭式办公模式

该模式下办公室的布局被细分为若干独立的小房间，并通过许多墙壁、门户和延伸的走廊相互连接。此种配置确实确保了员工们享有较高的独立性，但与此同时，也显著阻碍了人与人之间的信息交流与传递，进而可能导致员工间产生隔阂感。此外，对于上下级之间的沟通亦造成了一定的障碍。更值得注意的是，这种布局设计几乎未预留出足够的调整与变更空间（见图 7-7）。

2．开放式办公模式

开放式办公模式是近二十年发展起来的一种模式。此类大型办公室一般可容纳一个或多个部门的多名员工，可

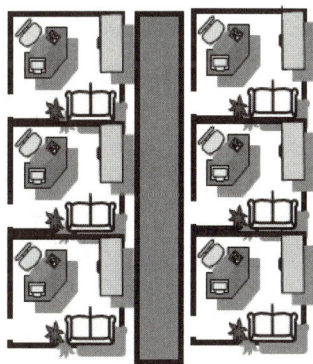

图 7-7　封闭式办公模式

容纳十几人、几十人甚至上百人共同在此工作。这种布局设计旨在促进同事之间的交流沟通，同时也为部门领导与一般职员提供了便捷的沟通渠道，有助于在一定程度上打破等级壁垒，提升团队的协作效率。然而，这种布局方式也存在一定弊端，即员工之间可能会产生相互干扰，甚至导致非工作性质的闲聊等情况的发生（见图 7-8）。

图 7-8　开放式办公模式

为了解决这些问题，建议采取以下措施：

首先，可以合理规划办公区域，为不同部门和团队分配独立的工作空间，以减少相互干扰的可能性。同时，可以设置适当的隔音设施，如隔音板或隔音玻璃等，以确保员工在工作时能够保持专注。

其次，可以制定明确的办公纪律和规定，明确员工在工作期间应避免闲聊等非工作性质的行为。此外，可以加强团队建设和员工培训，提高员工的专业素养和工作能力，以减少非工作性质的交流。

最后，建议引入先进的技术手段，如智能办公系统和协作工具等，以提高员工的工作效率和沟通效果。这些工具可以帮助员工更好地协作、分享信息和完成任务，同时也可以减少非必要的人员交流，提高整体工作效率。

3. 带有半截屏风的组合办公模式

由于开放式办公模式存在员工相互干扰的弊端，后来就进一步发展出来一种带有半截屏风的组合办公模式（见图 7-9）。此种布局设计不仅充分汲取了开放式办公模式的精髓，而且巧妙地规避了开放式办公模式中潜在的相互干扰和闲聊等问题。此外，该模块化布局具备出色的灵活性，可以根据实际情况进行迅速调整与布置。据相关估算，相较于传统的封闭式办公模式，此种办公模式能够节约高达 40% 的建筑成本，且其改变布局的费用也相对较低。实际上，在很多组织中，封闭式布置和开放式布置都是结合使用的。

图 7-9　带有半截屏风的组合办公模式

4. 活动中心式办公模式

20 世纪 80 年代，在西方发达国家又出现了一种称之为"活动中心"的办公室布置。在每一个活动中心，有会议室、讨论间、电视电话、接待处、打字复印、资料室等进行一项完整工作所需的各种设备（见图 7-10）。楼内有若干个这样的活动中心，每一项相对独立的工作集中在这样一个活动中心进行，工作人员根据工作任务的不同在不同的活动中心之间移动。但每人仍保留有一个小小的传统式个人办公室。显而易见，这是一种比较特殊的布置形式，较适用于项目型的工作。

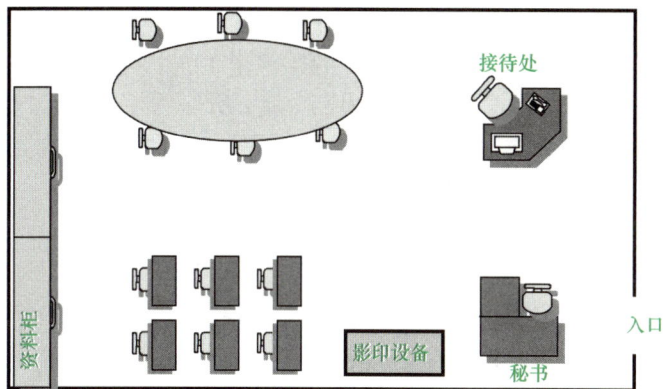

图7-10　活动中心式办公布局图

5. 远程办公模式

20世纪90年代以来，随着信息技术的迅猛发展，远程办公也正在从根本上冲击着传统的办公布置模式。所谓远程办公，是指利用信息网络技术，将处于不同地点的人们联系在一起，共同完成工作。远程办公模式是指利用远程技术和工具，将办公工作从传统的办公室环境转移到员工所在的任意地点进行的工作模式。例如，人们可以坐在家里办公，也可以在出差地的另一个城市或飞机、火车上办公等。可以想象，当信息技术进一步普及、其使用成本进一步降低以后，办公室的工作方式和对办公室的需求以及办公室布置等，均会发生很大的变化。

单元4　流程优化

快速变化的商业环境中，流程优化已成为企业持续提升竞争力、降低成本和提高效率的重要手段。通过细致分析现有流程中的瓶颈与冗余，引入创新的管理理念和先进技术手段，企业能够重塑业务流程，实现资源的最大化利用和价值的最大化创造。

流程优化

一、流程与流程管理

在传统经济条件下，传统的企业管理重心是放在产品或者服务上，所有的企业活动的开展过程也是围绕产品和服务展开。然而，随着数字经济的发展，面对新常态的时代环境，企业竞争的焦点逐步转移到以客户为中心的企业组织机构和运营机制的设计和实施上。而流程管理管理无疑是企业组织机构和运营机制优化的关键环节。

（一）流程的定义

国际标准化组织ISO 9000认证对流程定义是：流程是一种将输入转化为输出的相互关联和相互作用的活动。管理学大师迈克尔·哈默对流程的定义是：流程是把一个或者多个输入转化为对顾客有价值的输出的活动。一般而言，流程是组织未来实现预定的产品生产、服务提供、价值增加等目标而投入的人、财、物、知识、公共关系等资源，通过一系列任务的有序组合来达到和完成目标的整个过程。它一般包含六个要素：输入的资源、活动、活动的相互作用、输出结果、顾客及价值。输入情况会影响输出效果，输出的时间则是越短越好。

流程一般具有六个特点：①目标性，即有明确的输出；②内在性，即流程包含于任何事物或行为中；③整体性，即至少两个活动组才能建立结构或者关系；④动态性，即由一个活动到另一个活动；⑤层次性，组成流程的活动本身也可以是一个流程；⑥结构性，流程的结构可以有多种表现形式，且影响流程的输出效果。

（二）流程管理

流程管理是一种以规范化地构造端到端的卓越业务流程为中心，以持续提高组织业务绩效为目的的系统化方法，组织要从系统的实际情况出发，进行不同层面的流程变革，包括对原有流程进行一定的改进、规范，甚至彻底重新设计业务流程等，这一切都要围绕客户的需求而进行，并且是一个持续的、不断提升的动态过程。

流程管理首先保证了流程是面向客户服务的，流程中的活动应该是增值的活动，从而保证流程中的每个活动都是深思熟虑后的结果，是与流程相互配合的。同时，流程管理还保证了一个组织的业务流程是经过精心设计的，并且这种设计可以不断地持续进行下去，使流程本身可以一直领先。因此，构造卓越的业务流程才是流程管理的本质，也是流程管理的根本目的。

构造卓越的业务流程需要根据现有流程的具体情况，对流程进行规范化的设计。一般流程包含三个层面：流程规范、流程优化和流程再造。对现有较为优秀且服务卓越的流程，可以进行规范的工作；如果流程中有一些问题，存在一些冗余或者消耗成本的环节，则可以采用优化流程的方法；对一些积重难返、完全无法适应现实需要的流程，就需要进行流程再造了。

一个组织的流程不是一成不变的，要根据内外部条件的变化而适当做出调整。流程优化不仅指做正确的事，还包括如何正确地做这些事。企业面对复杂多变的市场环境，就要从本质上反思业务流程，只有通过对现有流程进行优化，才能保证组织在关键绩效指标上，如质量、成本、速度、服务等方面取得长足的进步，同时也会进一步提高组织效率和客户满意度。

当前各行各业都处于一个科技飞速发展、产品生命周期越来越短、用户需求越来越趋于多样化的时期，都面临着激烈的竞争和瞬息万变的市场环境。要想在这样的环境中生存和发展，企业就必须不断采取管理措施来增强自身的竞争力。管理学家指出，从企业流程的角度入手，通过流程再造能够增强企业的适应能力，提高企业的竞争力。

（三）流程与流程管理的区别

流程与流程管理在定义和目标上存在一些差异。

首先，流程主要是指一系列的活动，这些活动通常有严格的先后顺序，并且活动的内容、方式、责任等都有明确的安排和界定，以便于不同岗位角色之间进行工作交接。而流程管理则是一种方法，通过设计、实施、控制和改进业务流程，以实现特定的价值目标。这个过程旨在提高企业的效率、效益以及对市场的反应速度，从而达到提高企业市场竞争力和经营效益的目的。

其次，从定义上来看，流程通常是指为完成某一目标而进行的一系列相互关联的活动。这些活动不仅包括具体的操作步骤，还涉及各个部门之间的协同合作。而流程管理则是对这些活动进行规划、组织、指导和控制的过程。

此外，从目标上来看，流程管理的目标更为明确和全面。它不仅关注流程的效率和效果，还注重通过改进流程来提高客户满意度、降低企业成本、增强企业的竞争优势等。而流程本身则更注重具体的操作和执行，其目标通常是为了实现某一特定的业务目标或任务。

总的来说，流程是实现特定目标的一系列活动，而流程管理是对这些活动进行规划、组织、指导和控制的过程。二者都强调过程控制以保证和提升企业的效益，但流程管理更注重对整个过程的掌控和优化。

二、顾客价值包与服务流程设计

（一）顾客价值包的含义

服务的定义揭示了其本质：一个融合了消费者参与的生产体验过程。在此过程中，消费者的直接参与使得服务的提供变得复杂且多元。服务产品的生产提供并非孤立存在，而是与诸多相关因素紧密相连，共同构成一个完整的服务产品。以饭店服务为例，为了提供优质的服务，必须确保硬件设施的品质、酒菜的口味与卫生标准，同时还需要员工亲切热情的服务态度以及营造宜人的消费氛围。这些因素共同构成了饭店服务产品的核心要素，缺一不可。

服务产品是众多要素的融合，涵盖无形的"纯粹服务"及有形的物质要素，共同满足顾客的需求。服务组织巧妙地将这些要素集结，形成一体化服务产品，犹如将服务相关要素"编织成包裹"，供顾客取用。顾客价值包，即在特定设施环境下，将无形服务与有形物品结合，为顾客提供全面服务的体验。

（二）顾客价值包的构成

组成顾客价值包的要素比较多而且复杂，既有物质要素又有非物质要素，还涉及生理满足和心理感受，但主要包含以下要素。

1．辅助性设施（服务环境）

辅助性设施（服务环境）为服务提供的前提条件，是服务所需的物质支撑，涵盖各项服务所必需的硬件设施、设备与物质空间。以医疗服务为例，其辅助性设施包括医院建筑及医疗设施；对航空服务而言，则涉及飞机与机场等硬件设施。

2．辅助性物品

辅助性物品是指与服务提供紧密相关的商品，以供顾客在购买或使用服务时使用。例如，在饭店服务中，为顾客提供的食品饮料；在汽车修理服务中，需要替换的零部件；在银行服务中，需要提交给客户的文件等。这些都是服务提供过程中不可或缺的物质要素。

3. 显性服务

显性服务，即消费者在服务过程中可明确感知到的利益，这些利益源于服务本身及其所带来的直接效果。例如，经过专业修理的汽车能够恢复正常运行，牙医服务能有效缓解患者的牙痛症状，而咨询公司的营销方案则能显著提升客户的产品销售量等。显性服务不仅包含这些明显的利益，更涵盖了实现这些利益所需的服务内容本身。

4. 支持性服务

支持性服务指的是为了确保显性服务的顺利提供所不可或缺的一系列辅助性工作，这些工作通常处于"幕后"，不易被直接察觉。以牙医诊所为例，病人的档案管理便是其中的一项关键支持性服务，它确保了医疗记录的完整性和准确性，为牙医提供了决策依据。在餐厅运营中，厨师的烹调工作以及洗碗工的清洁工作同样属于支持性服务，他们为餐厅的顺畅运营和顾客的用餐体验提供了必要的保障。这些工作虽然不直接面向顾客，但对于提升服务质量和效率至关重要。

5. 隐性服务

隐性服务指的是在顾客享受服务的过程中，那些隐含于服务之中、能够满足顾客心理需求并带来实际利益的内容。以银行个人贷款服务为例，隐性服务可能包括顾客在办理贷款过程中感受到的个人隐私得到妥善保护的安心感；而在豪华餐厅用餐时，隐性服务则可能表现为顾客在品味美食与享受优雅氛围的同时，感受到自身社会地位得到彰显的满足感。这些隐性服务不仅提升了顾客的整体服务体验，也是现代服务行业中不可或缺的重要组成部分。

（三）服务流程设计的原则

服务流程设计需要遵循的原则主要有以下方面。

（1）匹配原则：流程和业务需要匹配，组织和流程也需要匹配。流程设计需要符合业务和工作的自然流动，组织资源的配置应根据流程需要进行。

（2）精益原则：在流程定义时，应从精益的角度思考业务的本质，基于最短的流程周期时间，找到真实合理的业务流。同时，应提前识别并避免业务流中的浪费、长时间等待和风险，并真实地反应业务流。

（3）风险预防原则：在流程设计时，应清楚了解业务运行的控制要素及可能的风险，并在流程中设置内控环节，预防风险的发生。

（4）目标管理原则：针对流程的关键输出进行目标管理。

（5）持续改进原则：企业的业务会随着时间不断扩大和发展，而业务流程具有相对的稳定性，可能会滞后于业务的发展。因此，应持续地评估流程的效力，并持续地优化和改进流程。

（6）形成完整的文件化流程体系：企业应建立完整的文件化流程体系，以支持业务的进一步发展。

（7）形成完整的业务链，避免出现断点或交叉：为流程界定一个清晰的范围，可以避免流程活动的相互交叉或出现断点，提高流程的可操作性。

（8）建立分层分级的流程管理体系：层次化、结构化流程体系按价值链进行结构化设计，使得流程之间的逻辑关系明确，避免部门间相互扯皮的情况出现。

（9）识别关键流程：企业应识别关键流程，以便进行重点跟进和管理。

遵循这些原则有助于设计出高效、稳定、安全和灵活的流程，从而提高企业的整体运营效率。

（四）服务流程设计的步骤

1. 目标与策略制定

明确企业的运营目标，并制定相应的策略来实现这些目标。这包括确定运营的主要指标、市场需求和客户期望。

2. 流程分析与优化

对企业的运营流程进行分析，找出其中可能存在的问题和瓶颈，并进行优化设计。通过流程简化、自动化和信息化等手段，提高效率、减少成本。

3. 组织架构设置

根据流程设计的要求，合理设置运营部门的组织架构和岗位职能，明确各部门之间的责任关系和协作机制。同时，建立绩效考核体系，激励员工积极参与运营管理工作。

4. 资源配置与调度

根据运营需求，合理配置和调度企业的人力、物力、财力和信息资源。确保资源的充分利用，提高生产效率和服务质量。

5. 风险管理与控制

建立风险识别、评估和控制的机制，确保运营过程中的各个环节都能及时发现并妥善处理潜在的风险和问题。同时，加强对供应链、质量控制和信息安全等方面的管理，保障运营安全和稳定。

6. 监控与改进

建立运营管理的监控体系，通过指标分析、数据报告和绩效评估等手段，及时了解运营情况，并持续改进运营流程和管理方法。通过反馈机制和经验总结，不断提升企业的运营水平。

（五）服务流程设计的相关工具

1. 流程图

流程图是以图形的方式来表现流程，绘制流程图可以帮助管理者对运营系统进行设计和分析。运营管理流程设计和分析改善都是在绘制流程图的基础上进行的。

完成一项工作任务所需进行的若干项工作按照一定逻辑关系构成一个流程，它可以用流程图表示出来，流程图由作业、结点和路线组成。在流程图中，用箭线表示作业，用圆圈及圆圈内的数字表示结点。结点是指一项作业开始或完工的瞬时状态点，即表示某一项或几项作业已完成，而另外一项或者几项作业可以开始的时间点。它是流程图中前后箭线之间的连接点，又称节点、事件。为便于对不同性质的作业和活动进行描述，流程图中一般使用统一的标准符号，每个符号有其特定含义，见表7-7。

表 7-7 流程图符号表

符号	含义
○	圆圈表示活动，是流程中有助于使原材料向产品方向转化的活动
▽	三角形表示库存，是原材料、在制品和产成品的滞留与储存
□	方框表示检查，确认活动是否被有效执行
◇	菱形表示决策点，引导其后流程的不同路径
—→	箭头表示物流方向
┄┄→	虚线箭头表示信息流方向
⊐	延迟符号，表示人员或物品等待下一个活动

流程图的分析设计一般可以从物流和信息流两条线索展开。

（1）物流分析：生产过程一般由许多步骤组成，其中既有创造价值的实际设备和人力材料加工时间，也有对产品的增值没有帮助的运作阶段。物流分析方法的基本思想认为不创造价值的那类工艺步骤是一种浪费，应该将其删除或者尽量缩短。比如快餐店的汉堡从工厂配送到快餐店的仓库开始，到成品送到客户手中；洗衣店的衣服送入到衣服取出等。物流分析不仅能够认识企业的生产过程，还能识别服务流程。

（2）信息流分析：企业中不仅存在物流还存在信息流，两者的流程都将影响企业的运作效率。信息流分析同样是为了设计出高效率的工艺过程，或改进低效的流程，减少流程中的浪费现象，尽可能地增加产品和服务的价值，提高顾客的满意度。信息流有两种类型，一类是运作中的信息流，比如医院里医生从了解病人状况到为病人诊断；从律师对案件信息的了解，到为当事人的辩护方案的形成等。另一类是用于管理和控制的信息流，如生产中的订单登记、采购文档和日常文书工作，以及服务企业中规定管理者使用的各种检查、记录等。信息流一般用于控制物流或进行内部管理。改进了物流之后，新的物流需要与其适应的工艺过程来对其进行管理控制。

2．DMAIC 模式

六西格玛（Six Sigma）是一种用于管理和改进业务过程的方法论和工具集，起源于 20 世纪 80 年代的美国制造业，后来逐渐在各行各业中广泛应用。它的目标是通过减少缺陷和变异性，提高产品质量和业务绩效。它通过使用统计分析和质量管理工具，识别和解决导致问题和浪费的根本原因。通过改进业务流程，以"客户需求"为出发点，了解现状，定义关键指标并进行研究，对关键数据进行测量，分析流程缺陷，最后对流程进行改善、优化和有效控制。

六西格玛具体实施管理过程主要就是遵循五个步骤的循环模式来改善管理方法，通常称为 DMAIC：定义（Define）、测量（Measure）、分析（Analyze）、改进（Improve）和控制（Control）。这个过程涵盖了从确定问题到实施解决方案并保持持续改进的全过程。这五个步骤环环相扣、循环往复，每一个步骤都有明确的内容和任务。DMAIC 模式各阶段主要工作见表 7-8。

表 7-8　DMAIC 模式各阶段主要工作

阶段	主要工作
D 定义 ↓ M 测量 ← （重新设计过程） A 分析 ↓ I 改进 　　Yes 〈更改过程〉→ 　　No C 控制	定义阶段 D：通过确定企业和客户的重点关键需求，识别出自己所需要改善的产品或服务，将自己需要改进的项目设计确定在合理范围内
	测量阶段 M：通过测量现阶段过程，确定过程基线以及期望达到的目标，识别影响过程输出结果 Y 的输入要素 X，并对测量系统的有效性做出评价
	分析阶段 A：通过数据分析确定影响输出结果 Y 的关键要素 X，即确定过程的关键影响要素
	改进阶段 I：为使过程的波动（变异）降低，研究优化过程输出结果 Y，分析并确定减少或消除关键要素 X 影响的方案
	控制阶段 C：监控改进过程，并持续改进流程，降低改进工作的偏离度

在实施六西格玛过程中，企业通常会培训一批专门的团队成员，他们负责领导和推动项目的执行和改进工作。这些团队使用各种统计工具和技术，如流程图、直方图、散点图、回归分析等，来分析数据并制订改善计划。

通过应用六西格玛方法，企业可以实现以下目标：提高产品和服务质量，减少缺陷率；提高客户满意度，满足客户需求和期望；降低成本，减少浪费和废品产生；提高生产效率和过程稳定性；增强组织的竞争力，提高市场份额。

三、流程再造

（一）流程再造的概念

20 世纪 90 年代初，美国管理大师迈克尔·哈默和詹姆斯·钱皮提出了业务流程再造（Business Process Reengineering，BPR）的概念。两位学者认为"流程再造是对企业的业务流程做根本性的思考和彻底性重建，其目的是在成本、质量、服务和速度等方面取得显著性的改善，使得企业能最大限度地适应以顾客、竞争、变化为特征的现代企业经营环境"。

流程再造包括三个基本要素：①它是由彻底的、至少是重大的变革构成；②分析的单位是业务流程，而不是部门或职能区域；③它试图实现的主要目标是根本性的表现提升。

流程再造需要全面考虑组织的内外部环境以及业务需求，涉及人员、技术和文化等方面的变革。这是一个复杂而长期的过程，需要充分的计划、沟通和协调，以确保改进的成功实施。

（二）流程再造的原则

流程再造需要遵循以下原则。

（1）以战略为指导：流程再造应该以组织的战略目标为导向，通过优化流程来实现战略目标。

（2）以流程为中心：流程再造的核心是以流程为对象，通过重新设计和优化，提高流程的效率和效能。

（3）以客户价值为导向：流程再造应该以提高客户价值为导向，确保流程能够更好地满足客户需求并提供更好的客户体验。

（4）以人为本：流程再造应该考虑员工的利益和诉求，提高员工的工作满意度和参与度，增强员工的归属感和责任感。

（5）创新和持续改进：流程再造应该鼓励创新和持续改进的精神，不断优化和改进现有流程，提高组织的竞争力和适应性。

在实践中，这些原则通常需要同时考虑并互相平衡，以确保流程再造的成功实施并实现组织的战略目标。

（三）流程再造的常见模式

1．四阶段模式

（1）第一阶段，确定再造队伍。产生再造领导人，任命流程主持人，任命再造总管，必要时组建指导委员会，组织再造小组。

（2）第二阶段，寻求再造机会。选择要再造的业务流程，确定再造流程的顺序，了解客户需求和分析流程。

（3）第三阶段，重新设计流程。召开重新设计会议，运用各种思路和方法重构流程。

（4）第四阶段，着手再造。向员工说明再造理由，进行前景宣传，实施再造。

2．五阶段模式

（1）第一阶段，营造环境。分为六个子步骤：树立愿景；获得有关管理层的支持；制订计划，开展培训；辨别核心流程；建立项目团队，并指定负责人；就愿景、目标、再造的必要性和再造计划达成共识。

（2）第二阶段，流程的分析、诊断和重新设计。分为九个子步骤：组建和培训再造团队；设定流程再造结果；诊断现有流程；诊断环境条件；寻找再造标杆；重新设计流程；根据新流程考量现有人员队伍；根据新流程考量现有技术水平；对新流程设计方案进行检验。

（3）第三阶段，组织架构的重新设计。分为六个子步骤：检查组织的人力资源情况；检查技术结构和能力情况；设计新的组织形式；重新定义岗位，培训员工；组织转岗；建立健全新的技术基础结构和技术应用。

（4）第四阶段，试点与转换阶段。分为六个子步骤：选定试点流程；组建试点流程团队；确定参加试点流程的客户和供应商；启动试点、监控并支持试点；检验试点情况，听取意见反馈；确定转换顺序，按序组织实施。

（5）第五阶段，实现愿景。分为四个子步骤：评价流程再造成效；让客户感知流程再造产生的效益；挖掘新流程的效能；持续改进。

通常来说，五大阶段应该顺序推进，但是也应根据企业自身的情况，五大阶段可以彼此之间平行推进，或者交叉进行。所以说，五大阶段并不是一个锁定的线性过程，而是相互交融、循环推进的不断再生的过程。

3．六阶段模式

（1）第一阶段，构思设想。包括四个子步骤：得到管理者的承诺和确认管理愿景；发现流程再造的机会；认识信息技术、信息系统的潜力；选择流程。

（2）第二阶段，项目启动。包括五个子步骤：通知股东；建立再造小组；确定项目实施计划和预算；分析流程外部客户需求；设置流程创新的绩效目标。

（3）第三阶段，分析诊断。包括两个子步骤：描述现有流程；分析现有流程。

（4）第四阶段，流程设计。包括四个子步骤：定义并分析新流程的初步方案；建立新流程的原型和设计方案；设计人力资源结构；分析和设计信息系统。

（5）第五阶段，流程重建。包括四个子步骤：重组组织结构及其运行机制；搭建信息系统；培训员工；新旧流程切换。

（6）第六阶段，监测评估。包括两个子步骤：评估新流程的绩效；转向连续改善活动。

4．七阶段模式

（1）第一阶段，设定基本方向。分为五个子步骤：明确企业战略目标，将目标分解；成立流程再造的组织机构；设定改造流程的出发点；确定流程再造的基本方针；给出流程再造的可行性分析。

（2）第二阶段，现状分析。分为五个子步骤：企业外部环境分析；客户满意度调查；现行流程状态分析；改造的基本设想与目标；改造成功的判别标准。

（3）第三阶段，确定再造方案。分为六个子步骤：流程设计创立；编制流程设计方案；确定改造的基本路径；设定先后工作顺序和重点；宣传流程再造；人员配备。

（4）第四阶段，制订解决问题的计划。分为三个子步骤：挑选出近期应该解决的问题；制订解决此问题的计划；成立一个新小组负责实施。

（5）第五阶段，制订详细再造工作计划。分为五个子步骤：确认工作计划目标、时间等；制订预算计划；分解责任、任务；制订监督与考核办法；制订具体的行动策略与计划。

（6）第六阶段，实施再造流程方案。分为五个子步骤：成立实施小组；对参加人员进行培训；发动全员配合；新流程试验性启动、检验；全面开展新流程。

（7）第七阶段，继续改善的行为。分为三个子步骤：观察流程运作状态；与预定改造目标进行比较分析；对不足之处进行修正改善。

四、服务蓝图设计

前文详细阐述了服务流程设计的基础方法，这些内容为流程设计提供了坚实的理论依据，明确了设计的基本思路，这标志着流程设计的初步完

物流服务蓝图

成。随后，我们将遵循这一总体设计思路，对服务提供系统进行全面而细致的描绘。描绘服务系统全貌的有效手段便是绘制服务蓝图。

（一）服务蓝图的概念

广义的服务流程，指的是服务组织在提供服务过程中，涵盖的全部环节及其所需的组合方式。这一过程不仅涉及前台直接为顾客提供的服务活动，同时也包含后台的支持性活动。在流程设计中，我们不仅要考虑服务提供者和服务组织的行为，还需将顾客的参与及其与服务提供者的互动作为关键要素考虑。因此，广义的服务流程实质上构成了一个全面、系统的服务框架。

服务蓝图就是一种描述服务提供过程的可视技术。服务蓝图借助流程图，通过持续地描述服务提供过程、服务环节、员工和顾客的角色以及服务的有形证据来直观地展示服务，以简洁明确的方式将服务理念和设计思路转化为服务系统的图示方法。服务蓝图设计起源于建筑设计领域，作为规划服务系统的核心手段，后来逐渐被服务业广泛采纳。服务蓝图依其详细程度，可被细分为概念性蓝图和细节性蓝图。其中，概念性蓝图旨在提供对整个服务系统的宏观概览，而细节性蓝图则专注于描绘服务系统中特定环节的深入细节。在进行服务蓝图设计时，两者都不可或缺，但其设计的基本原则和方法却是高度一致的。

（二）服务蓝图的作用

首先，服务蓝图能够全面、明确且简洁地呈现服务系统的整体景象，为高层管理者提供了统筹规划的便利。其次，服务蓝图提供的信息，包括概念性蓝图和细节性蓝图，有助于管理者发现并确定潜在的服务失误点，从而有针对性地设计服务保障措施。此外，细节性服务蓝图还为中基层管理者提供了深入了解本部门工作流程的机会，进而制订出有效的管理方案。人事部管理者可依托服务蓝图的信息，制订详细的工作描述，确立员工招聘标准及其他相关人事制度。培训部管理者可将服务蓝图作为选定培训目标和制作培训材料的基石，因为服务蓝图本质上是对工作流程的精确描述。营销和销售部亦能借助服务蓝图，明确服务组织与顾客的潜在接触点，并据此设计各接触点的信息交流方式。最后，细节性服务蓝图还可作为开发服务专家系统的基础，例如美国运通公司便曾以服务蓝图为基础，开发出帮助顾客进行信贷决策的专家系统，这充分证明了服务蓝图在服务系统或子系统基础分析中的重要作用。

（三）基于大数据的物流服务蓝图的绘制

服务蓝图技术能将服务过程以形象化的图表加以描述，帮助物流企业认识服务过程中的所有服务工作、决策内容、资源流动、顾客互动、服务顺序等，提高员工对服务内容、流程、规范的了解和掌握，通过改善内部员工满意度而对外部顾客产生积极影响，提高服务质量和顾客满意度。

服务蓝图一般由四部分构成：三种行为（顾客行为、员工行为、内部支持活动）、连接行为的流向线、分割行为的三条分界线（顾客与服务组织间的外部互动线、可见性服务线和内部互动线）、有形展示。某快递物流服务蓝图如图 7-11 所示。

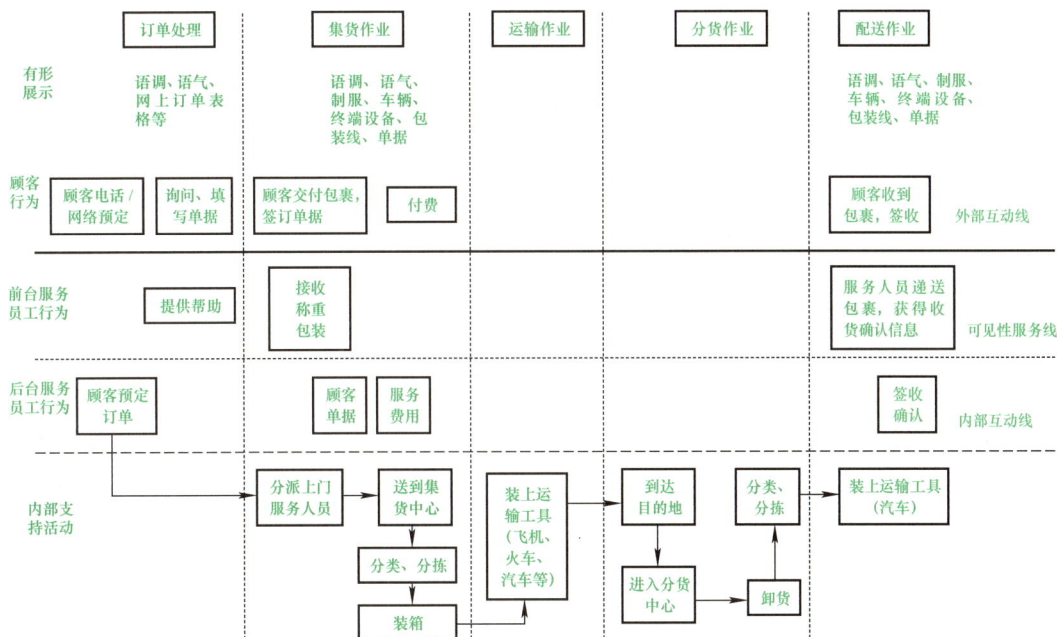

图 7-11　某快递物流服务蓝图

服务系统不仅涵盖了一系列的操作流程，更蕴含了一种深层次的构造逻辑。当我们谈论服务时，自然会联想到诸如设施环境、组织架构、信息系统和财务体系等各个层面的结构布局。然而，值得注意的是，单纯的"结构"并不足以全面诠释服务的本质。若是没有顾客的参与，服务系统本身便失去了存在的价值。因此，在描绘服务蓝图时，我们必须将"流程"与"结构"相互关联，并充分考虑到顾客的参与和服务提供的整体框架。这便是服务蓝图设计的核心理念和总体思路。

服务蓝图是一种将"流程"与"结构"通过水平和垂直两个方向的设计相结合的工具。在此蓝图中，"流程"通过从左至右按时间顺序排列的行为框来展示，箭头则清晰地标示出服务的行进路径。至于服务的"结构"，则通过蓝图的垂直方向进行展示，自上而下呈现三层结构，分别代表服务系统的核心组成部分：服务接触、后台支持性工作以及管理活动。当然，根据蓝图的具体性质，如细节性或概念性，这一结构还可以进行更为细致的划分。值得注意的是，蓝图的结构层次与传统组织机构图有所不同，它呈现出倒置的特点，即一线员工位于上方，而管理者则位于下方。这种设计凸显了直接服务者在服务组织中的核心地位，实质上，服务蓝图是在倒置的组织机构图基础上，加入了行为框，从而形成了对服务全过程的全面展示。

在服务接触层面，存在一条"互动界限"，它将顾客的行为与一线服务人员的服务行为相互关联。顾客的行为位于此界限之上，而服务人员的行为则位于其下。他们的行为按照从左至右的顺序进行。同时，还存在一条"可见性服务线"，它将服务系统的前台与后台明确区分开来。所谓的"可见性"是从顾客的角度出发。对于顾客而言，能够直接观察和接触到的部分即为服务系统的前台，而位于"可见性服务线"之下，即顾客无法直接观察或接触到的部分，则为服务系统的后台。后台员工为前台员工提供必要的支持性服务，例如，在餐饮行业中，厨师作为后台员工为前台服务人员提供有形的产品支持，而餐厅文员则在顾客离开后负责对顾客信息进行统计和存档。

服务蓝图以严谨、细致的方式描绘了服务系统的内部构成，明确区分了后台服务与其他支持性功能部门。为了提供全面而高效的服务，不仅依赖直接服务人员和后台服务人员的协同努力，还需要组织内部其他职能部门的紧密配合。例如，营销部门负责广告宣传，为服务吸引更多潜在客户；采购部门确保物品的及时供应，满足服务过程中的需求；人事部门提供业务培训，提升服务团队的综合素质；工程部门则负责设备的维护和保养，确保服务流程顺畅无阻。服务蓝图以生动且详细的方式展示了服务组织的内部运作，清晰揭示了服务的构成及其所需的参与人员和部门。通过这一工具，服务组织能够更全面地了解服务流程，进而优化资源配置，提升整体服务效率和质量。

五、流程改进的步骤

流程改进是指对现有业务流程进行优化和调整，以提高效率、降低成本、增加价值，从而实现更好的业务绩效和客户满意度。以下是流程改进的一般步骤。

1. 定义目标和范围

明确目标：确定流程改进的具体目标，如提高效率、降低成本、减少错误率等。

界定范围：确定需要改进的业务流程范围，明确涉及的流程步骤、参与者和影响因素。

2. 分析现状

流程分析：对当前业务流程进行详细分析，了解每个步骤的执行情况、时间成本、资源投入等情况。

问题识别：识别当前流程存在的问题和瓶颈，如重复劳动、信息传递不畅、决策延迟等。

3. 设计改进方案

流程设计：设计优化后的业务流程图，包括精简步骤、优化决策点、优化资源利用率等。

技术支持：考虑是否需要引入新的技术工具或系统来支持流程改进，如自动化软件、信息系统等。

4. 实施改进

沟通和培训：将改进方案传达给相关人员，并进行培训和指导，确保大家理解并能够有效执行新流程。

逐步实施：按照计划逐步实施改进方案，可以先在小范围试行，收集反馈并逐步推广至全面实施。

5. 监控和评估

监控效果：设置监控机制，跟踪新流程的执行情况和效果，及时发现问题并进行调整。

评估绩效：根据设定的目标指标，定期评估流程改进的绩效，比较改进前后的数据和表现，确定是否达到预期效果。

6. 持续优化

反馈机制：建立流程改进的反馈机制，接受各方反馈意见并及时调整改进方案。

持续改进：将流程改进作为持续的工作，不断寻找优化的空间和可能性，实现持续优化和提升。

7．文档记录

记录流程：记录改进后的业务流程、相关文档和数据，确保新流程的标准化和可持续性。

经验总结：汇总改进过程中的经验教训和成功案例，为未来的流程改进提供参考和借鉴。

通过以上步骤，可以有序地进行流程改进工作，确保改进方案的有效实施和绩效评估，持续提升业务流程的质量和效率。

知识拓展　娃哈哈集团的采购流程变革

娃哈哈集团在21世纪初的管理信息化建设过程中，陆续上线了财务管理系统、分销管理系统、库存管理系统，实现了局部的信息化管理。市场的竞争环境和股东的回报要求都迫使企业持续推进管理变革，不断降低企业运营成本、提高运营效率。更深入的、整体的业务流程重组已经是企业不得不做的选择。事实上，娃哈哈的业务流程是经过一定程度重组的，信息化程度也很高，得益于此，娃哈哈业务流程的重组变得十分快捷和顺滑，这里以采购流程为例。

娃哈哈旧的采购业务流程：①采购员向供应商下达订单后，随即传一份订单副本给采购部门；②供应商送来的货物抵达指定的库房，验货员对货物进行清点、记录，然后将点货清单转给采购部门；③供应商在送进货物的同时将货款发票交给采购部门；④对每一批货物的清单和发票核对无误后，采购部门发出货款支票。

旧的业务流程是按专业部门分工设计的，各部门人员按照专业职能处理信息，在信息采集、信息共享方面未建立整体的管理规则。企业常常在需要某个数据的时候，需要先从计算机系统中调出数据，再重新整理、加工、制表，然后再进行人工传递，费时费力且效率低下。

娃哈哈新的采购业务流程：①采购员通过共享的计算机系统生成采购订单；②供应商将货物送到库房；③验货员根据共享系统中的订单验收货物；④验货员将处理结果返回共享系统；⑤系统自动生成凭证，并开具支票给供应商。

业务流程重组后，采购流程精简，简化了相关票据、人员、物料的管理。可一次性同时采集到采购信息、质量信息、财务信息等，可以保证以最快的速度、最小的投入解决问题。所需的人员工作量减少，降低了管理费用，成本降低、效益提升，更加提高了企业内部整体的信息化水平。

政策学习

党的二十大报告指出：推动战略性新兴产业融合集群发展，构建新一代信息技术、人工智能、生物技术、新能源、新材料、高端装备、绿色环保等一批新的增长引擎。构建优质高效的服务业新体系，推动现代服务业同先进制造业、现代农业深度融合。加快发展物联网，建设高效顺畅的流通体系，降低物流成本。加快发展数字经济，促进数字经济和实体经济深度融合，打造具有国际竞争力的数字产业集群。

技能实训 ▨▨▨

实训目标:

1. 通过本模块所学知识的综合应用,培养学生分析问题和解决问题的实际能力。

2. 能够运用所有选址方法进行选址。

3. 初步学会配送中心布局、作业流程组织的基本技能。

实训内容:

1. 配送中心选址:应用重心法对配送中心进行选址。

2. 配送中心布局设计:在已确定的生产单位的基础上,根据情境内容确定相应的职能部门,并绘制企业的组织结构图及平面布置图。

3. 作业流程设计:根据所提供的资料和配送中心作业流程及个人理解,对配送中心内部作业流程进行合理规划,提交作业流程图。

4. 以小组为单位,每组 5 ～ 7 人,通过团队合作完成以上内容设计。

情境描述:

某配送中心主要经营家电产品、日用化工产品、食品以及常用医药产品的配送。其中,家电产品、日用化工产品为常温保管;食品为冷藏保管;常用医药产品为低温保管。

配送中心库区总体呈长方形,南北方向长 200 米、宽 72 米。主体建筑物是高站台、大跨度的单层建筑物,为充分利用理货区上方的空间,配送中心局部为 2 层建筑物。配送中心作业分区主要包括入库整理区、出库整理区、批量商品平置区、宽通道货架区、阁楼货架区、加工区、冷冻区、冷藏区、办公区等。主要作业区的作业功能如下。

(1)出入库整理区:主要负责商品的验收、商品的暂存、托盘整理、组盘及托盘打包等工作。

(2)宽通道货架区:宽通道货架区分为 3 个存放区,分别为家电存放区、日化存放区、办公用品存放区。中央通道宽为 6 米,巷道宽为 3.2 米;货架采用横梁式货架,每层高 1.5 米,共 5 层;搬运装卸设备为补货高位拣选车 8 台、叉车 5 台、托盘搬运车 10 台。

(3)批量商品平置区:批量商品平置区以托盘码垛和单品码垛的方式存放大件物品,如家电产品中的热水器、洗衣机等。垛与垛之间的通道宽 6 米,装卸搬运设备为 2 台电动平衡叉车。

(4)包装加工区:为客户提供流通加工服务,如贴标签、更换包装、促销礼品包装等。

(5)阁楼货架区(第二层):阁楼货架区(第二层)主要存放超小件物品,采用重力货架分为三层单元格,采用电子拣选标签以提高拣选效率。

该配送中心拟向本市 10 个零售商提供配送服务。零售商的需求和空间位置见表 7-9,交通图(井字型道路)如图 7-12 所示。表中(X,Y)为零售商的参考坐标。

170

表 7-9　零售商的需求和空间位置

零售商	X	Y	每日需求量（吨）
A	3	1	1.5
B	9	2	0.8
C	15	3	1.2
D	13.5	6	0.9
E	15	10	1.4
F	12	11	1.5
G	6	10	2.0
H	1.5	8	1.8
I	4.5	4	1.2
J	9	7	1.5

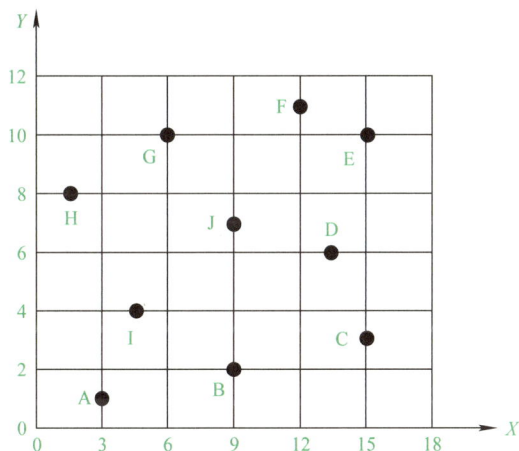

图 7-12　交 通 图

实训总结:

1. 配送中心选址

重心法是一种确定一个与多个现有或已确定具体位置设施间运输成本最小的新设施位置的方法，常用于单个物流配送中心或者工厂的选址。此种方法将目标市场位置、需要配送的各市场的货物、运输成本等加以综合考虑。其操作步骤如下。

（1）收集所有零售商的坐标点（X，Y）和每日需求量。

$$总需求量 =1.5+0.8+1.2+0.9+1.4+1.5+2.0+1.8+1.2+1.5=13.8（吨）$$

（2）计算所有零售商的加权坐标（即每个零售商的 X、Y 坐标乘以其需求量）及加权坐标的总和。

加权 X 坐标和 $=(3×1.5)+(9×0.8)+(15×1.2)+(13.5×0.9)+(15×1.4)+(12×1.5)+(6×2.0)+(1.5×1.8)+(4.5×1.2)+(9×1.5)=114.45$

加权 Y 坐标和 $=(1×1.5)+(2×0.8)+(3×1.2)+(6×0.9)+(10×1.4)+(11×1.5)+(10×2.0)+(8×1.8)+(4×1.2)+(7×1.5)=92.3$

（3）计算配送中心的坐标，即所有零售商加权坐标的均值。

$$配送中心 X 坐标 = 加权 X 坐标和 / 总需求量 =114.45/13.8≈8.29$$

$$配送中心 Y 坐标 = 加权 Y 坐标和 / 总需求量 =92.3/13.8≈6.69$$

2. 配送中心布局设计及作业流程设计，请同学们根据所学内容，以小组为单位共同完成。

内容小结

本模块内容是数字化物流商业运营的重要组成部分，主要介绍数字化物流商业运营中的选址布局和优化，包括基于大数据的设施选址、物流设施现场布局、物流办公部门设施布置和流程优化四个部分，具体分为选址的定义与原则、常见的选址评估方法、布局与布局类型、如何进行布局设计、流程与流程管理、流程设计以及如何进行流程设计、流程再造及其常见模式等；此外，还介绍了互联网对物流设施选址的冲击以及流程改进的步骤和实例。

课后习题

一、单选题

1. 许多制造型企业将工厂建造在消费市场附近，以降低运费和损耗，这体现了设施选址的（　　）原则。

    A. 接近用户原则　　　　　　　　　　B. 分散与集中原则

    C. 费用最低原则　　　　　　　　　　D. 长远发展原则

2. 某日化企业准备建设一个大型生产基地，有三个备选方案：郑州、武汉、佛山。选择郑州每年 4000 万元固定成本，每单位产品 4 元变动成本，运输成本为 19 万元。选择武汉每年 3500 万元固定成本，每单位产品 5 元变动成本，运输成本为 22 万元。选择佛山每年 5000 万元固定成本，每单位产品 6 元变动成本，运输成本为 18 万元。若每月生产产品 800 万件，（　　）方案成本最低。

    A. 武汉　　　　　　B. 郑州　　　　　　C. 佛山　　　　　　D. 以上选项都相同

3. 重心法的优势包括（　　）。

    A. 模型简单、易于操作

    B. 表上作业法程序简单、算法成熟、易于编程和操作

    C. 考虑固定费用和可变费用

    D. 考虑了物流规划部门与客户双方的利益

4. 一个玩具制造商在全国的 5 个地区生产玩具，原材料（主要是塑料粉桶）将从一个新的中心仓库运出，而该仓库的地点还有待确定。运至各地的原材料数量相同。已建立一个坐标系统，各地的坐标位置见表 7-10，则中心仓库的坐标位置为（　　）。

表 7-10　各地的坐标位置

地点	(X, Y)	地点	(X, Y)
A	3, 7	D	4, 1
B	8, 2	E	6, 4
C	4, 6		

A.（4，6）　　　B.（5，6）　　　C.（4，5）　　　D.（5，4）

5. 以下不属于工艺导向布局的优点的是（　　）。

　　A. 有较强的适应性

　　B. 安排较简便，可少受工序的限制和场地的影响

　　C. 物流移动少，高度柔性

　　D. 设备费用和维护费用较低

二、简答题

1. 选址的原则和方法有哪些。

2. 常见的设施布局模式有哪些。

3. 物流服务办公设施布置有哪些原则和模式。

4. 什么是服务蓝图？其作用有哪些？

5. 什么是流程再造？

三、计算题

1. 某物流公司拟建一仓库负责向 4 个工厂进行物料供应配送，各工厂的具体位置与物料年配送量见表 7-11，设拟建物流公司仓库对各工厂的单位运输成本相等。利用重心法计算确定物流公司的仓库坐标位置为多少。

表 7-11　各工厂的具体位置与物料年配送量

工厂及其位置坐标	P_1		P_2		P_3		P_4	
	X_1	Y_1	X_2	Y_2	X_3	Y_3	X_4	Y_4
	20	70	60	60	20	20	50	20
年配送量	2000		1200		1000		2500	

2. 选择学校附近一家小餐厅，收集相关数据帮助这家小餐厅出谋划策。通过观察小餐厅的服务状况，来规划小餐厅的整体布置，以达到增加收益的目的。

（1）绘制小餐厅位置图，并说明所在位置的优缺点。

（2）对其顾客资源、服务状况进行客观调查，然后绘制出一张你认为比较合理的平面布局图。

课后评价

评价项目	具体内容	分值	得分
知识目标	了解选址和布局的定义及基本类型	10	
	了解流程和流程管理的定义和区别	10	
	理解顾客价值包和服务蓝图设计	10	
	掌握流程设计的步骤及相关工具	10	
	掌握选址的基本原则和评估方法	10	
技能目标	能够选用合适的选址评估方法，解决实际工作中的选址问题	10	
	能够使用相关布局设计知识解决物流中心设施布局及办公室布局问题	10	
	能够使用流程设计和流程优化相关知识设计中小企业的物流业务服务流程	10	
素养目标	具有数字化物流商业运营思维	10	
	能够相互协作，富有团队精神	10	
合　　计			
小组成员			
评阅教师			

模块八
数字化物流成本与绩效分析

◎ 学习目标

◎ 知识目标：
- 掌握物流成本的概念、构成；
- 重点掌握影响物流成本的因素；
- 理解物流成本控制的方法；
- 了解绩效评价的指标；
- 了解如何将绩效评价体系整合到商业绩效模型中。

◎ 技能目标：
- 能进行物流成本的核算；
- 会归集、分析物流成本；
- 会运用数字化工具收集、分析物流绩效。

◎ 素养目标：
- 培养节约意识、成本意识；
- 培养数字化思维，建立职业认同感。

导入案例

网络货运助力中储智运降本增效

首先，中储智运以创新智慧物流为核心，通过智能配对机制解决了传统物流中的车货信息不对称、运输不透明及司机空驶率高等问题。其智能运力交易平台和数智物流平台，利用先进算法模型精准匹配货源与司机，提供双方认可的运价，并实现全流程数字化、可视化管理，确保货物安全高效运输。例如，新疆某煤炭企业通过中储智运平台，不仅获得了充足运力，还降低了管理成本，司机也从中受益，减少了空驶。

其次，中储智运通过智慧多式联运技术，合理优化运输结构，提高物流运行效率。平台利用 AI 算法和智慧组网路由算法，对比分析多种联运方案，确定最优运输方式，减少转场和装卸次数，满足交货时效和运输品质要求，有效控制运输成本。其智慧多式联运管理系统为客户提供全程定制化物流方案，实现一票制国内国际多式联运服务，助力新能源等产业高效"走出去"。

最后，中储智运聚焦产业链供应链深度融合，推进行业深层次提质增效。一家大型钢铁集团通过合作，实现了业务流程优化、系统间壁垒打破，综合运输成本降低约8%，作业效率提升20%。中储智运基于掌握的核心物流数据，升级打造数字供应链平台，为企业提供全方位供应链综合服务，实现物流与供应链的闭环管理与高效协同，深层次降低物流成本，推动行业高质量发展。

思考: 本案例中提到了哪些智慧化技术手段？中储智运是如何运用智慧化手段降本增效的？

单元1 数字化物流成本构成与数据采集

随着数字化时代的到来，通过高效的数据采集和分析手段，我们能够更精准地拆解和量化物流成本，从而实现成本的优化和控制。接下来，将详细阐述数字化物流成本的具体构成，以及如何利用先进的技术手段进行数据采集，以期为企业提供更有效的成本管理策略。

一、物流成本的构成

物流成本是指伴随着企业的物流活动而发生的各种费用，是物流活动中所消耗的物化劳动和活劳动的货币表现。具体地说，它是产品在实物运动过程中，如包装、搬运装卸、运输、储存、流通加工等各个活动中所支出的人力、物力和财力的总和。

物流成本的涉及范围很广，贯穿于企业经营活动的全过程，包括从原材料供应开始一直到将商品送达消费者手中所发生的全部物流费用。按照不同的标准，物流成本可分为不同的类别。

1．按功能的不同分类

（1）运输成本。主要包括人工费用，如运输人员工资、福利、奖金、津贴和补贴等；营运费用，如营运车辆燃料费、折旧费、维修费、保险费、公路运输管理费等；其他费用，如差旅费、事故损失、相关税金等。

（2）仓储成本。主要包括建造、购买或租赁仓库设施设备的成本和各类仓储作业带来的成本，如出入库作业、理货作业、场所管理作业、分区分拣作业中的人工成本和相关机器设备费用。

（3）流通加工成本。主要有流通加工设备费用、流通加工材料费用、流通加工劳务费用及其他费用（如在流通加工中耗用的电力、燃料、油料等）。

（4）包装成本。包括包装材料费用、包装机械费用、包装技术费用、包装人工费用等。

（5）装卸与搬运成本。主要包括人工费用、能源消耗费及其他相关费用。

（6）物流信息和管理费用。包括企业为物流管理所发生的差旅费、会议费、管理信息系统费及其他杂费。

2．按所处领域分类

物流成本按所处的领域看，可分为流通企业物流成本、制造企业物流成本和物流企业物流成本。

（1）流通企业物流成本。流通企业物流是指商品流通企业和专门从事实物流通企业的物流，流通企业物流按企业经营类型划分，可分为批发企业物流、零售企业物流、连锁经营企业物流等形式。流通企业物流成本是指在组织商品的购进、运输、仓储、销售等一系列活动中所消耗的人力、物力、财力的货币表现，具体由以下费用构成。

1）人工费用：与物流活动相关的职工的工资、奖金、津贴及福利费等。

2）运营费用：物流运营中的能源消耗、运杂费、折旧费、办公费、差旅费、保险费等。

3）财务费用：经营活动中发生的存货资金使用成本支出，如利息、手续费等。

4）其他费用：与物流相关的税金、资产耗费、信息费等。

（2）制造企业物流成本。制造企业物流是以购进制造所需要的原材料、零部件、燃料、设备等为起点，经过劳动加工形成新的产品，到最后供应给社会需要部门为止的全过程。制造企业物流成本是指企业在生产工艺的物流活动中所消耗的人力、物力、财力的货币表现，具体由以下费用构成。

1）人工费用：供应、仓储、搬运和销售环节的职工工资、奖金、津贴以及福利费等。

2）采购过程中的物流费用：生产材料采购的运杂费、保险费、合理损耗成本等。

3）销售过程中的物流费用：如运费、信息费、外包物流费用等。

4）仓储保管费用：如原材料和产成品仓库的维护费、搬运费、合理损耗等。

5）运营费用：有关设备和仓库的折旧费、维修费、保养费，物流运营中的能源消耗、办公费、差旅费、保险费、劳动保护费等。

6）财务费用：经营活动中发生的存货资金使用成本支出，如利息、手续费等。

7）其他费用：回收废品发生的物流成本等。

（3）物流企业物流成本。物流企业主要是为货主提供专业物流服务，它包括一体化的第三方物流服务企业，也包括提供功能性物流服务的企业，如仓储公司、运输公司、货代公司等。物流企业的整个运营成本和费用就是货主企业的物流成本的转移。

二、物流成本的核算方法

（一）物流成本的核算对象

物流成本核算的过程就是按照一定的成本核算对象分配、归集物流费用的过程。成本核算对象是指成本核算过程中归集、分配物流费用的对象，即物流费用的承担者。成本核算对象不是由人们主观随意规定的，不同的生产经营类型从客观上决定了不同的成本核算对象。企业可以根据自己生产经营的特点和管理要求的不同，选择不同的成本核算对象来归集、分配物流费用。明确成本核算对象，是设置成本明细账、分配物流费用和核算物流成本的前提。一般说来，物流成本的核算对象有如下几种。

1. 以某种物流功能为核算对象

以某种物流功能为核算对象，即根据需要，以包装、运输、储存等物流功能为对象进行成本核算。这种核算方法对于加强每个物流功能环节的管理、提高每个环节的作业水平具有重要的意义，而且可以核算出标准物流成本（单位个数、重量、容器的成本），设定合理化目标。以物流功能为成本核算对象的核算单见表8-1。

表 8-1　以物流功能为成本核算对象的核算单

成本对象	运输	装卸	包装	加工	……	合计
物流直接材料						
物流人工薪酬						
物流其他费用						
……						
合计						

2．以某一物流部门为核算对象

以某一物流部门为核算对象，即以仓库、运输队、装配车间等部门为对象进行成本核算。这种核算对加强责任中心管理、开展责任成本管理以及对于部门的绩效考核是十分有利的。以物流部门为成本核算对象的核算单见表 8-2。

表 8-2　以物流部门为成本核算对象的核算单

成本对象	运输队	装卸队	包装车间	一仓库	……	合计
物流直接材料						
物流人工薪酬						
物流其他费用						
……						
合计						

3．以某一服务客户为核算对象

这种核算方式对于加强客户服务管理、制定合理的收费价格是很有必要的。特别是对于物流服务企业来说，在为客户提供物流服务时，应充分核算为每个客户提供服务时所发生的实际成本。这有利于物流企业制定合适的物流服务收费价格，或者为不同客户提供差别性的物流服务水平等提供决策依据。以物流客户为成本核算对象的核算单见表 8-3。

表 8-3　以服务客户为成本核算对象的核算单

成本对象		A 客户	B 客户	C 客户	D 客户	……	合计
内部物流成本	物流直接材料						
	物流人工薪酬						
	物流其他费用						
	……						
委托物流费用							
合计							

4．以某一流转过程为核算对象

这种核算方式一般以供应、生产、销售、退货等某一流转过程为对象进行核算。它的主要任务是从材料采购费及管理费用中分离出供应物流成本，如材料采购账户中的外地运输费、管理费用中的市内运费、原材料仓库的折旧修理费、保管人员的工资等；从基本生产车间和辅助生产车间的生产成本、制造费用、销售费用等账户中分离出生产性物流成本；从销售费用中分离出销售性物流成本，如销售过程中发生的运输、包装、装卸、保管、流通加工等的费用和委托物流费等。这样就可以得出物流成本的总额，可使企业经营者一目了然地了解各领域物流成本的全貌，并据此进行比较分析。以流转过程为成本核算对象的核算单见表8-4。

表8-4　以流转过程为成本核算对象的核算单

成本对象		供应过程	生产过程	销售过程	退货过程	……	合计
内部物流成本	物流直接材料						
	物流人工薪酬						
	物流其他费用						
	……						
委托物流费用							
合计							

（二）物流成本控制的程序

1. 确定物流成本控制对象

物流成本控制的前提是确定物流成本控制对象，使得费用控制有据可依。每个企业可根据本企业的性质和管理的需要来确定物流成本控制对象。一旦选定，就不要轻易改变，以保持前后各期的一致性和可比性。

2. 制定物流成本控制标准

设定物流成本控制的标准，是物流成本管理控制过程中的重要内容。建立适当的物流成本控制标准，可以为以后的差异分析、业绩考核及纠正差异提供良好的基础。物流成本控制标准应包括物流成本计划中规定的各项指标，但物流成本计划中的一些指标通常具有综合性，不能满足具体控制的要求，这就必须规定一系列具体的标准。

物流成本控制标准的制定有以下几种方式。

（1）按成本项目制定标准。企业内部物流成本项目按其与物品流转额的关系，可分为固定成本和变动成本。对于固定成本项目，可以以本企业历年来成本水平或其他企业的成本水平为依据，再结合本企业现在的状况和条件，确定合理的标准。对于可变项目，则侧重于结合近期及长远条件和环境的变化来制定标准。

（2）按物流功能制定标准。不论是运输、保管还是包装、装卸成本，其水平高低均取决于物流技术条件、基础设施水平，因此在制定物流成本控制标准时应结合企业的生产任务、流转数量及其他相关因素进行考虑。

（3）按物流过程制定标准。按物流过程制定标准是一种综合性的技术，要求全面考虑物流的每一过程。既要以历史水平为依据，又要考虑企业内外部因素的变化。

在采用这些方法确定物流成本控制标准时，一定要进行充分的调查研究和科学计算，同时还要正确处理物流成本指标与其他技术经济指标（如质量、生产效率等）的关系，从完成企业的总体目标出发，进行综合平衡，防止片面性，必要时还应进行多种方案的择优选用。

3. 监督物流成本的形成

监管物流成本就是根据控制标准，对物流成本形成的各个项目经常地进行检查、评比和监督。不仅要检查指标本身的执行情况，还要检查和监督影响指标的各项条件，如物流设施、设备、工具及工人技术水平和工作环境等。所以，物流成本日常控制要与企业整体作业控制等结合起来进行。物流成本日常控制的主要内容包括物流相关直接费用的日常控制、物流相关工资费用的日常控制和物流相关间接费用的日常控制。上述各种与物流相关联的费用的日常控制，不仅要有专人负责和监督，而且要使费用发生的执行者实行自我控制，还应当在责任制中加以规定，这样才能调动全体职工的积极性，使成本的日常控制有群众基础。

4．及时揭示并纠正不利偏差

揭示物流成本差异即核算确定实际物流成本脱离标准的差异，分析差异的成因，明确责任的归属。针对物流成本差异发生的原因，要进行全面分析，分清轻重缓急，提出改进措施，加以贯彻执行。

（三）物流成本控制的方法

1．目标成本法

所谓目标成本法，是为了更有效地实现物流成本控制的目标，使客户需求得到最大限度的满足，从战略的高度来分析，与战略目标相结合，使成本控制与企业经营管理全过程的资源消耗和资源配置协调起来而产生的成本控制方法。

物流目标成本是指根据预计可以实现的物流营业收入扣除目标利润计算出来的成本。它是目标管理思想在成本管理工作中应用的产物。计算公式为

$$目标成本 = 目标售价 - 目标利润$$

目标成本的确定一般包括制定目标售价、确定目标利润和确定目标成本三个步骤。

（1）制定目标售价。目标售价的制定可采用消费者需求研究法和竞争者分析研究法。

（2）确定目标利润。每种产品可能因市场需求、售价政策、成本结构、所需投入资本、品质等因素不同，其利润目标也会有所不同。确定目标利润可采用目标利润率法，其计算公式为

$$目标利润 = 预计服务收入 \times 同类企业平均营业利润率$$

或

$$目标利润 = 本企业净资产 \times 同类企业平均净资产利润率$$

或

$$目标利润 = 本企业总资产 \times 同类企业平均资产利润率$$

（3）确定目标成本。目标成本为目标售价减去目标利润，按上述方法计算出的目标成本只是初步设想，它提供了一个分析问题的合乎需要的起点。这不一定完全符合实际，还需要对其进行可行性分析。

目标成本的可行性分析是指对初步测算得出的目标成本是否切实可行做出分析和判断。分析时，主要是根据本企业实际成本的变化趋势和同类企业的成本水平，充分考虑本企业成本节约的潜力，对某一时期的成本总水平做出预测，看其与目标成本的水平是否大体一致。经过测算，如果预计目标成本是可行的，则将其分解并下达有关部门和单位；如果经反复测算、挖潜，仍不能达到目标成本，就要考虑放弃该产品并设法合理安排剩余的生产能力。如果从全局看，即使不宜停产该产品也要限定产量，并确定亏损限额。

2. 责任成本法

责任成本是以具体的责任单位为对象，以其承担的责任为范围所归集的成本，也就是特定责任中心的全部可控成本。在成本管理上，其成本管理业绩可以单独考核的单位都可以划分为责任单位。可以按照物流作业中心、物流功能等划分物流成本责任单位，责任单位能对责任成本进行预测、计量和控制。按照责任单位之间的关系，可以分为横向和纵向责任单位。采用责任成本法，对于合理确定与划分各物流部门的责任成本，明确各物流部门的成本控制责任范围，进而从总体上有效地控制物流成本有着重要的意义。

（1）计算责任成本的关键是判别每一项成本费用支出的责任归属。假如某责任中心通过自己的行动能有效地影响一项成本，那么该中心就要为这项成本负责；假如某责任中心有权决定是否使用某种资产或劳务，它就应对这些资产和劳务的成本负责；假如某管理人员虽然不直接决定某项成本，但是上级要求他参与有关事项，从而对该项成本的支出施加重要影响，则他对该成本也要承担责任。

（2）一般是依次按下列五个步骤来处理：①直接计入责任中心；②按责任基础分配；③按受益基础分配；④归入某一个特定的责任中心；⑤不能归属于任何责任中心的固定成本，不进行分摊。

（3）责任成本的计算方法。为了明确各单位责任的执行情况，必须对其定期进行责任成本的计算与考核，以便对各责任单位的工作做出正确的评价。责任成本的计算方法包括直接计算法和间接计算法。

（4）责任成本对单位业绩的评价与考核。在实际工作中，对责任单位的责任成本评价与考核的依据是责任预算和业绩报告。对责任单位业绩的考核涉及成本控制报告、差异调查和奖惩等问题。考核的目的是纠正偏差、改进工作。

3. 标准成本法

标准成本法是在泰勒的生产过程标准化思想影响下，于20世纪20年代在美国产生的，是泰勒科学思想在成本管理中的具体体现。刚开始时它只是一种比较简单的统计分析方法，经过不断发展和完善，成为在理论上较为完善、在实际中行之有效的成本控制系统，现在已经相当普遍地为企业所采用。

标准成本法是指以预先制定的标准成本为基础，用标准成本与实际成本进行比较，核算和分析成本差异的一种产品成本计算方法，也是加强成本控制、评价经济业绩的一种成本控制制度。它的核心是按标准成本记录和反映产品成本的形成过程和结果，并借以实现对成本的控制。标准成本法要通过计算实际成本与标准成本之差，进而分析成本变动原因，并作为成本控制的依据。

（1）标准成本的制定。标准成本由产品的直接材料、直接人工和间接费用三部分组成，通常把直接材料、直接人工和间接费用三大项目按其形态划分为变动成本与固定成本，以此作为制定标准的基础。尽管这三大项目的具体性质各有不同，但在制定标准成本时，无论哪一个成本项目都需要分别确定其用量标准和价格标准，两者相乘后得出成本标准。

用量标准包括单位产品材料消耗量、单位产品直接人工工时等，主要由生产技术部门主持制定，吸收执行标准的部门和职工参加。价格标准包括原材料单价、小时工资率、小时间接费用分配率等，由会计部门和其他有关部门共同研究确定。

（2）直接材料的标准成本。在单位产品标准成本中，直接材料的标准成本是生产单位产品所需各种直接材料的标准用量同这些材料在正常情况下价格的乘积之和。直接材料的标准用量，是指在现有物流运作条件和经营管理水平下，生产单位产品所需的材料数量。其中包括必不可少的消耗及各种难以避免的损失等。直接材料的标准用量通常采用统计方法、工业工程法或其他技术分析方法来确定。

其中，价格标准是指事先确定的购买材料、燃料和动力应付的标准价格，包括发票价格、运费、检验和正常损耗等成本，它是取得材料的完全成本。

（3）直接人工的标准成本。直接人工的标准成本是单位产品所需消耗的各种人工的标准工时数同其相应的标准小时工资率的乘积之和。其中的标准工时数是指在现有物流运作条件和经营管理水平下，生产单位产品所需要的工作时间，包括对产品的直接加工所费工时、必要的间歇和停工时间所费工时等。

工资率标准也就是每一标准工时应分配的工资。需要注意的是，工资率标准应按现行工资制度所规定的工资水平计算确定。如果采用计件工资制，标准工资率是预定的每件产品支付的工资除以标准工时；如果采用月工资制，需要根据月工资总额和可用工时总量来计算标准工资率。

（4）间接费用的标准成本。间接费用的标准成本是单位产品标准工时数与事先确定的标准分配率的乘积。制定间接费用的标准成本时，标准工时数是指在现有物流运作条件和经营管理水平下生产单位产品所需的直接人工小时数（或机器小时数）。

（5）成本差异分析计算。成本差异是指实际成本与标准成本之间的差额。实际成本超过标准成本所形成的差异叫作不利差异、逆差或超支；实际成本低于标准成本所形成的差异叫作有利差异、顺差或节约。在成本控制过程中，应奖励有利差异、惩罚不利差异。

4．作业成本法

物流作业成本法（Activity-based Costing，ABC 法）是一种先进的物流成本核算方法，它通过识别和分配作业成本来提供更准确的物流成本信息。作业成本法是以作业为核心，确认和计量耗用企业资源的所有作业，将耗用的资源成本准确地计入作业，然后选择成本动因，将所有作业成本分配给成本核算对象（产品或服务）的一种成本核算方法。

物流作业成本法

作业成本法认为，成本应该随着作业的发生而分配，而不是根据产品或服务。资源动因是将资源成本分配到作业的媒介，作业动因是将作业成本分配到最终产品或服务的媒介。产品消耗作业，作业消耗资源并导致成本的发生。作业成本法应用于物流业务时，突破了最终物流业务界限，而把成本核算深入到物流作业层次；以物流作业为单位归集成本，并把"物流作业成本池"的成本按物流作业动因分配到各项物流服务中去。

物流作业成本法的应用程序如下：

第一步，界定物流作业。价值链的确定有助于识别活动的有效性，剔除无用活动和减少无效活动；在识别出价值链的基础上，确定作业链，最后确定组成作业链的活动（作业）。作业是作业成本法中的核心要素，往往分散在企业的组织结构中，因企业的规模、工艺和组织形式

的不同而不同。按照物流系统运作中的各功能将作业划分为运输、装卸、包装、仓储、调度和信息处理等大的类别。各类作业还可以细分，如仓储作业可以细化为订货接受、进货卸载、装运、进货检验、进货存储、包装及贴签、出货装载等明细作业，运输作业可以细化为将货物运送到客户处、空包装箱回运、在客户处卸载货物、中转等明细作业。

第二步，确认企业物流系统中涉及的资源。物流资源是物流成本的源泉，活动消耗的资源包括人工、设施设备、能源等，具体来说包括固定资产费用（如车辆、库房等）、直接人工、直接材料、运输生产维持成本（如业务人员的工资成本）、间接费用（如管理人员的工资、低值易耗材料成本、车辆及运输保险费等）、运输过程以外的成本（如广告费用）等。资源的界定是在作业界定的基础上进行的，每项作业必然涉及相关的资源，与作业无关的资源应从核算中剔除。

第三步，确认资源动因，将资源分配到物流作业中并核算作业成本。完成一项作业要消耗一定的资源，这种资源消耗与作业的关系称为资源动因，资源动因是分配作业所耗资源的依据。分配到作业中的每一种资源就成为该作业成本中的一项成本要素。例如，分配养路费和油料消耗资源到各作业的资源动因可以为货物重量和里程。

第四步，确认作业动因，将物流作业成本分配到物流服务中，核算服务或合同的物流成本。作业动因反映了成本对象对作业消耗的逻辑关系。例如，装运作业的成本动因可以为货物箱数，进货检验作业可以为货物数量、供应商商誉等。

三、物流成本的控制方法

1. 运输成本控制

货物运输费用占物流总成本的比重较大，是影响物流成本的重要因素。运输成本控制的目的是使总的运输成本最低，但又不能影响运输的可靠性、安全性和快捷性。控制方式通常是权衡运输的服务方式与运输价格，从而选择最佳的运输服务方式，使运输价格最低、时间最短。进行运输成本控制的具体方法如下。

（1）合理选择运输方式和运输工具。各种运输方式都有各自的使用范围和不同的技术经济特征，选择时应进行比较和综合分析。运输工具的经济性与迅速性、安全性、便利性之间存在着相互制约的关系。在目前多种运输工具并存的情况下，在控制运输成本时，应根据不同商品的性质、数量等，选择不同类型、额定吨位及对温度、湿度等有要求的运输工具。

（2）提高运输工具的实载率。一是通过合理配载、循环取货等形式尽量减少空车行程，提高行程利用率。二是通过三维模拟软件实现货物装载优化，充分利用运输工具的额定能力。例如，外贸货运是一个复杂的过程，需要各种工具和软件来帮助管理和优化货物的装载，如EasyCargo、Cube-IQ（见图 8-1）、PackApp 和 LoadExpert。这些软件提供了各种功能，可以帮助企业实现智能装箱优化，计算货物和托盘的数量、尺寸和重量，提供可视化的装箱方案等。这些软件能以图像方式模拟各种货物在运输工具上的装载方式，通过计算各种货物的最佳装载位置以及运输工具在多次装载前后的重量、重心位置等，进行系统优化以获得较高的装载率，从而达到增加运量、提高安全系数和节省燃油的目的。

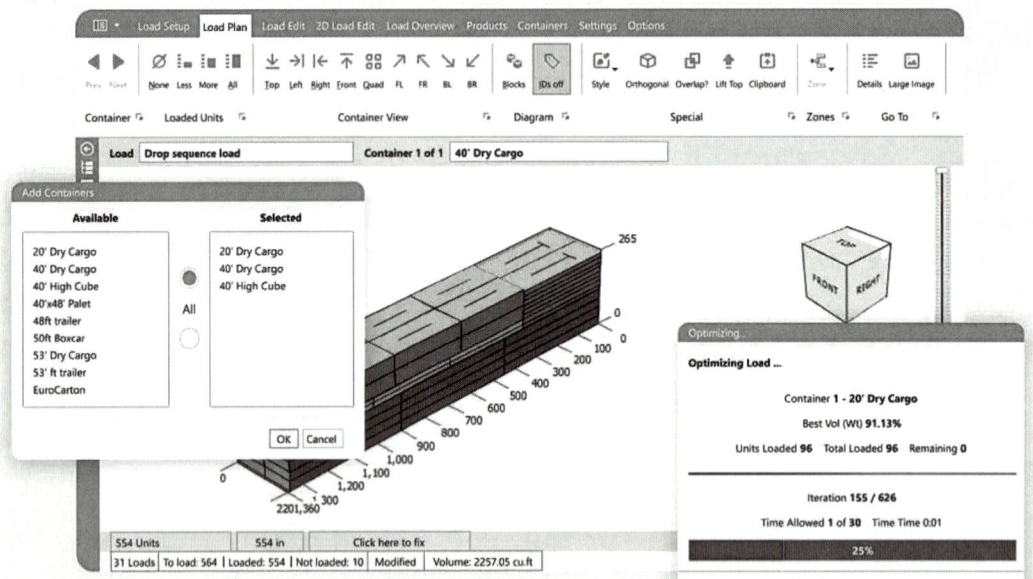

图 8-1　Cube-IQ 物流与供应链装箱软件示意图

（3）合理规划运输网络。一是路线选择。路线对于运输成本会产生重大影响。通过路线选择或路径选择实现运输成本最小化的运筹学决策算法有许多种，这些算法通常通过计算机软件建模求解，只需要输入运费、距离、各地需求量等参数，就可以在各种约束条件下，如要求时间最快或者成本最低等，计算出线路设计的最优解，以达到降低运输成本的目的。二是节点规划。通过对运输量、运输费用等因素综合衡量，利用一些实用的模型和分析技术，如最优化的线性和非线性规划、仿真技术、遗传算法等，对物流中心等节点进行合理设置，从而达到控制运输成本的目标。

2. 仓储成本控制

在物流活动中，仓储的任务是对供应和需求在时间上的差异进行调整。仓储成本控制的目标就是要实行货物的合理库存，不断提高保管质量，加快货物周转，发挥物流系统的整体功能。仓储成本控制的一个重要方面是研究保管的货物种类和数量是否适当。高价商品长期留在仓库中就会积压资金，若是存在银行贷款还要负担利息支出。而过分地减少储存量，虽对减少利息负担有利，但对订货来说又有脱销的危险，这也会失去盈利的机会。

（1）进行合理的仓库结构与空间布局决策，提高仓库的利用率。对仓库设施进行有效整合与改造，使之充分利用起来；实行作业标准化，关闭闲置仓库；采用直接从厂家到客户的货运方式，重新规划仓库与选择运输路线；采用效率较高的仓管系统，考虑采用托盘操作或租用托盘等这些措施提高效率，减少存货和仓储费用。

（2）实行分类管理，将仓库中的物品，按不同品种、不同特性、不同价值分成不同等级，实行有重点的管理。如果管理者对所有库存物资均匀地使用精力，必然会使其有限的精力过于分散，只能进行粗放式的库存管理，管理效率低下。因此，在库存控制中，应遵循重点管理的原则，把管理的重心放在重点物资上，以提高管理的效率。

（3）合理控制库存水平。企业应该根据历史资料对市场进行认真分析，然后选择恰当的库存订货模型，决定本企业的库存水平及订货批量与批次，将库存控制在最低点上。尽量与供应商、客户结成战略联盟，形成风险共担、利益平分、信息共享的合作机制，在保证各方利益的前提下，实行供应商管理库存的策略；同时，可以了解客户的需求情况，及时调整库存量及发送货物的品种、数量、时间。日本丰田公司提出的只生产所需要的零件、只收生产所需要的数量、只在正好需要的时间送到生产车间的准时生产方式（JIT）就是一种典型做法。

（4）采用仓储管理信息系统。仓储管理信息系统可以对物料的信息进行实时监控，这些信息给管理者提供了有效的分析数据，有利于管理者更精确地实施仓储控制，从而提高仓储效率、降低仓储成本。

3．物流行政管理成本控制

物流行政管理成本是指进行物流的计算、协调、控制等所发生的费用。它既包括作业现场（配送中心、仓库、物流网点等）的管理费用，也包括物流行政管理部门的管理费用。在物流成本中，行政管理成本是最难以控制和统计的，主要原因是一些企业物流总成本管理的概念比较淡薄，往往只关心直接的仓储和运输成本，而对物流行政管理成本不予重视。

（1）有效整合物流职能。随着价格竞争日趋激烈，使得客户不仅对价格提出更高的要求，还要求企业能有效地缩短商品周转时间，真正做到快速、及时、准确、高效地管理。要实现上述目标，仅本企业的物流体制具有效率化是不够的，它需要企业协调与其他企业（如上游配套件供应商等）、客户以及运输业者（第三方物流商）之间的关系，实现整个供应链管理的效率化。

（2）建立现代物流数字化、智能化系统。借助于现代数字化、智能化系统的构筑，一方面使各种物流作业和业务处理能准确、迅速地进行；另一方面，能由此建立起一体化的物流运营管理系统。

（3）建立物流成本构成模式与物流管理会计制度。从原来财务成本费用中剥离出属于物流成本范畴的内容，准确判断和计算企业现有物流成本及其构成情况。分析和比较物流成本与制造成本、物流费用与其他费用之间的关系，建立科学的物流管理会计制度，使物流成本管理与财务会计在系统上联结起来，切实掌握物流系统的成本。分领域全面清理物流系统的资源配置，建立物流成本数据库，确立物流成本科学的比较依据。

四、物流成本数据的数字化采集

（一）物联网数据采集器

物联网数据采集器是一种用于收集、处理和传输物联网设备生成的数据的设备。它可以连接多个传感器和设备，并将它们生成的数据传输到云端或其他系统中进行进一步的分析和利用。物联网数据采集器的工作原理可以简单概括为以下几个步骤。

第一步，连接传感器和设备。物联网数据采集器通常具有多个接口和通信方式，可以连接多种类型的传感器和设备。通过这些接口和通信方式，采集器可以与传感器和设备建立连接，并获取它们生成的数据。

第二步，数据采集和处理。一旦与传感器和设备建立连接，物联网数据采集器开始采集它们生成的数据。采集器根据预先设定的规则和算法对数据进行处理和过滤，以确保只有有用的数据被传输到后续的处理环节。

第三步，数据传输。处理完的数据需要传输到云端或其他系统中进行进一步的处理和分析。物联网数据采集器通过各种通信方式，如以太网、Wi-Fi、蓝牙等，将数据传输到指定的目标系统。

第四步，安全性保障。物联网数据采集器通常具有安全机制，以保障数据的安全性。例如，数据传输过程中可以使用加密算法对数据进行加密，确保数据在传输过程中不被窃取或篡改。

物流企业若想使用物联网数据采集器则需要对自身的软硬件进行关键性能升级。首先，硬件配置方面，需要对物联网数据采集器进行硬件适配，包括连接传感器和设备、设置通信方式和接口等。其次，软件设置方面，需要对物联网数据采集器进行软件适配，包括设定数据采集规则、处理算法和传输目标等。最后，一旦配置完成，物联网数据采集器开始采集传感器和设备生成的数据，并根据预设的规则和算法对数据进行处理和过滤。处理完的数据会传输到云端或其他系统中，通过通信方式将数据传输到指定的目标系统。之后可以进行进一步的分析和利用。这些数据可以用于监测和控制设备、进行预测和优化等。

（二）其他免费的数据采集器

Content Grabber 是一款由国外公司开发制作的能从网页中抓取内容（视频、图片、文本）并提取成 Excel、XML、CSV 和大多数数据库的采集器，软件基于网页抓取和 Web 自动化，完全免费提供使用，常用于数据的调查和检测用途。

八爪鱼采集器是基于运营商在网实名制真实数据，整合了网页数据采集、移动互联网数据及 API 接口服务等服务为一体的数据服务平台。它最大的特色就是无须懂得网络爬虫技术，也能轻松完成采集。

PDA，即数据采集器、手持采集终端，是物流企业在货物盘点、订单拣货、物流打包等领域经常使用的工具，可作为实时数据采集器使用。

单元 2　数字化物流绩效评价

在设计一套科学有效的物流绩效评价指标体系之前，我们首先需要认识到物流绩效的评估对于提升企业运营效率、优化资源配置及增强客户满意度的重要性。物流绩效指标不仅是衡量物流活动成效的标尺，更是指导物流战略制定与执行的关键依据。

一、绩效及绩效评价概述

（一）绩效的概念

一种观点认为"绩效是结果"，主要与职责、目标、结果、生产量和任务等概念相关。伯纳丁（Bernardin）等人（1984）将绩效定义为"在特定时间范围、特定工作职能和活动上生产出的结果记录"，认为从客户的角度出发，绩效管理采用以结果为中心的管理方法可以使个人的努力和组织的目标联系在一起。另一种观点认为"绩效是行为"。绩效被定义为一套与组织或组织单位的目标相互关联的行为，而组织或组织单位则构成了个人工作的环境。还有人认为：绩效可以视为行为的同义词，是人们实际采取并可以被他人观察到的行为。绩效应该只包括那些与组织目标有关的，并且是可以根据个人的能力进行评估的行动或行为。强调绩效是行为，只有那些有利于目标实现的行为才是绩效。

本书采用我国学者黄福华（2009）的观点，认为绩效是实践活动所产生的、与劳动耗费有对比关系的、可以度量的、对人们有益的行为及其结果。绩效的内涵应包括五点：①绩效是客观存在的，是人们实践活动的结果；②绩效是产生了实际作用的实践活动结果，有实际效果；③绩效是一定的主体作用于一定的客体所表示出来的效用，有正负绩效之分；④绩效体现投入与产出的对比关系；⑤绩效有一定的可度量性。

（二）绩效管理

无论企业处于何种发展阶段，绩效管理对于提升企业的竞争力都具有巨大的推动作用，进行绩效管理都是非常必要的。员工在工作中的绩效表现是企业实现其发展目标的基本保证，因此，如何提高员工绩效就成为管理者非常关心的问题。

绩效管理分为广义上的绩效管理和狭义上的绩效管理。广义上的绩效管理是指管理学上所定义的管理。管理学认为：管理是一个过程，由决策、计划、组织、领导、控制等基本职能构成。理论上，各种管理理论流派研究的焦点都集中在提高员工工作绩效并改进组织绩效上。实践中，管理工作都围绕提高员工工作绩效进而改进组织绩效来展开。可以看出，理论与实践的共同点是围绕绩效而展开的，在这个意义上，可以说管理就是广义上的绩效管理。

对狭义的绩效管理的认识主要有下列三种观点。

第一种观点认为绩效管理是管理组织绩效的系统。这种观点将绩效理解为组织绩效，强调组织战略目标的实现。第二种观点认为绩效管理是管理员工绩效的系统。这种观点将绩效理解为单纯的员工绩效，强调以员工为核心的绩效管理概念。第三种观点认为绩效管理是综合管理组织和员工绩效的系统。该种观点强调组织绩效的重要性，同时认为绩效管理的中心目标是挖掘员工的潜力，提高他们的绩效，并通过将员工的个人目标与组织战略目标相结合来提高组织的绩效。

本书采用第三种观点。

（三）绩效评价

企业绩效是实践活动所产生的、与劳动耗费有对比关系的、可以度量的、对人们有益的行为及其结果。为了对企业绩效进行度量，需要进行绩效评价。通常，绩效评价被定义为"通过对适当数据的采集、整理、分类、分析、解释和传播，来对以往行为的效力或效率进行量化，并据此做出相应决策，采取相应行动的过程"。绩效评价的定义包括了两个方面的内容。

（1）效力与效率。效力与效率是衡量绩效的两个基本尺度。效力指的是对客户需求的满足程度；而效率指的是从经济意义上测量，在达到既定客户满意度的前提下，企业如何使用资源。

（2）绩效评价。绩效评价包括一个支持其作用的基础结构。相关数据必须被采集、整理、分类、分析、解释和传播，在整个数据处理的过程中，无论缺少了哪一个步骤，都会使整个绩效评价过程不完善，使预定的决策和行为不能如期实施。

二、物流运营绩效评价

（一）评价指标体系

物流企业的评价指标体系是根据企业实际资产、风险情况而独立设计的内部评价工具之一。通常没有统一的格式，但是通常包含盈利能力、资产质量、风险水平、成长能力等方面的指标设计。

企业主要通过多个维度来综合考量运营绩效的高低，评价风险高低和资产质量的好坏。同时，运营绩效也是集团公司判断各子公司实际状况、资产重组、资源配置和预算投放的基础。例如，中央企业经营绩效考核体系，从盈利能力、资产质量、债务风险、经营增长四个维度来评价公司的发展，同时设有基本指标、修正指标和评议指标，详细内容见表 8-5。

表 8-5　运营绩效评价指标体系

评价内容与权数	财务绩效（70%）				管理绩效（30%）	
	基本指标	权数	修正指标	权数	评议指标	权数
盈利能力状况 34	净资产收益率 总资产报酬率	20 14	销售（营业）利润率 盈余现金保障倍数 成本费用利润率 资本收益率	10 9 8 7	战略管理 发展创新 经营决策 风险控制 基础管理 人力资源 行业影响 社会贡献	18 15 16 13 14 8 8 8
资产质量状况 22	总资产周转率 应收账款周转率	10 12	不良资产比率 流动资产周转率 资产现金回收率	9 7 6		
债务风险状况 22	资产负债率 已获利息倍数	12 10	速动比率 现金流动负债比率 带息负债比率 或有负债比率	6 6 5 5		
经营增长状况 22	销售（营业）增长率 资本保值增值率	12 10	销售（营业）利润增长率 总资产增长率	10 12		

（二）重点评价指标

1. 生产率

对运营管理者而言最重要的评价指标是生产率。它是基于某一过程的产出对投入的比率。

$$生产率 = 产出 / 投入$$

但生产率容易同效果或效率混淆。效果是某一过程以最小的投入形成产出的程度或在给定投入下实现最大产出；而效率则是从客户角度出发，考察组织是否达到预期的目标。

2. 资源利用率

资源利用率指标是衡量资源配置效率的重要工具，它反映了人力、物力和财力等资源的利用情况。常见的指标包括人员利用率、设备利用率和资金周转率。人员利用率衡量了员工的工作效率；设备利用率则反映了设备的运行效率，设备闲置或过度使用都会增加成本；资金周转率则衡量了资金的使用效率，高周转率意味着资金流动顺畅。

$$利用率 = 资源需求 / 可用资源$$

三、物流总体绩效评价——平衡计分卡

（一）平衡计分卡的概念及特点

平衡计分卡是由卡普兰和诺顿于 1992 年提出来的，平衡计分卡是一种通过财务指标和非

绩效评价方法之
平衡计分卡

财务指标将企业战略转化为可衡量的目标和指标，对企业总体绩效进行全面评估的战略评价体系。它从财务、顾客、企业内部运营过程、组织学习与成长四个方面综合评价企业绩效，并用因果关系将四个方面的绩效联系起来，向企业内部各层次人员传递公司的战略和使命，通过短期的财务评价手段和非财务评价手段逐年审视战略的实施状况，最终帮助企业达成目标。平衡计分卡作为一种战略管理和绩效评估工具，向企业管理者提供了一种全面的评价体系。

平衡计分卡相对于传统的绩效考核方法具有以下特点。

（1）平衡计分卡实现了企业财务指标与非财务指标的平衡，能够全面评价企业绩效，揭示企业存在的问题。相对于传统的绩效考核方法，平衡计分卡弥补了单一财务指标的缺陷，综合反映了企业的战略绩效而不只是企业的财务绩效，揭示了非财务变量在实现企业战略目标中的重要作用，实现了两者的有机结合。

（2）在不同指标体系间，建立了以因果关系为纽带的战略实时系统。平衡计分卡根据企业总体战略，展示了企业财务绩效与其驱动因素之间的因果关系。企业为了提高投资回报率，需要顾客对企业所提供的服务进行重复购买，这依赖于顾客对服务满意度的提高。提高顾客满意度要求企业在服务质量、价格、服务提供及时性等方面做得更好，这取决于企业内部经营过程的不断改进。经营过程的改进有赖于高素质的员工和有效的学习与培训。

（3）平衡计分卡较好地将战略制定和战略实施关联起来。平衡计分卡的实施是一种自上而下的企业战略目标任务的沟通、分解与管理的过程，它实现了外部股东满意度和顾客满意度的平衡。

（4）平衡计分卡从多个方面反映企业的综合经营状况，使绩效考核趋于平衡和完善。

（二）平衡计分卡的指标体系

平衡计分卡的四个指标体系包括财务指标体系、顾客指标体系、企业内部运营过程指标体系、组织学习与成长指标体系。

（1）财务指标体系。财务指标体系的评价指标一般包括：净资产收益率、资产负债率、投资回报率、应收款周转率、存货周转率、营业净利润、现金流量等。

（2）顾客指标体系。顾客层面的指标主要用于体现顾客利益、衡量顾客价值、反映与顾客有关的各种因素。用于评价顾客绩效的指标主要包括：市场份额、顾客保留率、顾客满意度、顾客盈利率等。

（3）企业内部运营过程指标体系。企业内部经营过程包括研发过程、经营过程和售后服务过程，平衡计分卡针对这三个过程设置了不同的评价指标。研发过程的主要评价指标有：新产品在销售额中所占的比例、专利产品在总销售额中所占的比例、开发新产品的时间、研发费用占营业利润的比例等。经营过程的主要评价指标有：传统财务指标、新增指标等。售后服务过程的主要评价指标有：服务响应周期、人力成本、物力成本、售后服务的一次成功率等。

（4）组织学习与成长指标体系。对员工的学习、创新和成长等方面的考核反映了企业持续改进和创造未来价值的能力，主要指标有：员工培训支出、员工满意度、员工保留率、员工意见采纳率、意见采纳后的成功率、员工的劳动生产率等。

（三）平衡计分卡的实施

（1）明确企业战略目标。企业战略目标是平衡计分卡指标体系的服务对象，只有当企业战略目标清晰明了，企业各部门才能把握好奋斗方向，才能制定有效的绩效指标。

（2）细化企业战略目标。要实现企业战略目标，就必须把它细化成可执行的具体目标，可以成立专门的平衡计分卡实施小组，设定财务、顾客、企业内部运营过程、组织学习和成长四类具体的目标。

（3）建立绩效衡量指标。为四类具体目标建立恰当的绩效衡量指标，利用各种渠道加强企业内部的沟通与教育，使企业各层管理人员明确企业的战略目标与平衡计分卡的绩效衡量指标。

（4）运用平衡计分卡。管理者确定每年、每季、每月的绩效衡量指标的具体数字，并与企业的计划和预算相结合，将每年的报酬奖励制度和平衡计分卡指标相结合。

（5）反馈并修正平衡计分卡指标。根据实施效果，征询企业员工意见，适当修正平衡计分卡的指标，做到持续改进。

单元 3　基于 IoT 物联网技术的运营绩效优化应用

目前，利用物联网 AI 机器视觉技术识别产品缺陷、提高质检绩效是智慧时代运营绩效提升的发展大趋势。

一、AI 机器视觉质检技术

智慧工厂机器视觉缺陷检测，是基于先进传感技术、图像处理算法及智能决策技术的综合性自动化质检系统。该系统通过实时监控和自动检测，大幅提高质检效率，减少人为误差，确保产品质量的稳定与可靠。

AI 机器视觉平台是一款功能强大的智能视觉处理系统，支持多样化的算法接入，能够实时接入高清视频数据，并通过灵活的视频分发功能，将视频流推送至多个终端。同时，平台还提供实时数据共享，确保多用户、多系统间的信息流通与协同。此外，平台还具备精准的告警推送功能，能够实时监测异常情况并及时通知用户，保障安全与效率（见图 8-2）。

图 8-2　AI 机器视觉质检流程

在实际应用中，使用 AI 边缘计算盒子与生产线的监控摄像头等硬件设备深度集成，实现全流程自动化管理和控制，通过边缘盒子智能分析，将结果推送机器视觉平台处理，自动识别和定位产品缺陷，并实时反馈给生产线，以便及时调整生产参数或进行产品修复。

二、AI 机器视觉平台的应用场景和效果

（1）精准尺寸与形状测量：AI 机器视觉平台运用先进的图像处理技术，能够自动且精确地测量产品的各项尺寸与形状参数，如长度、宽度、高度及角度等。这不仅极大地提升了生产效率，还显著减少了人工测量可能带来的误差，确保了产品质量的稳定可靠。

（2）表面缺陷精准检测：在制造过程中，产品表面可能出现的各类缺陷，如划痕、气泡、裂纹等，是质量控制的重要环节。AI 机器视觉平台能够对这些缺陷进行快速且准确的识别，一旦发现缺陷立即报警，从而确保每一件产品都符合质量标准。

（3）零件智能识别与分类：AI 机器视觉检测平台具有强大的零件识别能力，它能够根据零件的形状、颜色、纹理等特征进行自动识别和分类。这极大地提高了零件筛选的准确性和效率，为后续的制造流程提供了坚实的基础。

（4）装配线实时监控：装配线上的每一步操作都至关重要。AI 机器视觉平台能够实时监控装配过程，一旦发现装配错误或质量问题，立即发出警报并提示工人进行调整。这种实时监控的方式不仅提高了装配效率，还有效确保了装配质量。

政策学习

发展新质生产力　提升产业竞争力

2024 年的政府工作报告中提出，"大力推进现代化产业体系建设，加快发展新质生产力。"在新形势下，应充分发挥创新主导作用，以科技创新推动产业创新，加快推进新型工业化，提高全要素生产率，促进社会生产力实现新的跃升，提升我国产业的全球竞争力。

技能实训

实训目标：能够分析物流绩效。

实训内容：

1. 结合公司实际情况，由公司总部或人力资源部门建立绩效考核指标体系。
2. 掌握绩效考核指标体系的常用建立原则（SMART 原则）。
3. 运用指标权重法进行考核。

情境描述：

某快递公司片区、集配站、业务部等不同层面拥有固定的考核指标体系，主要划分为经营能力和管理能力两个方面，而经营能力又从业务、利润两个维度出发。该公司将对公司的整体运营绩效进行评估，并运用 SMART 原则建立了评价指标体系，具体见表 8-6：

表 8-6　运营绩效评价指标体系

一级指标	权重（%）	二级指标	权重（%）	三级指标	权重（%）
财务维度 A1	27.75	财务收入 B1	66.67	净收入增长率 C1	22.72
				时效收入增长率 C2	22.72
				增值收入增长率 C3	12.25
				收入预算完成率 C4	42.31
		财务支出 B2	33.33	主营业务成本 C5	53.96
				其他业务成本 C6	16.34
				支出预算完成率 C7	29.70
客户维度 A2	16.00	散单顾客 B3	50.00	快递安全性评价 C8	33.33
				快递时效性评价 C9	33.33
				快递服务投诉率 C10	33.34
		长期合作商 B4	50.00	大型合作商评价 C11	66.67
				大型合作商数量 C12	33.33
业务流程维度 A3	46.50	主营业务方面 B5	66.67	快递安全达标率 C13	35.07
				大件营业标准化 C14	18.92
				网点密度达标率 C15	10.94
				包装运输成本均值 C16	35.07
		其他经营方面 B6	33.33	闲置资金利用率 C17	16.37
				环保达标率 C18	29.73
				固定资产折旧率 C19	53.90
学习成长维度 A4	9.75	运营优化方面 B7	50.00	设备更新费用占比 C20	33.34
				业财一体化程度 C21	66.66
		人力资源方面 B8	50.00	本科及以上学历人数 C22	21.06
				科技交流与培训次数 C23	24.09
				一线员工离职率 C24	54.85

　　已知，运营部门成立了绩效考核小组，大学城营业部的考核结果为：C层（三级指标）分值为（60，70，60，80，70，60，80，80，90，60，90，80，90，80，60，80，60，80，40，60，80，10，10，10）。

　　该绩效评价体系在实施过程中采取百分制，计算定量指标的同时兼顾定性打分指标，得出各层详细指标分数后乘以各层指标对应的权重，加权得出绩效总分。绩效评价总得分划分为5个等级：60分以下为不及格，60～70分为合格（不包括70分），70～80分为一般（不包括80分），80～90分为良好（不包括90分），90分及以上为优秀（保留小数点后两位小数）。

实训总结：

第一步，计算各级指标的分值。

将各级指标的分值分别乘以权重则得到：

B1=60×22.72%+70×22.72%+60×12.25%+80×42.31%=70.73

B2=70×53.96%+60×16.34%+80×29.70%=71.34

B3=80×33.33%+90×33.33%+60×33.34%=76.67

B4=90×66.67%+80×33.33%=86.67

B5=90×35.07%+80×18.92%+60×10.94%+80×35.07%=81.32

B6=60×16.37%+80×29.73%+40×53.90%=55.17

B7=60×33.34%+80×66.66%=73.33

B8=10×21.06%+10×24.09%+10×54.85%=10.00

A1=70.73×66.67%+71.34×33.33%=70.93

A2=76.67×50%+86.67×50%=81.67

A3=81.32×66.67%+55.17×33.33%=72.60

A4=73.33×50%+10.00×50%=41.67

总分 =70.93×27.75%+81.67×16%+72.60×46.50%+41.67×9.75%=70.57 分

第二步，将所得分值与绩效考评等级进行对应。

按照等级规定，70 ～ 80 分之间为一般等级，该营业部得分为 70.57 分，属于一般。

第三步，从运营视角提出优化建议。从运营管理的视角看，接下来要对该营业部进行具体原因分析，找到提升的对策。思路是可以从分值低的指标入手寻求破解对策。

内容小结

　　物流成本是指伴随着企业的物流活动而发生的各种费用，是物流活动中所消耗的物化劳动和活劳动的货币表现，产品、物流服务、物流运作方式、核算方式等因素影响物流成本的控制。物流成本控制分为综合控制和局部控制。综合控制方法主要有目标成本法、责任成本法、标准成本法和作业成本法；局部控制方法主要包括运输成本控制、仓储成本控制和物流行政管理成本控制。物流成本绝对控制与相对控制有不同应用领域，在物流增值服务中的相对控制会有积极的作用。

　　本模块还重点讨论了物流服务业的绩效评价，阐述了绩效评价系统的内容，并分析了绩效测评的层次；给出了绩效评价系统设计的原则及其必要的组成部分。并分别对运营绩效评价和总体绩效评价展开分析，阐述了运营绩效评价的内容及其特点，针对企业总体绩效评价，详细阐述了平衡计分卡的原理及实施方法。

　　最后特别介绍了大数据智能时代，如何运用 loT 物联网技术收集物流成本数据以及如何运用该技术进行优化。

课后习题

一、多选题

1. 影响物流成本的首要因素包括（　　　　）。
   A. 产品因素　　　　B. 物流服务　　　　C. 物流运作方式　　D. 核算方式

2. 在企业的财务会计中，（　　　　）一般是计入制造费用而难于单独反映，这一部分的物流费用比人们想象的要大得多。
   A. 向企业外部支付的物流费用　　　　B. 企业内部消耗的物流费用
   C. 委托的物流费用　　　　　　　　　D. 自家物流费

3. 从其所处的领域看，物流成本可分为（　　　　）。
   A. 商品流通企业物流成本　　　　　　B. 社会物流成本
   C. 制造企业物流成本　　　　　　　　D. 物流企业物流成本
   E. 宏观物流成本

4. 流通企业物流成本的基本构成有（　　　　）。
   A. 企业员工工资及福利费　　　　　　B. 能源消耗　　　　C. 差旅费
   D. 支付的贷款利息　　　　　　　　　E. 经营过程中的各种管理成本

5. 物流成本控制的内容包括（　　　　）。
   A. 物流成本综合控制　　　　　　　　B. 物流成本事中控制
   C. 物流成本事前控制　　　　　　　　D. 物流成本事后控制
   E. 物流成本局部控制

二、判断题

1. 产品密度越大，相同运输单位所装的货物越多，运输成本就越高。　　　　（　　　）
2. 物流成本控制是物流管理的重要内容。　　　　　　　　　　　　　　　（　　　）
3. 对物流成本的控制不能片面追求局部要素的优化，而是寻求物流成本的总体最优化。
   　　　　　　　　　　　　　　　　　　　　　　　　　　　　　　　（　　　）
4. 标准成本法是指根据预计可以实现的物流营业收入扣除目标利润的一种成本计算方法。
   　　　　　　　　　　　　　　　　　　　　　　　　　　　　　　　（　　　）
5. 物流成本的事中控制通常采用目标成本法。　　　　　　　　　　　　　（　　　）

三、案例分析题

钢铁企业如何降低物流成本

近年来，全球钢铁市场的产量与消费量持续攀升，伴随着钢铁原料及成品国际贸易的日益频繁与重要性的凸显，钢铁物流在全球范围内获得了前所未有的关注，成为钢铁企业降本增效的关键管理策略。鉴于钢铁企业产品成本中，原料采购与运输费用占比高达50%～70%，导致进厂物流成本激增，压缩了利润空间，因此，如何有效降低钢铁物流成本成为钢铁企业亟待解决的核心挑战。

钢铁企业的物流流程涵盖采购、运输、装卸、仓储及配送等多个环节，为确保原料在流动过程中的数量与质量稳定，还需辅以计量、质检等管理措施。从管理维度出发，物流成本可细分为决策成本、原料采购成本、运输成本、仓储成本及企业管理成本等几大类。

为应对上述挑战，钢铁企业可以采取以下策略。

第一，构建稳定的原燃料供应体系。鉴于我国铁矿资源虽储量丰富但富矿稀缺的现状，钢铁企业需积极开拓国际市场，通过与国内外供应商建立长期合作或合资关系，打造稳固的原料供应基地，以获取稳定且价格合理的原料来源。

第二，优化物流运输管理，签订长期运输合同，与运输公司建立长期合作关系，享受运输价格优惠，如宝钢与中远、日本三井商船的合作案例。

第三，扩大运输规模，采用大吨位运输工具，降低单位运输成本，或通过企业间协作实现规模效益。

第四，减少周转次数，合理规划运输路线，减少原料周转，如新建钢铁企业选址海边城市，利用江海联运优势。

第五，降低空载率，引入现代化运输技术，如条码、射频技术等，提高车辆利用率。

第六，合理安排仓储。根据企业实际需求，科学设定最小库存量，减少资金占用与仓储费用。针对配矿结构变化导致的原料积压，采取灵活处理措施，如低配比使用积压原料。

第七，加强原料管理，建立健全的检验与计量体系，防范运输途中的原料损耗与造假行为，同时加强员工技能培训与思想教育，确保原料数量与品质。

第八，构建物流信息决策网络，开发先进的物流信息管理系统，实现生产计划、原材料需求、运输安排等信息的实时共享与监控，提高决策效率与资源利用率。

综上，通过构建稳定的供应链、优化运输管理、合理安排仓储、加强原料管理及信息化建设等多措并举，钢铁企业可有效降低物流成本，提升市场竞争力。

仔细阅读本案例，详细分析并回答下列问题：

1. 根据案例内容，分析钢铁企业在降低物流成本方面所应采取的措施。
2. 结合所学知识，谈谈在物流成本控制方面还有哪些有效措施。

课后评价

评价项目	具体内容	分值	得分
知识目标	能够说出物流成本的概念、构成要素	5	
	能够准确背诵影响物流成本的因素	10	
	能够掌握各种成本控制方法的内容	5	
	能够阐释绩效评价指标体系	15	
技能目标	能够结合实际案例识别物流成本	5	
	能够通过实际案例进行成本项目归集和计算	15	
	能够通过实际例子分析物流绩效	20	
	能够运用 Excel、Power BI、SPSS 等工具收集、处理、分析企业运营数据并进行绩效分析	20	
素养目标	小组分析企业案例时能够有系统观并从中抓住主要矛盾	5	
合　　计			
小组成员			
评阅教师			

参 考 文 献

[1] 齐二石，方庆琯，霍艳芳. 物流工程 [M]. 2 版. 北京：机械工业出版社，2021.

[2] 许晖. 服务营销 [M]. 北京：中国人民大学出版社，2015.

[3] 奈杰尔·斯莱克. 运营管理 [M]. 7 版. 陈福军，吴晓巍，译. 北京：清华大学出版社，2016.

[4] 陈荣秋，马士华. 生产与运作管理 [M]. 3 版. 北京：高等教育出版社，2011.

[5] 陈觉. 服务产品设计 [M]. 沈阳：辽宁科学技术出版社，2003.

[6] 于俊伟，母亚双，闫秋玲. 大数据导论 [M]. 北京：北京大学出版社，2022.

[7] 赵淑群. 物流数字化应用：Excel 篇 [M]. 北京：机械工业出版社，2023.

[8] 董千里. 物流运作管理 [M]. 3 版. 北京：北京大学出版，2023.

[9] 李晓，刘正刚，王雷，等. 数字化运营管理 [M]. 北京：清华大学出版社，2021.

[10] 胡欣悦. 服务运营管理 [M]. 北京：人民邮电出版社，2016.

[11] 崔剑，蔡建湖. 数字化物流管理与设施规划仿真 [M]. 北京：清华大学出版社，2023.

[12] 邱灿华，蔡三发. 运营管理 [M]. 北京：高等教育出版社，2019.